积极职业教育研究丛书　丛书主编◎崔景贵

国家社会科学基金教育学一般课题（批准号:BJA170089）研究成果

# 职业学校积极德育模式构建与实践

潘永惠　张　寅　陈尊雷◎主　编

知识产权出版社
全国百佳图书出版单位

图书在版编目（CIP）数据

职业学校积极德育模式构建与实践/潘永惠，张寅，陈尊雷主编. —北京：
知识产权出版社，2018.8
（积极职业教育研究丛书/崔景贵主编）
ISBN 978 - 7 - 5130 - 5707 - 3

Ⅰ.①职… Ⅱ.①潘… ②张… ③陈… Ⅲ.①德育—教学研究—中等专业学校
Ⅳ.①G711

中国版本图书馆 CIP 数据核字（2018）第 172531 号

**内容提要**

本书从江苏省江阴中等专业学校多年来构建"积极德育"模式的探索和实践出发，
结合积极心理学的相关理论，系统地论述了职业学校思想道德教育基础、依据、理念
和策略，从积极认知、积极养成、积极关系、积极体验、积极团队、积极文化、积极
管理等方面详细阐述了构建职业学校积极德育模式的有效途径。本书倡导将积极心理
学与传统道德教育结合起来，以"积极认知、积极行为、积极关系、积极体验"等作
为学生美德培养的重要途径与手段，提升学生综合素养，为其幸福人生奠定基础。本
书融入学校构建积极德育模式实践中的成功案例，理论联系实际，对职业学校德育工
作具有较强的借鉴作用。

责任编辑：冯　彤　　　　　　　　　　责任校对：谷　洋
装帧设计：张革立　　　　　　　　　　责任印制：孙婷婷

**职业学校积极德育模式构建与实践**

潘永惠　张　寅　陈尊雷　主编

出版发行：知识产权出版社有限责任公司　　　网　　址：http：//www.ipph.cn
社　　址：北京市海淀区气象路 50 号院　　　　邮　　编：100081
责编电话：010 - 82000860 转 8386　　　　　 责编邮箱：fengtong@cnipr.com
发行电话：010 - 82000860 转 8101/8102　　　发行传真：010 - 82000893/82005070/82000270
印　　刷：北京建宏印刷有限公司　　　　　　经　　销：各大网上书店、新华书店及相关专业书店
开　　本：787mm×1092mm　1/16　　　　　 印　　张：18.75
版　　次：2018 年 8 月第 1 版　　　　　　　 印　　次：2018 年 8 月第 1 次印刷
字　　数：285 千字　　　　　　　　　　　　定　　价：89.00 元
ISBN 978 -7 -5130 -5707 -3

# 目　录

第一章　职业学校思想道德教育基础与依据 ……………………… （1）

　　第一节　国内外思想道德教育发展 ……………………………… （2）

　　　一、国外道德教育理论 ………………………………………… （2）

　　　二、国内道德教育理论发展 …………………………………… （4）

　　第二节　职业学校思想道德教育现状 …………………………… （8）

　　　一、思想道德教育应用理论缺乏 ……………………………… （9）

　　　二、思想道德教育传统观念消极 ……………………………… （11）

　　　三、思想道德教育教学形式单调 ……………………………… （13）

　　第三节　职业学校思想道德教育依据 …………………………… （16）

　　　一、中国学生发展核心素养 …………………………………… （17）

　　　二、中等职业学校德育大纲 …………………………………… （22）

　　　三、中等职业学校德育课程标准 ……………………………… （29）

第二章　职业学校积极道德教育理念与策略 …………………… （31）

　　第一节　积极心理学与道德教育 ……………………………… （31）

　　　一、积极心理学 ………………………………………………… （31）

　　　二、积极心理学视域下的道德教育 …………………………… （35）

　　第二节　积极道德教育基本理念与主要特征 ………………… （40）

　　　一、积极道德教育基本理念 …………………………………… （40）

　　二、积极道德教育主要特征 ·················································(44)

　第三节　职业学校积极道德教育策略与模式构建 ···············(48)

　　一、职业学校道德教育策略 ··············································(49)

　　二、职业学校积极道德教育模式构建 ······························(53)

第三章　积极认知：积极德育的孕育基础 ···························(63)

　第一节　积极认知概述 ························································(63)

　　一、积极认知的基本内涵 ·················································(64)

　　二、积极认知的基本功能 ·················································(69)

　　三、积极认知的基本内容 ·················································(71)

　第二节　职业学校学生积极认知模式构建 ·······················(75)

　　一、心理引导 ································································(76)

　　二、课程引领 ································································(78)

　　三、家庭教育 ································································(85)

　第三节　积极认知案例：青爱小屋 ·····································(87)

　　一、实施背景 ································································(87)

　　二、实施过程 ································································(88)

　　三、实施效果 ································································(92)

第四章　积极养成：积极德育的培养核心 ···························(93)

　第一节　积极品质概述 ························································(93)

　　一、积极品质包含的具体内容 ··········································(94)

　　二、品质培养是职业教育的重要组成部分 ·······················(97)

　　三、职校学生思想品质现状分析 ·····································(100)

　　四、职校学生应具有的积极品质 ·····································(103)

　第二节　职校学生积极品质养成途径 ······························(106)

　　一、积极教育班会课 ·····················································(106)

　　二、行为养成教育 ························································(109)

　第三节　积极品质养成典型案例 ·····································(116)

　　案例一：行为铸德 ························································(116)

　　案例二：劳动砺德 ……………………………………… （122）

第五章　积极关系：积极德育的实施保障 ………………… （126）

　第一节　积极关系概述 …………………………………… （126）

　　一、人际关系理论 ……………………………………… （126）

　　二、积极关系的基本内涵 ……………………………… （130）

　　三、积极关系的基本功能 ……………………………… （132）

　　四、积极关系的社交技能 ……………………………… （134）

　第二节　职业学校学生积极关系主要内容 ……………… （137）

　　一、亲子关系 …………………………………………… （138）

　　二、师生关系 …………………………………………… （142）

　　三、同伴关系 …………………………………………… （145）

　第三节　积极关系典型案例 ……………………………… （147）

　　案例一：家长学校 ……………………………………… （147）

　　案例二：积极课堂 ……………………………………… （151）

第六章　积极体验：积极德育的实现途径 ………………… （157）

　第一节　积极体验概述 …………………………………… （157）

　　一、积极体验内涵 ……………………………………… （157）

　　二、积极体验重要意义 ………………………………… （165）

　第二节　职业学校积极体验的实践探索 ………………… （167）

　　一、职业学校学生积极体验现状与分析 ……………… （167）

　　二、职业学校学生积极体验的实践探索 ……………… （171）

　第三节　积极体验典型案例 ……………………………… （178）

　　案例一：基于积极教育理念下的社团工作 …………… （178）

　　案例二："双轨并行·三层递进·四项结合"

　　　　　　创业教育模式 …………………………………… （182）

第七章　积极团队：积极德育的推进力量 ………………… （187）

　第一节　积极教育呼唤积极教师 ………………………… （188）

　　一、积极的教师团队可以促进教师的专业成长 ……… （188）

二、积极的教师团队可以促进教师的精神成长 ………… (188)

第二节 积极教师应具有的品质 ……………………………… (189)

一、积极的情感素质 ………………………………………… (189)

二、积极的教育期望 ………………………………………… (191)

三、积极的语言风格 ………………………………………… (194)

四、积极的评价态度 ………………………………………… (196)

第三节 积极教师队伍建设策略 …………………………… (197)

一、坚持"三个统一",加强师德师风建设 ………… (197)

二、强化"两种意识",提升教师专业素养 ………… (200)

三、着力"四大举措",提升教师职业幸福 ………… (201)

第四节 积极教师队伍建设案例:多措并举,

精心打造"积极教育"教师团队 ………… (203)

一、实施背景 ………………………………………………… (203)

二、主要目标 ………………………………………………… (204)

三、工作过程 ………………………………………………… (204)

四、条件保障 ………………………………………………… (213)

五、实践成效 ………………………………………………… (214)

六、体会与思考 ……………………………………………… (215)

第八章 积极文化:积极德育的育人环境 …………………… (216)

第一节 职业教育德育管理与校园文化的关系 ………… (217)

一、职业教育德育与校园文化的关系 …………………… (217)

二、职业教育校园文化的育人功能 ……………………… (219)

三、职业教育校园文化育人的特点 ……………………… (227)

第二节 职业学校校园文化顶层设计 …………………… (230)

一、职业学校校园文化的内涵 …………………………… (230)

二、"金字塔"式职业学校校园文化创新设计 ……… (234)

第三节　积极教育理念下校园文化建设案例——

以江苏省江阴中等专业学校为例 …………………………（236）

一、背景：校企共建职业学校校园文化的必要性 …………（236）

二、路径：职业学校校园文化建设的思路、流程 …………（237）

三、实施：职业学校校园文化的实践 ………………………（239）

**第九章　积极管理：积极德育的实践智慧** ……………………（253）

第一节　职业学校学生管理概述 ………………………………（253）

一、职业学校学生管理的基本内涵 …………………………（253）

二、职业学校学生管理的基本原则 …………………………（254）

三、职业学校学生管理的主要内容及要求 …………………（255）

四、职业学校学生管理存在的主要问题 ……………………（256）

第二节　积极管理——职业学校学生管理的新视角 …………（258）

一、学生管理工作理念的转变 ………………………………（258）

二、构建职业学校学生积极管理体系 ………………………（259）

三、丰富学生思想教育内容 …………………………………（260）

四、建立学生自我管理机制 …………………………………（260）

五、关注学生心理健康 ………………………………………（261）

六、校企合作，全程育人 ……………………………………（261）

第三节　职业学校积极管理案例 ………………………………（262）

案例一："四位一体"中职心理健康教育体系构建 …………（262）

案例二：基于"绿网手机"的职校生手机管理 ……………（269）

案例三：积极的学生德育评价——积极德育素质积点 ………（271）

案例四："二三四五"顶岗实习管理模式的创新实践 ………（278）

# 职业学校思想道德教育基础与依据

道德是人类社会在长期历史发展过程中形成、用来调节人与人之间相互关系的行为规范的总和，是"人们区别和评价是与非，善与恶的标准和尺度"。品德，又称道德品质，是个人按社会道德规范行动时所表现出来的某些稳定特性与倾向。它是一种个体心理现象，实质是一定社会的道德准则和规范在个人思想和行动中的表现。

道德与品德有紧密的联系：个体的品德是在社会道德舆论的熏陶、学校道德教育的影响以及家庭成员潜移默化的道德感染下，通过自己的实践活动形成和发展起来的，是社会道德的个体表现，并受社会发展规律的制约；同时，个人品德对社会道德有一定的反作用，特别是一些优秀的代表人物的品德，往往对社会道德风气产生深远而广泛的影响。

广义的德育指所有有目的、有计划地对社会成员在政治、思想与道德等方面施加影响的活动，包括社会德育、社区德育、学校德育和家庭德育等方面。

狭义的德育专指学校德育。学校德育是教育者按照一定的社会或阶级要求，有目的、有计划、有系统地对受教育者施加思想、政治和道德等方面的影响，并通过受教育者积极的认识、体验与践行，以使其形成一定社会与阶级所需要的品德的教育活动，即教育者有目的地培养受教育者品德的活动。

# 第一节　国内外思想道德教育发展

## 一、国外道德教育理论

20 世纪 60 年代末到 70 年代末，英、美等主要发达国家涌现出大批道德教育理论学家及其学说。大体上可以划分为三大类："一是全球本位德育理论，包括生态伦理学、人道主义学说和社会关心教育哲学；二是社会本位德育理论，包括新行为主义德育论、社会观察学习德育论和新弗洛伊德主义德育论；三是个人本位德育理论，包括基于存在主义哲学之上的个人主义德育论、基于人本主义心理学之上的德育论和基于认识结构心理学之上的德育论。"❶

### 1. 道德教育目标以爱国主义为中心

不同的国家在不同的历史阶段，制定的道德教育目标也是变化的、动态的和不尽相同的。然而，在社会与科技迅速发展的今天，各道德教育流派都将爱国主义作为思想道德教育的目标。美国形成了以爱国教育、法制教育、文明市民教育、价值观教育和心理教育为主的目标体系，以此激发学生的民族自豪感、培养学生的社会责任感和树立学生的民族自尊心；新加坡道德教育更是建构了多层次动态发展的目标体系，培养学生成为"能及时对自己、家庭、邻居、社会和国家尽自己义务的、能明辨是非的良好而有用的公民，最终确立以"国家至上，社会为先；家庭为根，社会为本；社会关怀，尊重个人；协同共识，避免冲突；种族和谐，宗教宽容"为全体国民的道德标准。

### 2. 道德教育理念以人本主义为核心

以人为中心，尊重人的需要，突出人的发展，这就是以人为本的道德教育理念。在对青少年进行道德教育时，我们要把学生放在道德教育的中心，把德育与学生的自由、尊严和价值相联系，这才是教育的最终目的。

---

❶ 魏贤超. 欧洲应用伦理学课程评述 [J]. 比较教育研究，1995 (5)：7-9.

在西方，就非常重视发挥人的自主性，体现人的个性化，在道德教育中也是如此。罗杰斯作为人本主义德育学派的代表人提出了"以人为中心"的德育理念，主张建立一种相互尊重与信赖的互动型的、新型的师生关系，主张实行"非指导"，即学生是教育的主体，教师则是学生良好的咨询者。❶

3. 道德教育方法以隐性德育为趋势

众所周知，杜威作为第一个旗帜鲜明地反对道德灌输的理论家，提倡建立"无灌输的道德教育"，即道德教育的核心问题就是避免灌输。通过这种"开放的"道德教育，促进学生的道德思维能力尤其是独立和批评性思维能力的发展。此外，在道德教育过程中，必须尊重和服从学生道德发展的规律，选择学生能够理解和愿意接受的道德教育的内容和方法。最后，还要鼓励学生通过实践活动获得道德成熟。

其实，在实践中很多教育学家也意识到说教式的道德教育对学生不会起到很好的教育效果，反而更容易让学生产生抵触情绪。所以，在教学过程中很多德育教师有意识地运用多媒体的先进教学手段带动学生的感觉和知觉，让学生自己去判断道德是非，解决道德难题。在美国一些大学，开设"西方文明""西方价值观"等课程，在课堂教学中渗透道德教育。而且，美国学者乔伊斯·亚亨斯等人呼吁："必须把道德教育编织到其他课程中去，与其他课程的教学活动合为一体。力图让学生在不知不觉中接受道德教育，而不让他们有被迫灌输的感觉，从而不易产生逆反态度，以获得良好的德育效果。"❷

4. 道德教育实践以道德体验为途径

道德不仅仅是生活的理念，更应是采取行动的准则。

在日本，学校通过安排值日生为同学们服务来加强学生的道德体验。如学校午餐的时候，会有同学负责为其他同学盛菜、舀汤、端盘，这会让学生产生责任感与自豪感。在美国，有波士顿大学教授 K. 瑞安提出的包

---

❶ 谢登斌. 德育新观：将单向灌输转变为参与式道德实践 [J]. 广西师范大学学报，1999 (4)：31 - 35.

❷ 张金顺. 国外德育理论研究的新进展 [J]. 广西民族大学学报，2006 (4)：172 - 175.

括"体验"在内的五种德育学习模式，20世纪60年代，美国处在以农场主和零售店为主的经营模式下，那时青少年可以在农场、商店或家庭中承担部分劳动来加强对责任意识的培养。然而，现在科技的发展、家用电器的产生，使得提供给青少年的劳动任务难度大大降低，也很难培养青少年坚定的道德理念。所以学校应该鼓励学生积极参与学校活动和社会公益活动，丰富学生的道德认识和体验。例如，大学开展的社区服务活动，已经成为大学生进行道德体验活动提供常用且便利的方式。

5. 道德教育理论以科学化为发展趋势

通过对各流派的分析，我们发现西方的现代德育理论大多是建立在心理学的实验研究和大量的科学观察、个案访谈、测试或数字统计等实证研究的基础之上的。例如，斯金纳为研究操作性条件反射而设计的实验设备"斯金纳箱"，通过大量的动物实验，提出了操作性条件反射理论；班杜拉设计的"宝宝玩偶"等实验发现人们获得行为模式的重要途径除了直接经验以外，还可以通过间接经验、替代性的观察而获得；柯尔伯格采用对偶故事和两难故事问答测试的方法，调查了数百名来自不同国家、有着不同文化的青少年，通过比较发现人的道德意识发展过程有其内在的阶段性、秩序性，即不受种族、文化和地域差异的影响。

## 二、国内道德教育理论发展

国内对道德教育的研究也很早。我国自古代就有"养其习于童蒙"的思想，良好道德习惯的养成，必须从小抓起。近年来，我国学者更加重视学校德育改革研究，这既是新时代社会的发展和进步对学校德育提出的要求，也是人们对学校德育实效性低的现状的思考。这其中，学校德育理念的更新与改革是德育改革的根本指导思想，这是因为对德育理念的研究既是德育改革的起点和关键，也是德育改革最终形态的评判依据。

1. 国内主要德育理念概观

（1）冯建军的生活德育论

德育离不开生活，学校的德育以学生的生活为出发点，让学生在现实的情境中结合自身的生活经验，面对道德问题、解决道德问题，丰富学生对道德生活的体验，以此提升自己对生活的意义和价值的理解。

（2）班华的人性化德育论

首先，在理念上承认学生是拥有独立人格的、具有能动性与创造性的人，教师要尊重学生的人格，发现学生的兴趣，关注学生的需要；其次，在教育方式上关注师生的双向互动，从单向灌输走向双向对话；最后，在德育目的上走向对学生思想的解放，而不是一味地限制与约束学生的行为，这样做的目的是帮助学生的道德成长，最终使德育与学生、与生活的关系从分离走向融合。

（3）肖川的主体性德育论

"主体性道德人格，即独立、理性、自为、自由的道德人格❶"，这是中国社会的理想人格，肖川博士提出的"价值引导与自主建构"德育包括：提高学生的需要层次；培养学生能够理性、自主地进行道德判断和选择；引导学生形成普遍化的教育。所以，主体性德育的核心就是对主体性道德人格的培育，拒斥灌输，通过构建民主、平等的师生关系，达到价值引导与自主建构的和谐统一。

（4）檀传宝的德育美学观

对于如何深层次借鉴审美精神来改造中国德育的观念与实践，德育美学观都做出了深入、具体的阐释，即通过对德育过程各要素进行审美化改造，如思考德育活动的形式美、关注师表美对学生的影响等，使德育成为一幅画、一首歌，在欣赏中引导学生获得道德成长。

（5）杜时忠的制度德育论

"制度是德育的资源；德育是制度性的育人活动，以制度规范德育的实施；制度具有道德教化价值，以制度德性养成个人道德❷"。制度德育论确认了"德育是培养人道德品质的制度性活动"的理念。所以，如果想很好地解决当前社会道德的问题，除了要改进学校德育的方法和手段外，还需要对制度进行进一步的完善，使制度能体现公平与正义，通过制度德性

❶　吴宇戈. 主体性道德人格教育的当代价值及途径探析［J］. 社科纵横，2007（8）：10 -12.

❷　刘良超. 制度德育论［M］. 武汉：湖北教育出版社，2007.

来培养个人德性。

（6）刘慧和朱小蔓的生命德育论

生命道德如同其他道德一样，个体生命必须通过学习才能获得。学校德育要以学生的生命为出发点，使学生能够获得道德发展，更能学会感知、体验和领悟生命的含义。

（7）刘惊铎的体验德育论

体验德育承认体验在道德教育中的地位和作用，认为学生只有通过自身的体验才能真正地获得对道德规范的理解，真正解决道德教育内化的问题，而且这些对人生价值和幸福的体会，会促进知与情的统一与融合。

（8）戚万学的活动德育论

"在活动中通过活动而且为了活动，在活动中发展学生的道德❶。"道德教育最终目的是改善道德行为，而要改善道德行为必须通过道德实践来实现，所以道德实践活动具有道德发展和道德教育的双重意义。该德育理论反对单纯的道德认知主义教育，尤其是对道德的灌输，认为通过活动进行德育教育是必需的、必要的。

这八种德育理念是我国近年来在德育理念研究中影响比较大的几种，体现了目前我国德育理念研究的主要动向和进展，拓展了我国德育改革的方向与思路，对推动德育改革的深入进行起到了重要的作用。

2. 国内德育理论研究分析

（1）日益丰富的德育研究

近年来，德育理念伴随德育改革的推进，受到专家和学者的关注和重视，使我国德育理念的研究日益丰富，以上八种德育理念是在我国影响较大的理念。除此之外，还有自我扩展的德育、互动德育、希望德育、道德整合教育、终身道德学习、学会关心德育，等等。这些德育理念都极大地丰富了我们的德育研究。

德育理念的提出既是对学校德育弊端的反思和改革，也是对德育本性要求的重视与思考。而制度德育的出现，说明了专家学者研究德育理念的

---

❶ 戚万学. 活动道德教育论［M］. 天津：南开大学出版社，1994.

视角在不断扩大，突破了原有的学校德育的限制，迎合了社会发展的需要。同时，各学科也出现了相融合的趋势，会极大地丰富德育理念的研究成果。

（2）德育研究的主题——回归"生活世界"

回归"生活世界"意味着人们开始关注、反思生活与德育的关系，比如生活德育理念的出现。但是，还存在需要探讨研究的地方，如学校德育中存在何种生活形态、德育回归何种生活以及怎样回归生活等，这些研究最终会促使更多德育理念的产生与出现。

（3）德育研究的视角——对德育本性的思考

德育是什么？德育的本质是什么？德育的意义是什么？这些问题都反映了专家学者对德育与生活、德育与制度、德育与人的关系的思考。

随着社会和国家的进一步发展，必然会对德育提出不同的要求，而德育也会不断地更新与发展来积极应对社会和国家的发展对其提出的要求，更好地促进个人品德的发展。但是，我们常常过多地看重了这一点，而忽视了德育自身的独立性，"学校道德教育的不得力、不得法并不是当前的道德危机存在的根本原因，而是学校道德教育从整体上摆错了方向，迷失了目标，成为一种'失真'的教育❶"。现在，我们已经注意到这一问题，对德育本性的思考和尊重成为专家和学者德育理念研究的重要视角和重要维度之一。

（4）德育研究的实践转化意识增强

德育理念是德育改革的指导思想，在此思想指导下，将德育理念切实地落实到具体的实践改革上，才能不使德育理念研究流于形式化和口号化。根据不同的德育理念，研究人员开展了对不同的德育模式的探索，如生活德育模式、欣赏型德育模式、主体性德育模式、制度德育模式、活动德育模式、体验德育模式等，通过这些德育模式的应用产生新的问题，反过来也可以加深对德育理念的研究，进一步完善德育理论。

虽然我国学者从不同的方面、不同的角度提出了加强学校德育的种种

---

❶ 鲁洁. 道德教育的当代论域［M］. 北京：人民出版社，2005.

对策，比如制定符合客观实际的德育目标，改革德育内容和德育方法，改进和完善德育评价体系来提高学校德育实效；通过建设高质量的师资队伍来实施创新教育，全面推行素质教育，等等，而且这些研究成果在实践中取得了相应的成效，但总地来说，专门研究中等职业教育学生德育问题的著作和论文还是比较少。

## 第二节 职业学校思想道德教育现状

作为教育的重要构成部分，职业教育是我国教育至关重要的一部分。近年来，职业教育在行业技能应用方面很好地适应了社会的需求，加上国家政策扶持，使职业教育取得了前所未有的发展，而且也取得了明显的社会效应。据统计，现阶段国内的职业学校已经多达 1.3 万所左右，在校学生 2000 多万人。然而，从整体发展水平来看，中职教育发展仍然存在诸多问题，例如，办学条件欠缺、资金投入力度不够等，特别是它尚未形成与社会发展相适应的人才培养模式，导致其培养的人才难满足社会发展需求。

随着中国经济的飞速发展，工业化水平不断提高，制造业的技术水平不断提升，市场需要更多的高素质劳动者和技术技能人才，更需要一批具有敬业精神和熟练技能的"现代工匠"型人才。当下中国仍然是世界的制造大国，部分产业过多地集中在低端制造业，很多生产工人无须过多的专业学习就能完成生产任务。但中国未来从"中国制造"向"优质制造"转变，国家"供给侧"改革战略的实施，科技含量的增多必然要求产业技术工人具有现代的职业技能和职业素养。因此，当前职业学校人才培养不仅要让学生具备扎实的专业技能，还要让学生具备优秀的人品道德、良好的社会责任意识、敬业精神、职业道德等。

中职学生是我国未成年人的重要组成部分，是我国未来产业大军的重要来源，他们中的绝大多数毕业后将直接跨进社会，步入职业生涯。他们的思想道德状况如何，直接关系到我国产业大军的素质，关系到国家和民族的未来。实现中华民族的伟大复兴，需要培养数以亿计的高素质劳动者和数以千万计的高技能专门人才。加强和改进中职学生思想道德教育，提高中职学生思想道德素质，对于全面实施科教兴国战略和人才强国战略，提高劳动者素质，培养中国特色社会主义事业合格建设者和可靠接班人，具有重大而深远的战略意义。

目前，我国职业教育多年前就已经在整个国民教育中占据半壁江山，近年来，中等职业教育在中国的职业化、大众化教育的大潮中更是迅速发展。伴随着国家在经费拨款、资源配置等方面对中等职业教育的投入，中等职业学校的"硬件"得到了很大提升。但作为从事专业教学和学生管理工作的中等职业学校教师却发现随着中等职业学校规模的扩大，其内涵的建设与提升并没有跟上步伐，特别是学生的品德教育没有抓好，使得"软件"与"硬件"发展不协调。党和国家历来高度重视中职学生思想道德教育，与普通中小学学生思想品德教育和大学生思想政治教育整体规划，同步推进。但是，也应该清醒地看到，面对国际国内形势深刻变化和新时期新阶段的任务要求，中职学生思想道德教育面临严峻挑战，工作中还存在许多不适应的地方和亟待加强的薄弱环节。

目前，中等职业学校德育应用理论缺乏、德育教学实效性偏低和德育教育消极取向等因素都影响了职业学校的健康、有序发展。加强中等职业学校学生德育，改善目前的德育现状刻不容缓。

## 一、思想道德教育应用理论缺乏

近年来，学校德育受到教育学者的关注。不仅提出了多种教育理念与模式，还对当代学生的道德素质现状进行了多方面的调查、研究、分析并提出对策，包括德育目标的制定、素质教育与创新教育的推进、教学内容和方法的改革、德育评价体系的完善等。相比较而言，专门研究中等职业教育学生德育问题的著作和论文比较少。而且，这些研究成果是如何在实践中应用、取得了怎样的成果、哪些方面有待改进等问题都没有系统性的总结与归纳，这对指导职业教育工作者开展学生德育工作是远远不够的。

从构建具有中国特色的社会主义德育理论来分析，长期以来，我国不少德育理论研究者习惯于用所谓的辩证思维而实质上是形而上学的思维方式去研究德育过程，将整个德育过程肢解为各个部门进行孤立的、静止的研究，忽视对各个部分之间相互联系和作用的探讨，没有对德育过程做系统、有机、辩证的研究。纵观一下很多德育原理著作，通常都是分别对德育过程的规律、特点、原则、内容、方法和途径进行单独研究，割裂了它们之间的有机联系。这样做的后果，导致有关概念范畴定性不明确，如知行统一、因材施教、长善救失、教育一致性和连贯性等。在有的论著中是作为德育过程的规律来研究，处于理论层次；有的作为德育过程中的原则或要求来探究，降到规范层面，造成把原理阐述成规范，或者把规范论证成原理的混乱，使得广大德育实际工作者在德育理论面前分不出"必然"和"应然"，无所适从，给理论联系实际带来相当大的困难。

为了解决这种矛盾混乱情况，许多德育理论研究者便用"什么与什么相结合"或"什么与什么相统一"之类的命题来回避矛盾，如"正面教育与纪律约束相结合""严格要求与尊重学生相结合""集体教育与个别教育相结合""教育影响的一致性与连贯性相统一"等诸如此类的命题在很多论著中比比皆是。这种形式上貌似"辩证"而实质上"形而上学"的刻板机械的生硬捏合，既不利于德育研究中理论思维的发展，又不能为广大德育工作者提供具体操作的范式。德育模式的研究和探讨正是对这种研究倾向的一种调整和纠正。因为德育模式既是某种德育理论的简约化的形式表现，它要求通过简明扼要的解释或象征性符号来反映它所依据的德育理论的基本特征，又是对某些具体德育经验的优选加工和概括，它起到德育理论和实践之间的桥梁和纽带作用。

尽管经过广大德育工作者的共同努力，职业学校在德育理论联系实际方面取得了一些可喜的成绩和进展，但是德育理论与职业学校德育实际之间仍然存在许多相互脱节的地方。尤其是当前职业教育快速发展，但是职业教育的社会地位和生源实际等现实情况，职业学校德育正面临一系列严峻的挑战。德育工作中出现了许多新情况、新问题、新矛盾，使广大职业学校德育工作者和教师深深地感受到德育工作的困难，特别是德育理论联系实际的难度，感到有关德育理论缺乏可操作性，可望而不可及，理论和实践之间缺乏某种联系的桥梁或纽带，给广大德育工作者理论联系实际带来了很多困惑。

## 二、思想道德教育传统观念消极

由于近年来生源数量的显著下降，同时在"普高热"态势的影响下，中职教育在招生上几乎放到了最低门槛，只要想上，注册即入学。这些直接导致中职学校的招生质量低下，学生整体素质持续降低。中等职业教育的学生学情越来越差，受社会观念影响，很多家长都不希望自己的孩子去读职业学校，去读中等职业学校的学生基本都是学习成绩不是太好的学生，学习和生活习惯欠缺，部分学生还存在不良品行，甚至有些学生在初中阶段学习考试经常遭受挫折，抱着破罐子破摔的想法来中职学校就读。如果中等职业学校仍按"千人一面"的工作步调和教育方式教育学生，而不对德育工作进行改革，必然不会收到很好的教育效果，这不仅不利于学生的健康成长，还会直接影响毕业生的就业前景，损害职业教育的健康发展。

在实际生活中存在一种传统教育，我们称为消极教育或"医学式"的病理性教育。过分强调矫治功能，习惯于从学生的问题入手来开展工作，教师对待学生就像医生对待病人一样，把自己的工作重心主要放在了修补学生的各种问题——修补学生损坏的动机、不幸的早期经历、不良的学习习惯等。这种失去了平衡的"类医学"式的消极教育使学生的许多正常的积极功能，如自我完善、自我激励等，受到了极大的限制，教育自身也因而容易走进死胡同。

道德教育的目的不是为培养一些"听话"的学生，而是要启发、唤醒学生的道德良知，帮助学生树立符合实际和自身发展的道德理想和信念，让学生学会做人，而不是仅仅把道德规范和行为准则教条式地教授给学生。目前绝大多数中等职业学校采取的教育方式基本上是从学生发展的缺点、不足和不良品质出发，关注受教育者消极的道德言行和学习取向，试图通过规训、灌输、惩罚、管制等消极教育教学手段、好人方法来达到消除学生的不良言行和道德品质，改变学生消极学习态度的目标，让受教育者一直处于被动的服从者地位，而对他们身上的积极品质、发展潜能关注不够。因此，容易形成重视问题娇正，忽视美德和潜能培养的消极教育取向，导致"职业学校教育不快乐，德育实效不高"。

1. 学生主体地位没有得到体现

目前，中职学校的教育教学仍是以教师、课堂、课本为中心，灌注式为主。这种教学过程重教师的"教"，而忽视学生的"学"。本应该成为学习主体的学生实际上扮演着配合教师完成教学任务的角色，从而学生的学习主动性得不到有效的激发。灌注式的课堂教学作为职业学校主要的教学方式，导致教学过程只重视书本知识的单向传授，而忽视学生的参与和实践活动。因而容易产生两种情况：一是使教学活动单调；二是使学生的学习趋向于被动接受，这两种情况也是导致学生厌学的原因。

为了培养学生解决问题的能力，教师必须发挥学生的主观能动性，调动学生积极主动、合理有效地参与到教学过程中，实现真正意义上的教师主导作用和学生的主体地位。教师的角色主要是作为学生导师。教师要根据学生个人发展情况来决定教学进程鼓励先进，也允许暂时落后，力求让每个学生在向目标前进的过程中，都有必胜的信心和成功的喜悦。为了提高学生学习兴趣，教学方法应该多样化。其中，四阶段教学法、项目教学法、引导课文教学法和角色扮演法都是比较适合职业教育的教学，可以随机使用。

2. 专业教学重技能培养、轻道德教育

很多职业学校对学生只注重技能的培养和专业的训练，忽视了在课堂上对学生进行德育的渗透。德育不仅仅是政治老师的责任，更是我们所有教师的责任。一些专业老师就认为："学校已经专门开设了政治课和德育课对学生进行教育，我们作为专业课教师，责任就是要让学生拥有一技之长，出了校门就能靠技能吃饭。所以，对学生进行德育应该是政治老师和德育老师的主要责任和工作。"这种把对学生的道德教育与专业课的学习割裂开来的思想是片面的。其实，专业课教师可以充分利用其在专业方面的优势，通过与学生分享自己对行业的了解和在企业实践的经历，让学生了解行业的特点、企业的信息与用人要求，在潜移默化中对学生进行职业道德熏陶。如机械制造专业大类的学生在实训实习课结束时，教师可以指导每组、每个学生把实训实习工量具整齐地摆好，实际上这里也蕴含着道德教育——良好职业习惯的养成。

3. 教师自身的德育素养涵有待提高

职业学校历来比较重视专业建设和教师的专业能力培养，力争教师成为"双师型"（教学经验丰富和技能水平过硬）教师，每年都组织教师进行专业培训或实践。但对教师德育素质的培养比较滞后，认为德育工作人人会做、都能做，导致部分教师师德修养较差，德育观念淡薄。往往出现学校部分教师不知道学校的校风、校训，更不要讲传承学校办学精神，发扬学校优良传统；更有甚者，有个别教师自己都不注重文明修养，不能以身作则。教师不仅仅是通过传授知识、训练技能来影响学生成长，而且还有他的生活态度和行为习惯，正所谓"身教不存，言教无力"，具有良好的师德师风是良好校风、教风和学风的重要保障。

## 三、思想道德教育教学形式单调

近年来，很多中职学校渐渐意识到了进行德育教学的重要性，很多中职学校都逐渐开始重视德育教育教学。然而，现阶段，尽管很多学校都设置单独的课程，但是国内的德育教学还处于初级发展的状态，尚未编写出符合学生实际情况的特色教材。此种情况也反映出当前德育教学尚未进行深入理论研究，而且尚未构建完善的教学体系，并且缺乏道德选择力和道德阐释力。调查显示，很多中职学校学生知道一些道德现象是错误的，自己也明确表示不满，而且具有明显追求个人利益而忽视道德的行为。这仍然是职业道德教育不成功的反映，与学校观念陈旧及途径落后有很大关系。

1. 德育课程教学理念和方法陈旧

虽然学校、社会都认为道德教育对学生成长和发展很重要，但是在实际教学过程中有很多学生表示不愿上学校的道德教育课程，对学校道德教育课程教学表现淡漠，一副无所谓的样子，往往出现学生课堂睡觉、教师照本宣科的现象。教学中缺乏师生互动，学生缺乏主体性和能动性，学生在学习中始终是个被动接受者。因此，很多学生也认为道德教育离自己很远，这也使道德教育收效甚微，本应内化的道德被外化为强制，一旦强制出现漏洞，就会出现道德反弹现象。

要让学生产生学习兴趣，接受教师讲解的观点，就要讲究方式方法，灌输式的说教方式是无法达到较好的教育效果的。但目前，学校教育多采取"在课堂上对学生进行硬性的道德灌输，在管理上通过强硬的纪律管理学生，在评价上采取量化的手段考核学生，严格地控制学生的道德行为"。这样的教育方式，不会得到学生的认同，也不利于学生的道德成长。

通过对中职学校德育教学的调查表明大多数学生不喜欢学校的德育课程，认为"教师讲课枯燥无味""活动单调、无意义"，这说明学生对灌输式教学方法的反感，所以加强教师对教学过程的情感性处理和操作势在必行。而且，作为教师，除了在课堂上、在授课过程中注意对学生的道德教育，更应该明白德育无处不在，如果教师能主动走进学生的生活、活动中，就能加强与学生的互动，更好地开展德育工作。在问卷调查和教师访谈中，我们都发现大部分教师只注重对学生的课堂教学，没有真正地走入学生的生活中去。

2. 心理健康教学重视程度不够

中职生正处在身心发展的转折期。他们的学习生活由普通教育向职业教育转变，发展方向由升学为主向就业为主转变，生活环境由家庭家人向学校师生转变，将直接面对社会和职业的选择，面临职业竞争日趋激烈和就业压力日益增大的巨大困难，难免产生各种各样的心理困惑或问题。此外，中职生中单亲家庭、隔代抚养家庭、下岗职工家庭、低收入家庭、低学历家庭比例较高，这些父母大多不太懂得孩子身心发展的特点，对孩子的关注度普遍较低，教育方法难免不够恰当。中职生在初中又多是问题学生，经历过中考失利的打击，普遍存在缺乏安全感，自我认识不足，抗挫、抗压能力差，胆小怯懦，自卑孤独，情绪不稳、易激怒，易受诱惑，自控能力差，叛逆厌学，敏感焦虑等心理问题。同时，这个年龄段的思维又开始趋于成熟，性格特征日益稳定，情感表现内隐文饰，人生观逐步形成。他们迫切需要渗透于学校教育中的全方位、系统化的心理教育过程。

但是，就中职学校的心理健康教育现状来说，或多或少存在侧重于技能训练和就业指导，对心理健康教育及研究不够重视；没有专门机构，组织管理不到位，教育缺乏系统性、制度化；缺乏场地，经费投入不足，设备不全；欠缺高素质的专业师资队伍，工作主动性不强；教育方式单一、枯燥等问题。更为严重的是心理健康教育主要关注心理问题学生的疏导，忽视面对全体学生的辅导；把学生思想问题和心理健康问题混为一谈，教育方法多批评、体罚，少关心、帮助；缺乏心理教育氛围的营造，咨询室的作用发挥不大；教育途径以开设心理课程和做讲座为主，局限性较强；心理健康教材不统一，校本教材虽多，但是质量参差不齐；专职心理健康教师较少，多由缺少心理学专业系统训练的德育或行政人员、经过短期培训的教师兼任。由此可见，中职生心理健康问题的严峻性和中职学校心理健康教育的问题性形成一对矛盾，难以平衡，这非常不利于中职生健康心理品质的培养和心理调适能力的提高。

因此，加强中职学校积极心理健康教育具有重要的价值与意义，有助于为广大中职生的生存与发展提供积极的心理保障，培养他们应对人、事、己、自然的积极态度、技巧和能力；有助于充分开发潜能，培养乐观向上的心理道德品质，促进人格的健全发展，全面提高中职生的心理素质；有助于大幅度提高广大中职生的学习、生活质量与工作效能，提升自我认同度、学习愉悦度和职业幸福感。

3. 社团文化体育活动匮乏

社团在学校教育中也发挥着很大的积极作用，大部分中职学校一般都有自己的学生社团，通过学生社团可以更好地发展学生的兴趣，培养社团成员的创新能力，锻炼学生的交往能力和团队合作意识。中职学校的学生是一群特殊的群体，他们普遍学习成绩较差，学习兴趣不高，但是动手能力普遍较强，而且非常活泼好动，社团活动的开展大大激发了学生的兴趣，给学生一个锻炼自己，展现自己的平台。职业学校学生社团活动不但提高了中职学生的自信心，还提高了学生的自我约束力，学生社团活动对中职学校的德育工作的开展起了大大的促进作用。

但是当前职业学校社团活动依然匮乏，主要受制于下述几个方面的因素：一是中职学校的社团活动与其他高校的社团活动一样面临着物质条件缺乏的情况，表现为场地、资金、设备及器材不够等一系列情况；二是大多数中职学校的社团活动缺乏专业指导，社团建设深度不足，因此限制了社团活动课德育价值的发挥；三是中职学校社团活动缺乏完善的管理制度和评价机制；四是中职学校社团虽然数量较多，但活动内容缺乏创新，社团活动整体水平低下，缺乏特色。这些因素都直接限制了中职学校社团的长久发展和良性循环，更直接影响到每位学生社团成员综合素质的锻炼与提高，也严重影响到中职学校社团活动的德育价值的发挥。

## 第三节　职业学校思想道德教育依据

《国家中长期教育改革和发展规划纲要（2010—2020 年）》中指出："坚持德育为先。立德树人，把社会主义核心价值体系融入国民教育全过程。加强马克思主义中国化最新成果教育，引导学生形成正确的世界观、人生观、价值观；加强理想信念教育和道德教育，坚定学生对中国共产党领导、社会主义制度的信念和信心；加强以爱国主义为核心的民族精神和以改革创新为核心的时代精神教育；加强社会主义荣辱观教育，培养学生团结互助、诚实守信、遵纪守法、艰苦奋斗的良好品质。加强公民意识教育，树立社会主义民主法治、自由平等、公平正义理念，培养社会主义合格公民。加强中华民族优秀文化传统教育和革命传统教育。把德育渗透于教育教学的各个环节，贯穿于学校教育、家庭教育和社会教育的各个方面。切实加强和改进未成年人思想道德建设和大学生思想政治教育工作。"

随着经济社会和教育事业的发展，职业学校德育工作面临新形势、新任务和新要求。职业学校德育是对学生进行思想、政治、道德、法律和心理健康的教育。它是中等职业学校教育工作的重要组成部分，与智育、体育、美育等相互联系，彼此渗透，密切协调，对学生健康成长成才和学校工作具有重要的导向、动力和保证作用。中等职业学校必须把德育工作摆在素质教育的首要位置❶。职业学校德育目标是把学生培养成为爱党爱国、拥有梦想、遵纪守法、具有良好道德品质和文明行为习惯的社会主义合格公民，成为敬业爱岗、诚信友善，具有社会责任感、创新精神和实践能力的高素质劳动者和技术技能人才，成为中国特色社会主义事业合格建设者和可靠接班人。

因此，职业学校德育必须具有以下四个特点。

一是鲜明的时代性。职业学校德育工作必须体现党的十九大以来党和国家的新思想新要求，充分反映马克思主义中国化的最新成果，将中国特色社会主义理论体系、社会主义核心价值观作为贯穿始终的红线，全面融入德育工作的全过程。

二是全面育人的理念。把立德树人作为根本任务，坚持德育为先、全面发展。强调理想信念教育、中国精神教育、道德品行教育，还强调职业精神教育，要把学生培养成为社会主义合格公民，高素质劳动者和技术技能人才，中国特色社会主义事业合格建设者和可靠接班人。

三是职业学校的特色。在充分考虑大中小学德育统筹衔接的基础上，遵循德育工作规律和学生身心成长规律，突出中等职业学校德育特色，通过积极、正向的德育理念来引领具体德育通知，强调养成教育、成功教育、实践教育，加强实训实习期间的德育，企业参与学生实训实习期间的德育工作等。

四是合力推进德育。贯彻全员全程全方位育人理念，引导多方力量共同参与德育工作，建立完善学校、企业、家庭以及社会各方面相互协作的德育工作机制。

## 一、中国学生发展核心素养

中国学生发展核心素养，主要指学生应具备的，能够适应终身发展和社会发展需要的必备品格和关键能力。研究学生发展核心素养是落实立德树人根本任务的一项重要举措，也是适应世界教育改革发展趋势、提升我

---

❶ 《中等职业学校德育大纲（2014 年修订）》。

国教育国际竞争力的迫切需要。

中国学生发展核心素养，以科学性、时代性和民族性为基本原则，以培养"全面发展的人"为核心，分为文化基础、自主发展、社会参与三个方面。综合表现为人文底蕴、科学精神、学会学习、健康生活、责任担当、实践创新六大素养，具体细化为国家认同等18个基本要点，如图1-1所示。根据这一总体框架，可针对学生年龄特点进一步提出各学段学生的具体表现要求。

**图 1 - 1　五种心理技能及相互关系**

**（一）文化基础**

文化是人存在的根和魂。文化基础，重在强调能习得人文、科学等各领域的知识和技能，掌握和运用人类优秀智慧成果，涵养内在精神，追求真善美的统一，发展成为有宽厚文化基础、有更高精神追求的人。

1. 人文底蕴

主要是学生在学习、理解、运用人文领域知识和技能等方面所形成的基本能力、情感态度和价值取向。具体包括人文积淀、人文情怀和审美情趣等基本要点。

（1）人文积淀

具有古今中外人文领域基本知识和成果的积累；能理解和掌握人文思想中所蕴含的认识方法和实践方法等。

（2）人文情怀

具有以人为本的意识，尊重、维护人的尊严和价值；能关切人的生存、发展和幸福等。

（3）审美情趣

具有艺术知识、技能与方法的积累；能理解和尊重文化艺术的多样性，具有发现、感知、欣赏、评价美的意识和基本能力；具有健康的审美价值取向；具有艺术表达和创意表现的兴趣和意识，能在生活中拓展和升华美等。

2. 科学精神

主要是学生在学习、理解、运用科学知识和技能等方面所形成的价值标准、思维方式和行为表现。具体包括理性思维、批判质疑、勇于探究等基本要点。

（1）理性思维

崇尚真知，能理解和掌握基本的科学原理和方法；尊重事实和证据，有实证意识和严谨的求知态度；逻辑清晰，能运用科学的思维方式认识事物、解决问题、指导行为等。

（2）批判质疑

具有问题意识；能独立思考、独立判断；思维缜密，能多角度、辩证地分析问题，做出选择和决定等。

（3）勇于探究

具有好奇心和想象力；能不畏困难，有坚持不懈的探索精神；能大胆尝试，积极寻求有效的问题解决方法等。

**（二）自主发展**

自主性是人作为主体的根本属性。自主发展，重在强调能有效管理自己的学习和生活，认识和发现自我价值，发掘自身潜力，有效应对复杂多变的环境，成就出彩人生，发展成为有人生方向、有生活品质的人。

1. 学会学习

主要是学生在学习意识形成、学习方式方法选择、学习进程评估调控等方面的综合表现。具体包括乐学善学、勤于反思、信息意识等基本要点。

（1）乐学善学

能正确认识和理解学习的价值，具有积极的学习态度和浓厚的学习兴趣；能养成良好的学习习惯，掌握适合自身的学习方法；能自主学习，具有终身学习的意识和能力等。

（2）勤于反思

具有对自己的学习状态进行审视的意识和习惯，善于总结经验；能够根据不同情境和自身实际，选择或调整学习策略和方法等。

（3）信息意识

能自觉并有效地获取、评估、鉴别、使用信息；具有数字化生存能力，主动适应"互联网＋"等社会信息化发展趋势；具有网络伦理道德与信息安全意识等。

## 2. 健康生活

主要是学生在认识自我、发展身心、规划人生等方面的综合表现。具体包括珍爱生命、健全人格、自我管理等基本要点。

（1）珍爱生命

理解生命意义和人生价值；具有安全意识与自我保护能力；掌握适合自身的运动方法和技能，养成健康文明的行为习惯和生活方式等。

（2）健全人格

具有积极的心理品质，自信自爱，坚韧乐观；有自制力，能调节和管理自己的情绪，具有抗挫折能力等。

（3）自我管理

能正确认识与评估自我；依据自身个性和潜质选择适合的发展方向；合理分配和使用时间与精力；具有达成目标的持续行动力等。

## （三）社会参与

社会性是人的本质属性。社会参与，重在强调能处理好自我与社会的关系，养成现代公民所必须遵守和履行的道德准则和行为规范，增强社会责任感，提升创新精神和实践能力，促进个人价值实现，推动社会发展进步，发展成为有理想信念、敢于担当的人。

## 1. 责任担当

主要是学生在处理与社会、国家、国际等关系方面所形成的情感态度、价值取向和行为方式。具体包括社会责任、国家认同、国际理解等基本要点。

（1）社会责任

自尊自律、文明礼貌、诚信友善、宽和待人；孝亲敬长，有感恩之心；热心公益和志愿服务、敬业奉献，具有团队意识和互助精神；能主动作为、履职尽责、对自我和他人负责；能明辨是非，具有规则与法制意识，积极履行公民义务，理性行使公民权利；崇尚自由平等，能维护社会公平正义；热爱并尊重自然，具有绿色生活方式和可持续发展理念及行动等。

（2）国家认同

具有国家意识，了解国情历史，认同国民身份，能自觉捍卫国家主权、尊严和利益；具有文化自信，尊重中华民族的优秀文明成果，能传播弘扬中华优秀传统文化和社会主义先进文化；了解中国共产党的历史和光荣传统，具有热爱党、拥护党的意识和行动；理解、接受并自觉践行社会主义核心价值观，具有中国特色社会主义共同理想，有为实现中华民族伟大复兴中国梦而不懈奋斗的信念和行动。

（3）国际理解

具有全球意识和开放的心态，了解人类文明进程和世界发展动态；能尊重世界多元文化的多样性和差异性，积极参与跨文化交流；关注人类面临的全球性挑战，理解人类命运共同体的内涵与价值等。

2. 实践创新

主要是学生在日常活动、问题解决、适应挑战等方面所形成的实践能力、创新意识和行为表现。具体包括劳动意识、问题解决、技术应用等基本要点。

（1）劳动意识

尊重劳动，具有积极的劳动态度和良好的劳动习惯；具有动手操作能力，掌握一定的劳动技能；在主动参加的家务劳动、生产劳动、公益活动和社会实践中，具有改进和创新劳动方式、提高劳动效率的意识；具有通过诚实合法劳动创造成功生活的意识和行动等。

（2）问题解决

善于发现和提出问题，有解决问题的兴趣和热情；能依据特定情境和具体条件，选择制订合理的解决方案；具有在复杂环境中行动的能力等。

（3）技术运用

理解技术与人类文明的有机联系，具有学习掌握技术的兴趣和意愿；具有工程思维，能将创意和方案转化为有形物品或对已有物品进行改进与优化等。

## 二、中等职业学校德育大纲

德育对学生健康成长和学校工作具有重要的导向、动力和保证作用。中等职业学校德育要以马克思列宁主义、毛泽东思想、邓小平理论、"三个代表"重要思想、科学发展观为指导，深入贯彻习近平总书记系列重要讲话精神，全面贯彻党的教育方针，紧密联系实现"两个一百年"奋斗目标和中国梦的实际，遵循学生身心发展的特点和规律，按照培育和践行社会主义核心价值观的要求，坚持以人为本、德育为先、能力为重、全面发展，努力培养德智体美全面发展的社会主义建设者和接班人。

《中等职业学校德育大纲（2014 年修订）》（教职成〔2014〕14 号）（以下简称《大纲》）规定了国家对中等职业学校德育工作和学生德育的基本要求，是中等职业学校开展德育工作的基本规范，是各级教育部门对中等职业学校德育工作实行科学管理和督导评估的基本标准，也是社会和家庭紧密配合学校对学生进行教育的基本依据。

1. 德育目标

中等职业学校德育目标是：把学生培养成为爱党爱国、拥有梦想、遵纪守法、具有良好道德品质和文明行为习惯的社会主义合格公民，成为敬业爱岗、诚信友善，具有社会责任感、创新精神和实践能力的高素质劳动者和技术技能人才，成为中国特色社会主义事业合格建设者和可靠接班人。

具体要求如下。

（1）树立实现中国梦的远大理想，牢固树立中国特色社会主义道路自信、理论自信、制度自信，热爱祖国，热爱人民，热爱中国共产党，拥护党的领导。

（2）培育和践行社会主义核心价值观，勤学、修德、明辨、笃实，使社会主义核心价值观内化于心、外化于行。养成科学的思想方法。

（3）养成良好的法治意识和文明行为习惯，提高道德素质和法律素质，增强公民意识、依法办事、待人友善。

（4）树立正确的职业观和职业理想，提高综合职业素质和能力，热爱劳动、崇尚实践、奉献社会。

（5）养成自尊、自信、自强、乐观的心理品质，提高心理健康水平和职业心理素质、人格健全、乐观向上。

（6）树立安全意识、环保意识、节俭意识、廉洁意识，珍爱生命，尊重自然。

2. 德育内容

以中国特色社会主义理论体系为统领，科学设置教育教学内容。

（1）理想信念教育

中国特色社会主义和中国梦教育；倡导"富强、民主、文明、和谐，自由、平等、公正、法治，爱国、敬业、诚信、友善"的社会主义核心价值观教育；马克思主义哲学教育；立足岗位、奉献社会的职业理想教育。

（2）中国精神教育

以爱国主义为核心的民族精神教育；以改革创新为核心的时代精神教育；中华优秀传统文化教育；中共党史与国情教育。

（3）道德品行教育

社会公德、职业道德、家庭美德、个人品德教育；学生日常行为规范、文明礼仪教育与训练；生命安全、艾滋病预防、毒品预防、环境保护等专题教育。

（4）法制知识教育

宪法法律基础知识教育；职业纪律和岗位规范教育；校纪校规教育。

（5）职业生涯教育

职业精神教育；就业创业准备教育；终身学习和职业生涯可持续发展教育。

（6）心理健康教育

心理健康基本知识和方法教育；青春期心理健康教育；职业心理素质

教育；心理咨询、辅导和援助。

除以上各系列教育内容外，学校还要根据国家形势发展需要进行时事政策教育。

3. 德育原则

中等职业学校德育要遵循以下基本原则。

（1）方向性和时代性相结合原则

要坚持正确的政治方向和育人导向，紧密结合社会需要和时代发展的要求，增强针对性和实效性。

（2）贴近实际、贴近生活、贴近学生原则

要遵循思想道德教育的普遍规律，尊重学生自我教育的主体性，适应学生身心成长的特点，开展富有成效的教育和引导活动，提高吸引力和感染力。

（3）知行统一原则

要重视知识传授、观念树立，重视情感体验和行为养成，引导学生形成知行统一、言行一致的优良品质。

（4）教育与管理相结合原则

要进行深入细致的思想教育，同时要加强科学严格的管理，增强学生接受教育的主动性，实现教育与自我教育、自律与他律、激励与约束有机结合。

（5）解决思想问题与解决实际问题相结合原则

既要做到以理服人、以情感人，又要切实帮助学生解决学习、生活中遇到的实际困难和问题，增强教育的实际效果。

4. 德育途径

学校要充分发挥主导作用，与家庭、社会密切配合，拓宽德育途径，实现全员、全程、全方位育人。

（1）课程教学

德育课是各专业学生必修的公共基础课，是学校德育的主渠道。德育课教学应充分体现社会主义教育的方向和本质要求，充分反映马克思主义中国化的最新成果，全面反映中国特色社会主义理论体系的基本内容、社会主义核心价值观的基本要求。要紧密联系实际，坚持以价值观教育引领知识教育，改进教育教学方法，注重实践教育、体验教育、养成教育，做到知识学习、情感培养和行为养成相统一，切实增强针对性、实效性和时代感。

其他公共基础课和专业技能课等课程教学要结合课程特点，充分挖掘德育因素，有机渗透德育内容，结合专业特点和岗位工作要求，寓德育于教学内容和教学过程之中。

（2）实训实习

实训实习是学校教育教学的基本环节。学校要结合实训实习的特点和内容，抓住中职学生与社会实际、生产实际、岗位实际以及一线劳动者密切接触的时机，进行以敬业爱岗、诚实守信为重点的职业道德教育，进行职业纪律和安全生产教育，培养学生爱劳动、爱劳动人民的情感，增强学生讲安全、守纪律、重质量、求效率的意识。学校和企业要共同组织开展实训实习期间的德育工作，学校要安排专人负责实训实习期间的教学管理和德育工作。学生要撰写实习日记和实习报告。

（3）学校管理

班级是学校德育工作的基层单位，班主任是组织班级管理和德育的直接实施者。班主任应结合专业特点和学生实际，充分利用家长、用人单位、行业及社区等资源，开展学生思想教育、班级管理、班级活动组织、职业指导、沟通协调工作，发挥学生的主动性创造性，培养良好的班风学风。

学校要加强党组织、共青团工作，举办业余党校、团校，组织学生特别是入党、入团积极分子学习党的基本理论和基本知识以及团的基本知识，发展符合条件的优秀学生入党、入团。充分发挥团组织团结青年、组织青年、引导青年、服务青年和维护青少年合法权益的职能。要加强学生会和学生社团的管理与服务工作，指导建立各类社团和课外兴趣小组，积极开展各种有益学生身心健康的活动，充分发挥学生自我服务、自我管理、自我教育的作用。

学校各项管理和服务工作都要发挥德育功能，促进学生良好行为习惯的养成。学校要按照有关法律法规，建立健全学校班级管理、课堂教学、实训实习、社团活动、校园安全、后勤服务、突发事件应急等管理制度并严格执行。要强化全员育人理念，充分调动全体教职工言传身教、教书育人的自觉性，以良好的思想政治素质和道德风范影响教育学生。

（4）校园文化

校园文化具有重要的育人功能。学校要凝练具有职教特色的办学理念和学校精神，建设体现学校特色的校园文化，形成优良的校风、教风和学风。要结合开学及毕业典礼、升旗仪式、成人仪式、入党入团仪式以及民族传统节日、重要节庆日、纪念日等，开展礼节礼仪教育，开展特色鲜明的主题教育活动；结合技能竞赛、创新创业创意创效竞赛、"文明风采"竞赛等开展丰富多彩的校园文化活动。要积极推进优秀企业文化进校园，通过宣传学习行业劳动模范、学校优秀毕业生事迹等，培养学生职业兴趣和职业精神，增强就业创业信心。培育和弘扬劳动光荣、技能宝贵、创造伟大的时代风尚。

要加强互联网等新媒体的建设与管理，优化校园网络环境，建设校园网络宣传队伍，加强正面信息的网络传播，杜绝不良信息在校园网上传播，重点加强对校园网公告栏、留言板、贴吧等交互栏目的管理，发挥社交网站、微博、微信等对学生的教育引导作用。要培养学生良好的网络道德，帮助学生做到文明上网、依法上网，及时发现并主动帮助网络成瘾学生。

（5）志愿服务

志愿服务是德育的重要载体。学校要把志愿服务纳入教育计划，要依托各类青少年爱国主义教育基地、科技场馆等课外活动阵地，发挥学生专业技能特长，组织学生深入城乡社区、厂矿企业等，广泛开展各类志愿服务和社会实践活动。要把学雷锋活动和志愿服务结合起来，建立完善志愿服务长效工作机制和活动运行机制，弘扬"奉献、友爱、互助、进步"的志愿精神，推动志愿服务活动广泛深入开展，把志愿服务活动做到社区、做进家庭。大力组织学生向道德模范、劳动模范、最美人物、身边好人等先进典型学习。

（6）职业指导

学校要在职业指导工作中全面渗透德育内容，加强职业意识、职业理想、职业道德和创业教育，引导学生树立正确的择业观，养成良好的职业道德行为，提高就业创业能力。加强就业服务，提高就业服务的水平和质量。

（7）心理辅导

学校要根据学生生理、心理特点，合理设置心理健康教育内容，针对学生在学习、生活和求职就业等方面可能遇到的心理问题，开展心理辅导或援助，加强人文关怀和心理疏导，培养学生良好的心理素质，促进学生身心健康发展。要配置必要的心理健康教育专业人员以及心理健康教育和服务设施。

（8）家庭和社会

家庭和社会在德育中具有特殊重要作用。学校要通过家长委员会、家长学校、家长接待日、家访等，密切与家长联系，指导和改进家庭教育，促使家长协助配合学校开展德育工作。要特别关心单亲家庭、经济困难家庭、留守儿童家庭、流动人口家庭的子女教育。

教育部门和学校应采取积极措施，充分依靠共青团、妇联、关工委、社区以及各种社会团体，并同所在地的党政机关、企事业单位、部队等建立固定联系，发动、协调社会力量支持和参与德育工作，建立完善学校与社会相互协作的社会教育网络。要主动会同有关部门重点加强校园周边环境治理，为学生健康成长创造良好的文化环境、治安环境和社会环境。

5. 德育评价

中等职业学校德育评价由学校工作评价和学生品德评定两方面组成。

（1）学校工作评价

各地教育部门应结合本地区教育实际情况，科学制定德育工作评价指标体系，建立健全行业企业、用人单位、学生家长等深度参与的德育评价机制，定期对学校德育工作进行评价。德育工作评价的主要内容包括：工作机构和队伍建设情况、规章制度建设及执行情况、德育课开设情况及课程教学情况、党团组织和学生会工作情况、社会实践活动开展情况、校园文化建设情况、实训实习期间的德育工作情况等。学校实施本大纲的情况应作为考核校长和学校工作的重要依据。

学校要加强对德育课教学质量、其他课程德育渗透、班级德育工作、部门及教职工育人质量的考核评价，把德育工作实绩作为对部门及教职工考核、职务聘任、表彰奖励的重要内容。

评价与创建相结合。通过创建先进学校、文明班级和评选优秀学生、优秀学生干部等活动，形成有效的竞争激励机制。对成绩突出的学校、班级和个人要及时给予表彰奖励。

（2）学生品德评定

要结合学生思想实际和行为表现，对每个学生做出客观公正的品德评定。学校要把学生品德的评定情况作为学生综合素质评价的重要内容，作为学生评优评奖等的重要依据，发挥品德评定对学生成长成才的积极引导作用。学校要结合行业和用人单位对从业者的职业素养要求，在德育方面提出明确要求，制定具体评定办法。对实训实习学生的品德评定应由学校和实训实习单位共同完成。

6. 德育实施

（1）组织管理

各地教育部门应有明确的机构负责中等职业学校德育工作。应根据本大纲规定，结合本地区和不同类型学校的实际，制定本大纲实施细则，定期对本大纲的实施情况进行检查。

中等职业学校实行校长负责的德育工作管理体制。学校党组织要发挥政治核心和监督保证作用，支持和协助校长做好德育工作。校长要把德育与其他各项工作结合起来，同部署、同检查、同评估。要有一名校级领导分管德育工作。学校要建立贯彻实施本大纲的岗位责任制及考核奖励办法，明确各部门的育人责任，形成全员、全程、全方位育人格局。

（2）队伍建设

各地教育部门和学校要严格队伍选拔标准，优化队伍结构，制定班主任、德育课教师及其他德育工作者的培养培训规划，切实采取措施解决德育工作者在工作、生活等方面的实际问题，建设一支政治坚定、业务精湛、功能互补的德育工作队伍。要加强班主任队伍建设，选聘好班主任，每班应至少配备一名班主任，可根据需要配备班主任助理，班主任工作计入教师基本工作量，学校绩效工资分配要适当向班主任倾斜，教师高级岗位聘任应向优秀班主任倾斜。要充分发挥学校团组织和团干部在德育工作中的作用。

（3）经费保障

德育经费要列入预算。学校德育经费包括德育教学、管理和学生日常德育活动方面的经费。教学、管理经费包括德育课教学、德育课教师和德育工作者培训、社会考察与调研、有关教研室的业务条件建设和图书资料购置、德育科研经费等。日常德育活动经费包括对学生的日常思想道德教育、学生社会实践、大型德育活动以及表彰奖励等所需经费。要把德育活动场所，基地建设和德育设施、设备购置维修纳入学校总体建设规划，并从基本建设费和设备费中给予保证。

（4）德育科研

各地教育部门和学校要把德育研究项目列入科研规划，加强课题研究，定期开展学生思想道德状况和德育工作调研，交流德育工作经验，不断提高研究和实践的工作水平。要发挥教育科研机构和学术团体的作用，加强中等职业学校德育研究。各地教育部门和学校应建立和完善德育研究成果的鉴定、奖励、推广机制。

## 三、中等职业学校德育课程标准

《教育部关于中等职业学校德育课课程设置与教学安排的意见》（教职成〔2008〕6号）就中等职业学校德育课课程设置与教学安排明确提出：中等职业学校德育课是学校德育工作的主渠道，是各专业学生必修的公共基础课，是学校实施素质教育的重要内容。德育课的主要任务是以邓小平理论和"三个代表"重要思想为指导，深入贯彻落实科学发展观，对学生进行思想政治教育、道德教育、法治教育、职业生涯和职业理想教育以及心理健康教育，提高学生的思想政治素质、职业道德和法律素质，促进学生全面发展和综合职业能力形成。德育课教学应遵循"贴近实际、贴近生活、贴近学生"的原则，从学生身心健康发展的规律和中等职业教育培养目标的实际需要出发，注重实践教育、体验教育、养成教育，做到知识学习与能力培养和行为养成相统一，切实增强针对性、实效性和时代感。

中等职业学校德育课分为必修课和选修课两部分。必修课包括职业生涯规划、职业道德与法律、经济政治与社会、哲学与人生四门课程。心理健康作为选修课纳入德育课课程体系。其他选修课程由各地根据实际情况开设，报我部（职业教育与成人教育司）审批后由地方组织实施。德育课必修课程教学安排如下表。

| 年级 | 学期 | 课程 | 学时 |
|---|---|---|---|
| 一年级 | 第一学期 | 职业生涯规划 | 32~36 |
| | 第二学期 | 职业道德与法律 | 32~36 |
| 二年级 | 第三学期 | 经济政治与社会 | 32~36 |
| | 第四学期 | 哲学与人生 | 32~36 |

德育选修课程的教学时间，一般不少于 64 学时。选修课除对学生进行心理健康教育外，还应根据国家形势发展进行时事政策教育，结合学校德育工作、学生社会实践、专业学习、顶岗实习进行预防艾滋病教育、毒品预防教育、环境教育、廉洁教育、安全教育等。

财经、政法类专业及其他文科专业，由于其专业课程与德育课在内容上有交叉，各地可按照上述课程设置与教学安排的要求，根据专业培养目标的需要，适当调整有关课程的内容和学时。

学校对以上德育课各门课程教学安排的顺序，可根据具体情况进行适当调整，但必须保证各门课程的教学时数。

# 职业学校积极道德教育理念与策略

教育有三大目标：第一是纠正人的缺点，帮助有问题的人消除问题并得到发展；第二是使人成为一个具有一定知识、能力和社会道德的人；第三是在对人进行鉴别的基础上使其得到充分的发展。

当前国内教育，特别是道德教育，很多学校和教师往往将重心放在第一项任务上，职业学校甚至过度关注学生的问题、缺点和不足，而对他们的优点、长处和潜能关注不够，这种病态式的、消极的道德教育常常使教育者看不到受教育者的优点和长处，严重压制了学生的自我认知、自我实践、自我体验和感悟等自主发展和完善的能力。从而导致职业学校道德教育的取向出现了偏差，教育效果弱化，部分学生毕业时存在一定社会道德和职业道德风险，在以后的生活和工作中，很可能发生偏离社会公德、职业道德和家庭美德的现象，给社会和家庭带来潜在的隐患，造成各种有形和无形的损失和风险。

## 第一节　积极心理学与道德教育

### 一、积极心理学

1. 积极心理学的起源与发展

积极心理学的研究，最早可追溯至 20 世纪 30 年代 Terman 关于天才和婚姻幸福感的研究，以及荣格的关于生活意义的研究。1996 年宾夕法尼亚大学教授马丁·塞利格曼在当年美国的心理学年度大会上正式提出了积极心理学的概念。1998 年 11 月，在美国召开的第一次积极心理学高峰会议明确了积极心理学今后的发展方向——成为世界性的心理运动。积极心理学在短短几年内，已从美国扩展到加拿大、日本、欧洲和澳大利亚等地，成为一种世界性潮流，受到越来越多的心理学家关注。

塞利格曼从 20 世纪 60 年代起就开始研究"习得性无助"实验。在"习得性无助"动物实验中，塞利格曼给狗反复地施加无法躲避的电击，久而久之，实验中的狗学会了被电击时不管做什么都不会躲的心理，也就是具有了"习得性无助感心理"，因此，对它可以避开的电击再也不会去避开了，从而就产生了"习得性无助"。

塞利格曼又把这个实验应用到人的身上，他让两组儿童共同在一起接受噪声刺激，其中一组儿童只要把手接近噪声源的地方，噪声就会停止，而另外一组儿童怎么做也不能停止噪声，只能等第一组儿童结束噪声时，噪声才能够被停止。然后，他把两组儿童带到一个有噪声的实验室，结果发现第一组的儿童都可以主动去寻找停止噪声的开关，但是第二组儿童中的大多数都不愿意去寻找停止噪声的开关。于是塞利格曼认为，人也和动物一样有"习得性无助感心理"。

在人类的生活中，人们由于无法摆脱一成不变的消极环境或者消极事件的而产生了"习得性无助"。在塞利格曼后来的研究中，与"习得性无助"这种消极的心态一样，"积极乐观"的心态也是可以通过在日常生活中学习而获得的，并且人们一旦获得"积极乐观"的心态，人们的生活就会变得更加健康、快乐、美好与幸福。

在多年研究习得性乐观的基础上，塞利格曼把自己的眼光放得更远，他开始建立一种以研究人的积极品质为核心的心理学理论，开启了积极心理学的研究。近年来，美国以及世界各国的心理学界对"积极心理学"予以广泛关注。美国的推普顿基金会于 1999 年决定设立"推普顿积极心理学奖"，用来鼓励和支持投身于积极心理学研究事业的学者们。茜卡什米哈伊和塞利格曼在 2000 年正式提出了积极心理学的主张，开启了探索积极心理学之门，他们指出："在这个历史变革的转折时期，心理学应当帮助青少年儿童健康活泼快乐地成长，帮助人们学会享受生活中的点滴美好，并且促进社会和谐发展。"《美国心理学》杂志开始在 2001 年开设了"积极心理学"的专栏，刊登积极心理学家的文章，使人们了解积极心理学更加系统化。接下来的几年里，积极心理学取得了巨大的发展，也在文化教育等多个领域得到应用发展。2009 年，来自 52 个国家的专家参加了费城举办的第一届世界积极心理学大会，围绕积极心理学研究领域的诸多问题进行了深入探讨和交流，值得注意的是积极心理学发起人塞利格曼指出，未来的科学并不需要受过去研究的制约和局限。在 2013 年 6 月的美国洛杉矶积极心理学大会上，来自世界各国的学者们更是探讨了人类社会未来的理想与积极心理学未来的发展。

积极心理学以开设"幸福课"闻名世界，即以积极心理学理论为基础，以校园团体活动、学生网络自主学习、名师讲座等形式开展，帮助人们获得快乐与幸福。

2. 积极心理学的内涵和主要内容

国际积极心理学网站的首页对什么是积极心理学有明确的解释，即积极心理学是一种以积极品质和积极力量为研究核心，致力于使个体和社会走向繁荣的科学研究。积极心理学的研究重点放在人自身的积极品质和力量方面，主张要以人固有的、实际的、潜在的具有建设性的力量、美德和善端为出发点，提倡用一种积极的心态来对人的许多心理现象（包括心理问题）做出新的解读，从而激发人自身内在的积极力量和优秀品质，并利用这些积极力量和优秀品质帮助普通人或具有一定天赋的人最大限度地挖掘自己的潜力而获得幸福。❶

积极心理学的主要内容是"一个中心，三个基本点"，"一个中心"是指积极心理学以研究人的幸福为中心，幸福在多数情况下是主观的，所以它也被称为主观幸福感；"三个基本点"是积极情绪、积极人格特质和积极的社会组织系统，这三个基本点实际上就是人获得幸福的基本路径的具

---

❶ 任俊. 写给教育者的积极心理学 [M]. 北京：中国轻工业出版社，2010：7.

体体现。

（1）积极情绪

"积极情绪"这个概念来自情绪维度理论。目前公认的二维情绪模式认为情绪有两个维度。第一个维度是喜悦度，分为正负两极，由正极到负极，喜悦度依次降低。第二个维度是强度，由强变弱。所以，处于正极那端，高度偏高的被称为正面情绪，而处于负极那端具有不太愉悦感受的情绪被称为消极情绪。

积极情绪体验是一种人们积极的主观感受体验，它能促使人自觉地亲近所处的环境，即所谓的接近性行为。积极情绪体验的研究成果包括主观幸福感、喜悦、快乐等。其中核心的研究是主观幸福感（Subjective Well - Being），它是一个人对自己已有的生活状态的一种发自内心的满足，与自己心中理想的生活状态的一种肯定，既是一个人对自我的生活环境和相关事件的认可，同时也是一个人对情绪体验的认同。主观幸福感是人们在精神文明上的需求，是人们追求幸福生活的目标。如果目前的生活正是自己理想中的生活状态时，个体就会产生较高的主观幸福感。影响这种主观幸福的因素很多，主要包括环境因素、教育因素、文化因素、个体身体健康状态等。塞利格曼主张将主观幸福感分为三部分：第一部分是对待过去的积极体验，包括满意、满足、感恩等；第二部分是对待现在生活的体验与体会，包括知足、努力等；第三部分是对待未来的体验，包括乐观、希望等。

（2）积极人格特质

"人格"起源于古希腊语中的"Persona"，本意是舞台戏剧表演中的演员们所戴的面具。后来，心理学引用这种含义，提出"人格"这一概念。"人格"的含义一方面是指个体因遵从社会文化的准则，在生活中所表现出来的言行，第二个方面是指个体内在的、潜在的独特的品质，但是由于某些原因不愿意展现出来的个体特征。❶

积极人格不仅是积极心理学理论体系中的一大主要特色，也是心理学研究领域的新的标杆和研究趋势。它强调要研究良好人格的特质，而不是

❶ 张厚粲. 大学心理学［M］. 北京：北京师范大学出版社，2001：67-69.

只关注问题人格的特质。希尔森和玛丽两位心理学家将积极人格特征与消极特征进行了系统区分。他们将积极的人格分为两个独立的纬度。第一个纬度是个体的自我认同维度，即每个人能意识到自己的独特性，能够认可自己，感觉到自己的生活意义。另一个纬度是与其他人的和谐关系的维度，在个体遇到困难的时候，他能获得其他人的帮助，同时在其他人需要帮助的时候，个体能够主动为他人提供帮助。2004年，塞利格曼和比特森编写的《人格力量与美德分类手册》一书正式出版。这部书的出版推动了以美德与积极力量为核心价值取向的积极心理学的构建，将积极人格品质总结为六大美德和24项积极品质。

（3）积极的社会组织系统

所谓的积极组织系统就是指能够促使个体获得更多积极情感培养、积极的情绪体验并且易于形成积极人格品质的环境组织。积极的组织系统主要分为三个层面：一是宏观层面，即社会组织系统，比如一个国家的政治经济体制；二是中观层面，即单位或者社区组织系统，如工作单位、学校等；三是微观层面，主要指的是个体的家庭组织系统，包括家庭中夫妻之间、父母与子女的各种关系。

积极心理学认为人们自身的心理防御系统是受周围环境影响的，无论是政治社会环境还是家庭生活环境，而良好的积极的环境组织有利于人们自身心理防御系统的形成与发展。积极的心理防御系统与消极的心理防御系统相比，前者更有利于人们在生活的过程中遇到困难或者是挫折时，采取更加有效的方式方法，这些方式方法包括勇敢、乐观、互助等特征，而不是像消极心理防御系统中产生的恐惧、争斗、躲避等特征。

积极心理学指出良好的社会环境、家庭环境和学校环境等社会组织系统共同作用于人的思想和行为，影响人的人格和情绪。个体处在积极的组织系统里，容易产生积极体验，同时也支持个体积极人格的形成。

## 二、积极心理学视域下的道德教育

### 1. 积极与消极的辩证关系

积极的英文是 Positive，源自拉丁文 Positum，原意是指"实际而具有建设性的"或"潜在的"意思，也就是说"积极"既包括人外显的积极品质、积极行为，也包括人潜在的积极愿望、积极潜能。"消极"的英文是 Passive，来自拉丁语 Passivus，是"消极的""被动的"的意思。"积极"在汉语中有两层含义：一是"肯定的""正面的"，"有利于发展的"；二是"进取的""热心的"。"消极"在汉语中也有两层含义：一是"否定的""反面的""阻碍发展的"；二是"不求进取的""消沉的"。

因此，"积极"是与"消极"显现出根本对立、截然相反的事物的性质与特性，"积极"是肯定的、正向的、主动的、建设性的，而"消极"则是否定的、反面的、被动的、消沉的。作为主体所持有态度和行为的方式，"积极"是符合事物发展规律、促进事物的前进与发展、推动事物向更高层次演化的倾向，而"消极"是违背事物发展规律、不利于事物的前进与发展、阻碍和限制事物向更高层次演化的取向。

以唯物辩证法的观点来看，积极与消极作为对立统一的一对矛盾，既相互对立、相互矛盾，同时也相辅相成、相互统一。一方面，积极与消极作为矛盾中对立的两极，是根本对立、相互排斥、相互否定的；另一方面，积极与消极也是相互依存、相互转化的，没有消极就没有积极，同样没有积极也就没有消极，积极与消极共存于事物的变化发展之中，同时，积极与消极在一定条件下可以相互转化，积极可以转变为消极，消极也可以转化为积极❶。

长期以来，人们对"积极"和"消极"的看法存在一种思维定式，即认为只有把消极的因素消除了，才有积极产生的可能，因而把"积极"看作是"消极"消除之后的附属。在这种思维定势的引导下，心理学长期将研究视野局限在人类的心理问题、消极情绪、环境压力的负面影响上，长期关注对心理问题的测量与评估、对心理疾病的矫正和治疗，而忽视了如何使人类活得更加健康幸福、如何促进人类潜能实现的重要使命，因而演变为消极取向的病理心理学。

心理学中消极取向的思维定势，恰恰是现实生活中人们思维常态的一

---

❶ 周围. 积极道德教育——积极心理学视域中的道德教育研究 [D]. 南京师范大学，2011.

种体现。在现实生活和教育领域，很多人常常将视野局限在消极因素、问题缺陷上，习惯于首先看到的是人身上或事物中的消极的东西、存在的不足，而且在发现问题、看到缺点之后，自然而然地，甚至几乎是必然地想如何去消灭缺点、矫正缺陷、改正不足，认为这些问题、缺陷、不足减少了、消除了、灭绝了，人与事物就能回归到正常、恢复到积极的状态。

在这种思维定势的引导下，人们也越来越习惯于用挑剔的眼光、问题的视角去看待现实、对待他人，而忽视了事物的积极因素，遗忘了人类与个体已有的积极品质与发展潜能。下面的这则故事生动地反映了这种自动化的、消极取向的思维定式。

1997年5月8日，在钓鱼台国宾馆。联合国秘书长科菲·安南对前来专访他的中央电视台《焦点访谈》的记者讲述了他少年时期的一个故事，这个简单的故事所蕴含的深邃哲理，成了安南先生应对自己生命中一切挫折和挑战的指路明灯。

他说，有一天，我的老师在讲课的黑板上挂了一张白纸，白纸的右下方有颗明显的小黑点。他问我们："同学们，你们看到了什么？"

"一颗黑点。"我们整个教室里的人几乎都做出了这样的回答。

"不能这样，孩子们，你们不能这样。这首先是一张白纸！"我的老师那一刻沉重而焦灼的神情令我终生难忘。说到这里，安南先生突然直起腰，左手在自己的右手上用力握了握，波光盈盈的眼神如荒漠中的一道闪电……

上面这则故事生动地反映了现实生活中人们普遍存在的一种习惯化、自动化的消极思维方式。这种思维方式体现在人们普遍对事物的消极因素、缺点问题比较关注，哪怕这些消极因素、缺点问题只占很小的比重，只是次要的、非本质的表现，而对积极因素、美德优点，却缺乏应有的重视和利用，即使这些积极因素占很大比重，是主流和本质的表现。在这样消极取向的思维方式，或者说是消极思维定势的影响下，人们不仅削弱了自己对事物的积极因素、对人类的优点美德的注意力和敏感度，而且更为严重的是，人们也会因此而丧失利用积极因素、优点美德来促进社会进步和自身发展的机会与条件、力量与自信。

虽然消极的消除也可能在一定程度上促进积极的产生，但积极并不是消极的消除之后的附属结果。积极与消极是两个相对独立的变量，而积极也不是消极这个自变量的因变量，积极的产生更多依靠的是自身因素的累积，而非消极的消除与减少。而当积极不断增加和积累的同时，消极因素在个体心理和行为中的比重和影响力也会逐渐下降。积极的增加能在一定程度上削弱和减少消极，随着积极的不断增长和积累，人们预防消极的能力也会得到提高。

人类的发展与个体的成长，更需要依靠自身优秀品质的积累及自身潜能的发挥与实现，并在此基础上辅之以铲除问题、纠正缺点。因此，关注问题、忽视积极因素的思维方式既不利于个体的进步与成长，也不利于人类的前进与发展。积极心理学正是基于这样的思考与取向，试图调整心理学的使命与任务，积极道德教育也正是基于这样的思考与取向，试图纠正消极道德教育的偏差与问题。

2. 传统消极道德教育

当前职校生大多来自初中，没有考上普通高中，很多学生长期处在学业不良状态，多次的挫折与失败，形成了不正确的归因，认为自己再努力也不能成功，因而主动地放弃了努力。还有部分学生因为本人或家庭等原因，在学习、生活、社会交往等方面存在相应的缺点和不足，很少得到班主任老师的表扬，长期被忽视，便逐渐丧失了自尊心，变得焦虑、消沉和信心不足。

因此，大多数职业学校的教师和家长就更加容易形成消极道德教育倾向，以自我为中心，忽略受教育者的主体地位，关注重点和主要工作变成了纠正问题、修补缺点和治病救人。同时，在当前职业学校道德教育实践领域中，大量充斥着灌输、规训、惩戒和管制等措施和手段，严重压制了学生积极认知、积极体验、积极感悟的自我完善和发展能力。正是这种消极道德教育取向的普遍性，使得现行职业学校道德教育效果并不理想，导致了"职业学校道德教育弱化，学习不快乐，教育实效不高；学生烦，教师累"的客观现状。

3. 积极道德教育

（1）积极道德教育的基本内涵

"道德乃是人类探索、认识、肯定和发展自己的一种积极手段，而不是一种消极防范的力量。"道德教育作为人类道德精神和道德原则得以培育的重要手段，更应体现重视人、满足人、发展人、成就人的这种积极取向，更应具备促进人成为人的积极手段与途径、方式与方法。

积极道德教育就是这样一种以肯定人的美德、激发人的潜能实现为手段，充分体现以人为本道德教育的创新理念与实践策略。积极道德教育从受教育者已有的积极道德品质出发，采用以肯定、鼓励、欣赏、强化等积极、正面为主的道德教育方法，营造充满尊重、真诚、理解、关爱、信任、公正的"道德"教育关系，以增进学生的积极情绪体验为教育契机与途径，激发受教育者道德发展的愿望和潜能，促成受教育者积极道德品质的培养，并在积极道德品质形成过程中消除不良的道德品质，预防恶习的萌芽与产生。

（2）积极道德教育的核心思想

积极道德教育认为，人性之中蕴藏着巨大的德性发展空间和潜能，人的品德的实际发展与潜在可能之间也存在巨大落差。人的本性是趋向于善的，如果能提供一个充满信任、接纳和关爱的健康的环境与氛围，受教育者就会趋向于德性的良性生长、积极生成，原有的劣行和不良品质也会趋于减少、消失。相反，如果长期处于敌视、压抑、伤害的恶劣环境与氛围中，受教育者向善的积极性就会受到打击、压抑，德性不但无法积极健康生长，而且还有可能向恶的方向发展。

积极道德教育的根本目标是培养人的美德，而不是消除人的恶习，因此是一种以扬善为主、抑恶为辅的道德教育。所谓扬善，即发扬个体人性中的善的因素，促进个体良好品行的增长与发展，使其道德境界得到提升，道德人格得以完善，成为一个具有更多更好道德品质的人。而抑恶，即消除个体人性中恶的存在及其可能，祛除受教育者身上不良品行和恶习，使其不良品德日趋减少。积极道德教育首先关注、重点强调的是受教育者已具备的良好品德，致力于激发受教育者的积极道德发展愿望与潜能，使受教育者在原有道德素养的基础上得到进一步的发展和提升，并在形成美德的过程中克服与预防恶习。

积极道德教育不是对受教育者自身的消极品德视而不见，而是认为，对问题的过多关注和深入分析，虽然可能有助于形成对品德问题的深入思考与理性分析，但这些深刻而理性的分析，对道德教育实践本身、对受教育者而言，可能并无多大的裨益与帮助。积极道德教育主张致力于培养受教育者优秀道德品质的德育方式，而不是致力于剔除不良品行与缺点的德育方式。

# 第二节　积极道德教育基本理念与主要特征

## 一、积极道德教育基本理念

积极道德教育倡导从受教育者已拥有的积极道德品质出发，采用以肯定、鼓励、欣赏、强化等积极、正面为主的道德教育方法，营造充满尊重、真诚、理解、关爱、信任、公正的道德的教育关系，以增进学生的积极情绪体验为教育契机与途径，激发受教育者道德发展的愿望和潜能，促成受教育者积极道德品质的形成，并在积极道德品质形成过程中消除不良的道德品质，预防恶习的萌芽与产生❶。

1. 积极道德教育的人性预设

道德教育是对人产生积极道德影响的社会活动，这样的教育活动，离不开对人的基本看法，即人性的基本设定。在教育及道德教育的人性设定上，从中国到西方，从古代到现代，主要存在性善与性恶、理性与非理性、物性与人性等不同的观点和看法。对于道德教育而言，人性设定主要是体现在关于性善与性恶的基本看法上。

性恶论认为人性本身就是恶的，或者认为人性是趋向恶劣的，因此，要严格防范人的不良品性的出现和发展，要通过后天严格的规范、训诫、

---

❶ 周围. 积极道德教育——积极心理学视域中的道德教育研究［D］. 南京师范大学，2011.

管制，甚至是严厉的惩罚，才能帮助个体形成良好的品质。性善论认为人的本性是善的，或人的本性是趋向于善的，因此，相信人有积极发展的潜能与意愿，致力于创造良好的教育环境与氛围，促成个体道德品质的良性发展。以性善论为理论基础的道德教育多从受教育者的积极品质、道德教育的积极资源出发，通过积极正面的道德教育方法与手段的运用，激发和唤醒受教育者内在的积极愿望和发展潜能，实现培养美德的德育目标。

积极道德教育是建立在性善论基础之上的道德教育。积极道德教育认为人的本性是趋向于善的，人性之中蕴藏着巨大的德性发展空间和潜能。如果能提供一个充满信任、接纳和关爱的健康的环境与氛围，受教育者就会趋向于德性的良胜生长、积极生成，原有的劣行和不良品质也会趋于减少、消失。相反，如果长期处于敌视、压抑、伤害的恶劣环境与氛围中，受教育者向善的积极性就会受到打击、压抑，德性不但无法积极健康地生长，而且还有可能向恶的方向发展。因此，只有顺应人性的发展需要去进行道德教化，才是有利于道德发展与德性成长的。人的德性既有先天的潜质、禀赋，也有后天的教导、训练。没有后天的教导、训练，先天的潜质不能自动生成，德的形成要靠后天的教育、培育才能得以发扬光大；而没有先天的潜质、禀赋，后天的教导、训练也是徒劳和无效的。

积极道德教育所奉行的人性观，是人性有善，同时人性又趋善的积极人性观。积极道德教育认为，人性中有善的潜质与禀赋，但这种天性中的善良潜质与美德禀赋，既需要后天健康、积极的心理环境与良好的成长氛围，以使这种善的潜质与禀赋得以萌发、生根、发芽、成长，同时也需要后天的道德规范的教导、训练。如果缺乏后天健康、积极的环境与氛围的熏陶与养育，而只进行所谓道德的教导与训练，或者只有健康、积极的环境与氛围的熏陶，却缺乏社会道德规范的教导、灌输与训练，那么人的美德同样无法培育与形成。因此，如果要培养美德，首先要做的就是提供积极、健康的环境与氛围，使受教育者的精神方面的需求得到满足，然后再对其进行有关道德的教育与训导，才能使其善良的本性得以茁壮成长。受教育者的不良品行与缺点的纠正与转变，同样需要积极、健康的环境与氛围，才有可能使其扭曲、变形的生长趋向常态，其被压抑的积极发展愿望与潜能得以激发。

积极道德教育之所以要把趋善论作为道德教育的人性预设，是因为如果没有对人的向善本质的坚定信念，在道德教育过程中，就不能始终坚信受教育者内在的、本质的善的存在，也就无法实现积极道德教育所倡导的积极接纳、充分信任和足够关爱的教育理念，特别是当受教育者出现严重的道德发展问题时，如果不能坚信人性趋善的价值预设，是比较容易因道德教育中的挫折和不顺利而走向对人性的失望和对受教育者的放弃的。因此，学校制度设计完全应当基于积极人性观的理论假设，积极道德教育正是基于这样的教育要求才把体现积极人性论的性趋善论作为自己的人性预设。

2. 积极道德教育的根本目标

道德教育的根本目标是什么？是培养美德还是消除恶习，是扬善还是抑恶？所谓扬善，即发扬个体人性中的善的因素，促进个体良好品行的增长与发生，使其道德境界得以提升，道德人格得以完善，成为一个具有更多更好道德品质的人。抑恶，即消除个体人性中恶的存在及其可能，去除受教育者身上的不良品行和恶习，使其不良品德日趋减少。

作为一个完整的道德教育，理应包括扬善与抑恶两个方面，是这二者的有机结合。但一个完整而又和谐的道德教育，又应在扬善与抑恶这二者之中分清主次与轻重。扬善注重发扬受教育者的积极道德品质与发展潜能，主要采用以正向、积极为主的教育方法，致力于促进受教育者积极道德品质的增长与提升。抑恶主要针对受教育者存在的不良品行与缺点，主要采用批评、限制、惩戒的方法，致力于减少受教育者不良道德品质的存在与发生。显然，道德教育的根本目标是为了培养有道德的人，即"扬善"，而不是为了矫正个体身上的不良道德品质，即"抑恶"。因此，道德教育应以扬善为主、抑恶为辅，扬善为目的、抑恶为手段，抑恶的最终目的还是为了扬善，扬善才能真正地抑恶❶。

以抑恶为主的道德教育，是一种致力于针对存在问题的"病理性"的

---

❶ 行高民. 德育方式的选择：抑恶亦或扬善［J］. 教育理论与实践，1996（6）：46-47.

消极道德教育，而以扬善为主的道德教育，是一种致力于激发积极力量的"培育式"的积极道德教育。积极道德教育就是一种以扬善为主、抑恶为辅的道德教育。积极道德教育首先关注、重点强调的是受教育者已具备的良好品德，致力于激发受教育者的积极道德发展愿望与潜能，使受教育者在原有道德素养的基础上得到进一步的发展和提升。

在道德教育的过程中，受教育者作为德性成长中的个体，既表现出一些符合美德要求的思想观念和行为习惯，显现出良好的品德发展态势，同时，也不可避免地存在一些不良的思想观念和行为习惯，表现出不良品德的潜在可能。作为道德教育者，不应把眼光过多集中在受教育者的缺点和不足上，把主要精力放在矫正他们不良的思想和行为上，而放弃了培养美德的主要任务，丧失了完善德性的最佳时机。如果教育者能看到受教育者身上的潜能，欣赏他们身上已具备的良好品质，并创造各种道德教育情境、采用积极有效的道德教育方法将它们发扬光大时，不仅能形成良好的道德教育关系，增强教育者的说服力和影响力，实现即时的道德教育效果，更能激发受教育者的自尊和向善的愿望，使他们利用自身拥有的积极资源，形成促进自我德性成长的强劲动力，实现长久的道德教育效果。

积极道德教育更强调积极品德的培养而不是消极品德的矫正。但是，正如消极的矫正并不必然意味着积极的必然产生，积极的培养也并不意味着消极的必然消除。如果对受教育者身上存在的明显的和严重的道德问题视而不见，也不利于受教育者的身心健康成长。当受教育者在道德教育过程中获得了一定的自信和尊严，并看到了自己日新月异的道德成长，也就是说在他们身上，不再有过去消极自我暗示的阴霾，那么再对他们进行不良品行的矫正，将会更加容易，效果也更加明显。

因此，实施积极道德教育，首先，道德教育者要抱有积极的人性观，对教育者要有足够的爱心、耐心和信心，特别是当受教育者身上存在严重的不良品行时，仍要以发展的眼光、积极的态度，相信他们有改善自我的积极愿望和潜在能量，这是积极道德教育的首要条件。其次，道德教育的关键在于受教育者是否具备看待自己的积极态度、超越自我的自信心和效能感。特别是对那些长期处于消极道德教育影响下的受教育者，如何让他们改变对自己的消极期待，提升自信心和自尊感，树立起改善自我的积极愿望，是积极道德教育的关键要素。最后，积极道德教育扬弃消极道德教育中通常采用的比较简单、直接的，以限制、惩戒为主的教育方式，采用更加积极、正面的人性化的方式方法。

总之，积极道德教育倡导道德教育过程中受教育者积极品质的积极培养，强调道德教育的过程首先是一个"扬善"而不是"抑恶"的过程，因此，教育者要关注受教育者原有的积极品质，充分利用受教育者自身道德发展的潜能和资源、动力和愿望，促成受教育者在"扬善"过程中实现"抑恶"。

## 二、积极道德教育主要特征

积极道德教育作为道德教育的创新理念与策略方法，有自己的属性与特征，这些基本特征体现在，积极道德教育是一个积极的过程、体验的过程、提升的过程。

### 1. 积极道德教育是一个积极的过程

积极道德教育的本质与核心特征在于其积极性，即实现积极的教育目标，贯彻积极的教育方式，培养积极的教育关系，激发积极的情感体验，采用积极的教育方法。实现积极的教育目标，就是教育者把培养受教育者的良好品德作为首要和主要的教育目标，重点关注受教育者积极道德发展潜能和原有的积极道德品质，致力于积极道德品质的形成和培育，而不是矫正、消除不良的道德品质，要把主要精力和注意力放在培养受教育者的积极道德品质、促进受教育者的道德成长上，激发受教育者更多积极的情绪与情感体验，提升其自尊、增强其道德发展的动力和积极性，强化其更多积极的道德行为和习惯。

培养积极的教育关系，就是教育者致力于培养充满关爱、尊重、真诚、理解、信任、公正等具有道德意义的积极教育关系。积极的道德教育关系是激发积极的情绪与情感体验，进而产生积极的道德影响的前提和条件，因此，培养积极的道德教育关系，必然成为道德教育者首先要开展的教育实践活动。

激发积极的情感体验，就是教育者将激发受教育者的积极情感体验作为最主要的教育途径和手段。虽然消极的情绪体验对受教育者来说也能起到教育作用，但其作用主要体现在对不良道德言行的约束与矫正上，而不是良好的道德行为与品德的培养和塑造上。积极道德教育的根本目标是培养积极道德品质而不是矫正不良的道德品质，必然把积极情绪体验对受教育者的品德培养所产生的影响力和感染力放在教育的首要位置。因此在积极道德教育过程中，一方面，教育者要利用有效的道德资源与教育情境，以自身的积极情绪与情感、积极认识与思考，感染、激发和带动受教育者，使其产生积极的道德体验与积极的道德认识。另一方面，受教育者在道德教育全部过程中，总体上处于积极的情绪体验状态，能够感受到自己被尊重、关爱、理解、信任和肯定，获得自尊，产生道德发展的积极力量和自我效能感。

采用积极的教育方法，就是教育者主要采用以积极、正面为主的教育方法，使用积极的语言方式来表达对受教育者的肯定、鼓励、表扬、欣赏、信任等。采用积极、正面的教育方法是积极道德教育最直接的特征表现。为此，教育者要在积极道德教育目标的指引下，首先提升自己的道德素质与道德境界，完善自己的道德人格，为实践积极道德教育方法打下自身的人格基础和心理基础；同时还要及时反思自己的教育实践，借鉴和掌握先进、有效的积极教育方法，以提高道德教育能力，增强道德教育的实效。

2. 积极道德教育是一个体验的过程

"德育不能没有体验。体验别人无法代替。有体验，德育才有效果。"体验是贯穿道德教育过程、体现道德教育成效的一个重要本质特征。积极道德教育强调通过增进学生的积极情绪体验，激发受教育者道德发展的积极愿望和潜在能量，培养受教育者的积极道德品质，因此，十分重视道德教育过程的体验性，并将体验作为积极道德教育的本质特征。

体验的亲历性，并不完全是亲身实地的经历和感受，它包括实践层面的亲历和心理层面的亲历。实践层面的亲历，即主体通过实际行动亲身经历某件事，产生相应的认知与情感。而心理层面的亲历，即所谓的类亲历，是主体在心理上、虚拟地"亲身经历"某件事，因而产生相应的认识与情感，既包括结合自身过去的亲身经历而产生的当下仿佛身临其境的感受和认识，也包括对他人经历的设身处地的移情性理解与感同身受。

根据体验的亲历性特点，积极道德教育倡导在道德教育过程中，受教育者对自己和他人的处境有亲身经历或者类亲身经历，并产生相应的认知与情感。为此，作为教育者就需要通过一定的道德教育实践活动，让受教育者亲身经历，以激发相应的道德情感与道德认知，或者创设一定的道德生活情境，让受教育者如同身临其境，能够感同身受，以激发类亲历的道德情感与道德认知。光有晓之以理的讲解、说教、宣传，无法引发受教育者的真情实感，也无法激发他们的道德体验，这样缺乏体验的道德教育是低效甚至是无效的，也不符合积极道德教育的根本宗旨与基本精神。

体验的个体性，是指主体的不同与差异，导致其体验也各不相同，即使对于同一情境，不同的主体完全可以以不同的方式去亲历，得到不同的认识，产生不同的情感。因此体验是个人的，不能相互取代。然而个体性的体验又是可以分享的，正因为主体的体验存在差异，他们之间才有交流和分享的必要和可能，而且经过交往和沟通，不同主体所体验到的不同的方式、不同的感受、不同的理解，才可以碰撞出心灵的火花，实现情感的融通、认识的互补和判断的统一。

根据体验的个体性特点，积极道德教育倡导在道德教育过程中，教育者要尊重每个个体，尊重每个受教育者个体体验的不同，理解和接纳他们在体验方式、水平和层次上的差异。同时，教育者努力创设道德体验沟通的教育情境与教育环节，让教育者与受教育者之间，受教育者与受教育者之间，在经历了道德体验之后，进行平等的对话与充分的交流，以分享道德体验所产生的不同的感受与认识，并在这种交流与碰撞之中，达到体验的丰富多样与认识的深刻全面。此外，教育者还可以借助这种道德体验分享与沟通的环节，对道德体验方面存在消极情感和认识的受教育者，进行有效的引导、教育，以促成他们积极的转变。

体验的缄默性，是指主体体验的不可言说性。一方面，体验是主体的亲历，主体从体验中获得丰富的内心感受。对不在场的其他主体而言，有些成分是可以言说和表达的，有的则只能意会、不能言传，是一种难以言说的特殊的内心感受。另一方面，主体体验中有些内容是隐约的、模糊的，当主体要表达时，可能"欲辩已忘言"。主体本人对此也只是有一些感觉，既无法说清，更不能道明，这些不能言说的感觉体验进入主体的潜意识，会蛰伏于主体的内心深处并起着潜移默化的作用，在未来的某次体验中，将有可能被激发、唤醒，转化为主体自觉的意识，使主体豁然开朗、恍然大悟，缄默性体验就可以转化为明确的、清晰的体验和感悟而发挥其更加积极、强大的作用。

根据体验的缄默性特点，积极道德教育倡导在道德教育过程中，教育者要有足够的耐心和信心，让受教育者在长期的潜移默化过程中逐渐改变和成长。教育，特别是道德教育的效果常常不是立竿见影的，往往需要经过长期不懈的努力才能看到成效，才有可能体现为受教育者内心世界与外在行为的改善与提高，而且这种改善与提高可能还会经历一段时期的倒退与反复。因此，教育者要有足够的耐心，经历长期的坚持，在不懈的努力中等待受教育者逐步的改变与成长；教育者要有足够的信心，相信受教育者经过道德教育和自己的努力，终究会实现道德发展与品德改善；教育者更要有足够的细心，发现受教育者身上的点滴进步、细微转变，并通过肯定、鼓励、欣赏等积极教育方法强化受教育者身上的积极转变。

3. 积极道德教育是一个提升的过程

完整的德育过程，应该是受教育者的认知活动、体验活动与践行活动的结合。积极道德教育将激发积极体验作为主要的教育途径，但评价道德教育的决定因素还在于受教育者道德认识、道德情感和道德行为的全面改善与提高，因此，积极道德教育将受教育者认知、情感、行为的全面提升作为重要的本质特征。

首先，是受教育者道德认知的提升，即受教育者通过积极道德教育，在道德认知方面，对人类的伦理精神和社会道德理想的认识更加全面、理性，理解更深刻、清晰，对自身的道德思想和言行，更具有客观的评价能力、自觉的反省意识和积极的评价模式。这种道德认知的积极转变，既包括对人类伦理精神和社会道德理想的积极的阐释与大力的弘扬，对当今社会不良道德现象的客观全面、积极辩证的原因分析和策略探讨，也包括对受教育者自身道德思想和言行的积极而又客观的反省与评价。促进受教育者道德认知的改变，使受教育者形成对当今社会、未来人类的道德进步以及个体自我道德发展的积极认知、积极评价和思维方式，对推动社会道德进步和自身道德发展充满信心和积极期待。

其次，是受教育者道德情感的提升，即受教育者通过积极道德教育，在道德情感方面，更具有积极、敏锐、细致的体验与感受。这些体验与感受，既包括与自身良好道德行为相一致的感动、欣慰、赞赏、成就、快乐、幸福等积极的情绪感受，对他人不幸遭遇的感同身受的道德移情，也包括对社会高尚道德行为与不良社会道德现象的爱憎分明的道德体验等。积极道德教育正是通过积极的道德教育理念与策略方法，致力于激发受教育者的积极体验，培养受教育者对道德问题和现象的敏感性、感受性与移情力，使受教育者在道德情感的发展上，体验更加丰富、感受更加深刻，同时也促进受教育者对道德知识的理解和接受，增强受教育者的道德行为自律。

最后，是受教育者道德行为的提升，即受教育者通过积极道德教育，形成良好而稳定的道德品行。积极道德教育的终极目标是培养受教育者积极的道德品质，积极的道德品质说到底是一种道德认知、道德情感和道德行为的"合体"，而道德认知与道德情感是内隐的，道德行为是外显的，受教育者只有形成融道德认知与道德情感于一体的稳定、固化的道德行为习惯，道德品质才能真正形成。因此，只有实现受教育者在道德认知、道德情感、道德行为等全面的提升，积极道德教育的目标才能得以真正地实现。

## 第三节 职业学校积极道德教育策略与模式构建

教育学大师马克斯·范梅南认为，"教育的召唤就是那种召唤我们聆听孩子需求的召唤"。聆听孩子的需求，就是要了解和理解受教育者的需求，满足其正当的、合理需求，激发和引导其高层次需求的产生与实现。积极道德教育强调激发受教育者内在的积极道德发展愿望和潜能，其中非常重要的一个环节就是了解受教育者的需要，提升受教育者的需要层次，以激发受教育者践履道德行为、形成美德的精神需要。需要是有机体感到某种缺乏而力求获得满足的心理倾向，它是有机体自身和外部生活条件的要求在头脑中的反映，通常以对某种客体的欲望、意愿、兴趣等形式表现出来。需要是有机体行为活动的源动力，是人类行为发生的根本原因。

马斯洛的需要层次论认为，人的基本需要是有层次的，从最低层次到最高层次，依次为生理需要、安全需要、归属与爱的需要、尊重的需要、自我实现的需要。人的需要的满足有先后之分，越是低级的需要越是要先得到满足。低层次需要得到相对满足后，人才会产生高层次的需要。

## 一、职业学校道德教育策略

### 1. 转变传统道德教育观念

#### （1）突出道德教育的重要性

随着我国改革开放的深入和社会主义市场经济的发展，社会主义现代化建设要求价值观念和道德精神能为"经济发展和社会全面进步提供强大的精神动力和智力支持"。然而，中等职业学校更多地强调为经济服务的社会功能，在教育实践中，学校和老师普遍沿袭重专业技术、轻人文教育的传统，忽视职业技术教育作为一种教育活动的核心职能仍是促进人的发展。要解决中等职业学校德育存在的问题，就必须树立德育为首的教育观。既要重视专业知识和劳动技能教育，同时又要重视德育；既要向学生传授社会的道德准则，又要培养学生的德性，塑造学生的人格，真正发挥德育对人生的肯定、调节、引导和提升精神境界的教育作用。

#### （2）贯彻以人为本的道德教育理念

职业学校应该将德育工作看成是一个实现人本化的过程，要充分发挥人的主导作用。在学生管理工作过程中，不能盲目地把学生当作被管理的对象，相反，要积极引导学生发挥其自主性，让学生自主管理，实现自我价值。

"以人为本"是职业学校德育工作的前提，说到底是要提高学生的综合素质，以学生全面发展为目的，做到一切为了学生，为了学生的一切，为了一切学生，使之成为敬业爱岗、诚信友善，具有社会责任感、创新精神和实践能力的高素质劳动者和技术技能人才，成为中国特色社会主义事业合格建设者和可靠接班人。

在管理理念上，"以人为本"的德育工作理念强调满足学生的需要，强调在管理过程中要以学生为本，最终达成和推进学生各方面的满足，促进学生的全面发展。相对于传统的学生管理理念，"以人为本"管理理念在关注学校目标和学校利益的同时更加注重学生的成长与全面发展、个性化等问题❶。

"以人为本"的德育工作理念主要体现在尊重学生的人格以及个性、尊重成才的规律、尊重教育规律等方面。迄今为止，已有许多学校将"以人为本"的理念融入治校实践当中，日益得到大家的认可和重视，成为新时期德育工作的核心理念。

2. 制定符合实际的道德教育目标和内容

（1）明确道德教育目标

《中等职业学校德育大纲》明确提出德育目标是："把学生培养成为爱党爱国、拥有梦想、遵纪守法、具有良好道德品质和文明行为习惯的社会主义合格公民，成为敬业爱岗、诚信友善，具有社会责任感、创新精神和实践能力的高素质劳动者和技术技能人才，成为中国特色社会主义事业合格建设者和可靠接班人。"中等职业学校在贯彻落实这些目标的同时，也要结合目前职业学校学生的实际制定针对不同年龄阶段和不同专业的多层次的德育目标体系，从而加强针对性，提高实效性。例如，结合中等职业学校学生的心理特点及认知规律，把最基本的规范学生日常行为习惯教育作为德育的近期目标，从新生一入学就开始抓。在此基础上，把培养学生具有良好的公德意识，具有对周围人、物的道德责任感，具有一定的道德

---

❶ 熊宗荣. 以人为本理论在民办高职学院学生管理中的运用［J］. 新课程研究（职业教育），2010（1）：140 – 141.

评价、判断与选择能力作为德育的中期目标。而学校德育的长远目标就是教育学生学会做人，这既是学校德育的出发点，也是落脚点。

（2）丰富道德教育内容

德育内容是以德育目标为导向来确定的，《中等职业学校德育大纲》明确提出德育内容是："重点进行理想信念、中国精神、道德品行、法治知识、职业生涯和心理健康六个方面的教育。"但是中等职业学校的德育内容除了应该实施上述国家规定的共性内容外，还要有针对性地把具有时代特点和学校特色的德育内容补充到学校德育中，这样可以在具体的层面实现职中等职业学校德育向生活、向实际的回归，切实提高中等职业学校德育实效。

3. 改进道德教育策略与方法

学校道德教育的目的就是使学生具有良好的品德，品德是由道德认知、道德情感与道德行为三个维度构成的。三者之间存在着紧密的联系，道德情感影响道德认知的形成和倾向，而道德行为又是道德认知和道德情感的体现，通过道德行为可进一步促进道德认知和道德情感的巩固和发展。

所谓德育方法，是教育者和受教育者"在德育过程中为达成德育目标而采用的，有一定内在联系的活动方式与手段的组合"。积极道德教育倡导道德教育的主要目标是培育受教育者积极的道德人格，而不是关注受教育者的品德问题，因此，针对"病理型"消极道德教育以矫治、规训、惩戒、限制为主的消极教育方法，强调采用以积极的、正面为主的道德教育方法，激发受教育者的积极体验、促成受教育者的积极认知和增进受教育者的积极行为。这些积极道德教育的方法主要体现在建立积极道德教育关系、促成教育者人格完善、促进受教育者美德形成三个方面，同时，在积极道德教育的语言应用以及对惩罚的理解与应用中，也体现了积极道德教育的独特理念与策略方法。

（1）建立积极的道德教育关系

作为一个道德教育者，要使道德教育能够发挥实效，良好教育关系的建立是首要任务。积极道德教育提倡的是充满尊重、真诚、理解、关爱、信任、公正的道德教育关系，要建立和维护这种道德的、人性的教育关系，教育者需要借助一定的教育方法和策略，这些方法和手段的使用和成效，直接影响教育关系的质量，进而影响道德教育的效果。建立良好的积极道德教育关系，既需要教育者有一定的教育能力，进而体现为灵活多变的教育方法和手段的应用，同时更需要教育者有其自身的道德人格魅力。教育方法在短时期内是可以学习和掌握的，而教育者的道德人格魅力却需要长时期甚至是终身的学习和体悟，而且，教育方法掌握的程度和使用的效果，往往也跟教育者的德性成长和人格完善密切相关。建立充满尊重、真诚、理解、关爱、信任、公正的道德教育关系，需要借助多种教育方法与手段。这些方法包括耐心倾听法、平等尊重法、热诚关爱法、接纳理解法、肯定信任法，等等。

（2）促进受教育者美德形成的方法

促进受教育者美德形成的方法是积极道德教育的主要的和核心的方法，也是直接影响道德教育成效的教育方法，其主旨是教育者通过采用以积极、正面为主的教育方法，激发受教育者德性成长的道德需要与内在动机，提升受教育者的自尊与自我效能，从而促使其产生积极的体验、认知与行为，并促成积极道德品质的形成和巩固。促进受教育者美德形成的方法主要有激发体验法、提升自我法、调节情绪法、欣赏强化法，等等。

（3）掌握积极的语言艺术运用方法

积极道德教育强调以积极、正面为主的教育方法，其中重要的体现就是在道德教育中语言艺术的使用，虽然我们可以通过潜移默化等非语言的方式方法实现道德教育的目标，但毕竟语言作为人类的沟通与交流的主要工具，仍然是道德教育使用的主要媒介与渠道。积极道德教育认识到教育语言对道德教育的重要作用，强调在道德教育过程中对教育语言的分析和应用，并将之作为一种重要的教育理念和教育方法。

消极道德教育的本质特征之一在于其消极的语言符号表征系统，即教育者认识到的、存储于头脑中的常常是比较消极的语言符号，因此，他们会更多地看到问题的存在、重视原因的分析、强调矫正的功能，表现出消极的符号选择模式。而积极道德教育强调积极的语言符号，因此，教育者会更多地看到资源的存在、重视问题的解决、强调培育的功能，表现出积极的符号选择模式。

积极道德教育的语言艺术，旨在使教育者首先能够反思自己的符号表征和选择模式，并通过学习积极的语言表达，将头脑中的消极符号表征转变为积极符号表征、消极符号选择模式转变为积极符号选择模式。通过语言转换和符号表征重构，教育者转变道德教育的消极取向，向受教育者传递积极取向的语言信息，以感染、影响和带动受教育者，使受教育者也能随之改变对自己的消极建构，并在此过程中找到自己的资源，激发自己的力量，重塑与过去不一样的积极的道德自我。

## 二、职业学校积极道德教育模式构建

模式，易言之指某种事物的标准样式或者使人可以照着操作的范式。学校德育模式是指在一定的德育理论指导下，在长期的德育实践中形成的一种相对稳定的系统化和理论化的德育范型，或者指在一定的德育原理下建立起来的比较稳定的德育程序及其实施方法的策略体系。近年来，各种教育模式研究的多项成果在深化教育教学改革的进程中发挥了重要的作用。但是随着人们的道德观念日益深刻的变化，职业学校德育正面临一系列严峻的挑战，德育工作中出现了许多新情况、新问题、新矛盾，使广大德育工作者和教师深深地感受到德育工作的难度，特别是德育理论联系德育实际的难度，感到有关德育理论缺乏可操作性。而德育模式研究能够有效地克服"理论脱离实际、实践脱离理论"的现象。

长期以来，很多教育工作者在实践工作中对德育的理论与实践相脱节的问题没有足够的认识。也就是说，对德育的理论与实践的中间环节研究不够。德育模式研究将德育理论与实践有机地结合在一起，是德育思想与德育实践的中介和桥梁。德育模式是有关德育理论体系的具体化，是以简明扼要的形式和易于操作的程序反映有关德育理论的基本特征，使德育实际工作者能对抽象的德育理论有一个易于理解的具体框架，有利于德育实际工作者在德育实践中把握和运用有关德育原理。同时，德育模式是直接来源于德育实践，是经过长期的德育实践而逐步定型的德育活动结构形式及相应的实施策略,是德育实践经验的系统概括和总结,比德育实践经验层次更高,应用范围更广。一种好的德育模式一旦形成,就会对德育实践发挥强有力的指导作用。

传统德育模式因其脱离社会生活实际、忽视学生主体性的培养和发挥而受到人们的普遍责难。在这种情况下,对传统德育模式进行反思,凸显人的主体性,探索并构建与时代发展相适应的新型德育模式,其重要性和紧迫性不言而喻。

积极道德教育将积极心理学与传统道德教育结合起来,以"积极认知、积极行为、积极关系、积极体验"等作为学生美德培养的重要途径与手段,这些与美德培养的内在心理机制和运作方式的理解密切相关,在美德形成和培养过程中发挥了重要作用。

结合职业学校实际,江苏省江阴中等专业学校近年来一直在探索和尝试积极取向的道德教育,在清华大学积极心理学研究中心的支持下,逐步将积极心理学相关理论和研究成果引入学校道德教育,构建了"积极认知、积极养成、积极关系、积极体验"四层递进的积极德育育人体系,如图 1–1 所示。

**图1–1 "四层递进"积极德育育人体系**

积极认知是积极养成和积极关系的基础,而积极体验和感悟能促进学生对道德理论知识达到更深层次的理解,更好地对社会、他人和自身道德行为进行评价和判断,提高道德伦理的辨别能力,逐步实现道德动机的内化和道德言行的自律,有利于个体良好习惯养成和道德情操的升华,在潜移默化中影响学生道德和价值取向。

1. 积极认知:积极德育的孕育基础

认知评价是个体对外界环境、他人、自我的感知、判断和评价。

(1) 积极认知

所谓积极的认知评价,是指对现实、他人和自我的一种积极取向的认识与评价，即不仅看到消极方面和消极因素，更要看到积极因素、积极力量，并对事物进行积极的评价、感知与判断。

（2）积极认知与积极品德培养

当外界环境、外在刺激与个体的主观需求、心理期待相一致时，个体会产生积极的情绪体验，并产生趋向刺激的积极行为。而积极认知评价的价值恰恰体现在主要是当外在刺激与个体主观需求不一致的情境，此时，个体能调整自己的认知，产生对外在刺激与对自我的积极认知与评价，这样积极的认知评价能激发个体的积极情绪体验，因而能促进个体积极品质的培养❶。

外界环境、外在刺激与个体主观需求的不一致，一般来说，会引发个体的消极情绪体验，促使个体远离环境与刺激及其所指向的行为选择。但是，人是积极、自主、能动的有机体，在教育者的积极引导下，或者在自己的自主思考与选择之下，受教育者可以通过调整自己的认知评价，变消极为积极，认识和发现环境中的积极资源，认识和发现自身的积极因素，这时，受教育者就能从环境与自身中获得积极资源，提升个人自尊与力量，产生心理享受，促进积极的行为与积极品质的形成。

例如，面对社会环境中助人为乐、诚实守信等积极的道德行为和道德品质，人们会油然而生敬佩、赞赏、感动、幸福等积极的情绪体验，这样的情绪体验十分有利于个体培养相应的道德行为与道德品质。而面对"不当得利、诚信吃亏"等不良道德现象时，人们容易产生不公、愤怒、抑郁、失望、无助、怨恨等消极情绪，在这些情绪的支配下，一些人可能不愿再像过去那样认同和遵循道德原则与规范，甚至还会放弃原则与理想，自甘沉沦与堕落，与社会的丑恶现象同流合污。如果我们采用积极的认知评价与思维方式，就可以化消极为积极。

人们面对社会丑恶现象而产生的种种消极的情绪体验，从积极角度来看，恰恰说明虽然社会中存在阴暗面与落后因素，但是民众的良心还在，良知并没有完全泯灭，人们的内心还是向善和趋善的，渴望社会公平、正

---

❶ 周围. 积极道德教育——积极心理学视域中的道德教育研究［D］. 南京师范大学，2011.

义，渴望人与人之间的真诚与关爱。

再如，面对自己道德思想、道德言行、道德品质方面的缺陷、不足与问题，人们比较容易产生后悔、自责、羞愧、耻辱、自卑、压抑等消极情绪，这种消极情绪既可以帮助个体减少不良的道德思想与言行，也可能使个体因为这种消极的情绪和心理而逃避面对真正的自己，不愿做出深刻的自我反省与彻底的自我改变，因而无益于形成积极的道德言行和培养积极的道德品质，甚至也无益于不良道德品质和恶习的真正改变与纠正。如果我们采用积极的认知评价与思维方式，使个体既看到自己道德品质方面的问题与缺陷，更看到自己身上已具备的积极道德品质、潜在的道德发展愿望，而且认识到自己的自责、羞愧、耻辱、自卑等消极情绪体验，恰恰是良知的体现，是向善的需求和愿望的曲折表达，也是自身内在积极发展潜能的体现。此时，个体对自己的认知评价就会发生积极的转变，并带动个体情绪与情感的积极转变，使个体表现出自信、满足、感动等积极的情绪体验，个体向善的道德动机才有可能得到激发，积极的道德行为与道德品质的塑造才有可能。

因此，在积极认知评价中，个体对自我的积极认知评价，成为决定个体积极道德行为，同时也决定积极道德发展的关键因素。

## 2. 积极养成：积极德育的培养核心

"养成教育"是培养学生良好的行为习惯、语言习惯和思维习惯的教育，促进学生养成生活、学习和工作中一辈子受用的好习惯。

### （1）积极行为

在心理学中，行为并无积极、消极之分。这里所谓积极行为，指个体有利于自身正当目标实现的行为与行为习惯。积极行为有利于自身正当目标的实现，因而也是无损于他人、社会的行为，当然也包括符合社会道德要求的、善良高尚的道德行为与行为习惯。

道德品质作为一种稳定的、习惯化的心理与行为特征，与行为的关系十分密切，可以说，道德品质就是一种经常化、自动化的行为习惯、行为模式。而这样的行为习惯、行为模式，是反复、长期道德行为的固化与稳定的结果。陶行知说，"学之不若知之，知之不若行之"。著名教育家乌申斯基更是认为，"好习惯是人在神经系统中存放的资本，这个资本会不断地增长，一个人毕生就可以享用它的利息。而坏习惯是道德上无法偿清的债务，这种债务能以不断增长的利息折磨人，使他最好的创举失败，并把他引到道德破产的地步"。

（2）积极行为与积极品德培养

道德教育的根本目标是为了培养良好的道德品质，使个体真正成长为有道德的人，即形成美德。而"美德是通过反复实践合乎美德的行为而获得的一种心理习惯"，因此亚里士多德主张在理性自觉的基础上，通过积极的道德活动、道德行为来塑造美德。因此，"我们必须进行有关德性的现实活动，才能获得德性。……我们做公正的事情，才能成为公正的人；进行节制，才能成为节制的人；有勇敢的表现，才能成为勇敢的人"。

因此，在积极认知的基础上，培养个体积极的、自觉的道德行为，并使这种积极的道德行为经常化、习惯化，积淀为个体的积极道德品质，既是积极道德教育自身不可或缺的重要教育环节，也是检验积极道德教育成效的关键性因素。

当受教育者经过道德教育、自我反省而表现出自觉的道德行为，或者表现出偶然的、无意识的道德行为时，教育者都要通过敏锐的观察、积极的关注、有效的奖励，对受教育者的积极行为进行正面的、积极的强化，以呵护受教育者道德行为的积极性，激励更多积极行为的出现，并且力争使积极行为常态化、模式化，形成个体的积极行为模式，并积淀为积极的道德品质。

3. 积极关系：积极德育的实施保障

人际关系是人们在生产或生活活动过程中所建立的一种社会关系，指人与人交往关系的总称，也被称为"人际交往"，包括亲属关系、朋友关系、同学关系、师生关系、同事及领导与被领导关系等。人际关系对每个人的情绪、生活、工作有很大的影响，甚至对组织气氛、组织沟通、组织运作、组织效率及个人与组织之关系均有极大的影响。

（1）积极关系

所谓积极关系就是指用正向、感恩的态度对待他人，构建积极、稳定、互相支持的人际关系，积极、和谐、健康的人际关系，有助家庭幸福、事业成功、人际交往顺利。

（2）积极关系与积极品德培养

根据心理学家科尔伯格的道德发展理论，中学阶段的道德需求是为了保证良好的人际关系和社会秩序，也就是说人际关系对孩子的道德水平有着深刻的影响。职业学校如何培养学生建立积极人际关系的能力显得尤为重要，要重点通过"亲子关系、师生关系、同学关系"让学生了解人际交往中的自我、他人与情境的相互关系，学习积极有效的沟通技巧，构建积极、稳定、互相支持的人际关系。

①亲子关系

家庭是孩子的第一所学校，父母是孩子的第一任老师，作为社会细胞的家庭，对孩子的教育是在每一件琐碎的事情上，在父母的每一个举动上，每一个眼神上，每一句话上，这一切都可以教育孩子。连怎样工作，怎样休息，怎样和朋友谈话，怎样和不睦的人谈话，在健康的时候是怎样的，在生病的时候是怎样的，在悲伤的时候是怎样的，在快乐的时候是怎样的……这一切孩子都会注意到的，他们在这些事情上模仿父母。古语云"老吾老以及人之老，幼吾幼以及人之幼""勿以善小而不为，勿以恶小而为之"。孩子是一张纯洁的白纸，做父母的不仅要给孩子提供丰富的物质生活，更重要的是要给孩子提供优质的精神食粮，用自己的作风、自己对待工作的态度、自己的人格魅力、自己的整个风度气质去教育孩子。

研究发现，父母与孩子青少年时期的关系对孩子的道德水平影响巨大，如果这个时期的父母能够倾听孩子的心声，保持有效的沟通，及时对孩子的疑惑做出解答，则会给孩子在道德发展方面提供很多的益处。对于中学生而言，父母需要与他们保持良好的亲子关系，同时还要注意他们的人际交往情况，培养他们的人际交往能力，因为这与他们道德水平的发展有着重要的关联。

②师生关系

所谓师生关系，顾名思义，就是指教师和学生之间的人际关系。这种师生关系是教师与学生在教育过程中以"传道、授业、解惑"为中介而形成的一种最基本、最主要的人际关系。师生间积极的情感在教育教学过程中发挥着特殊、奇妙的作用。积极的师生情感关系应该是建立在师生个性全面交往基础上的情感关系，它是一种真正的人与人的心灵沟通，是师生相互关爱的结果，是师生创造性得到充分发挥的催化剂，是促进教师与学生的性情和灵魂提升的沃土，滋润着学生健康成长。

那么，什么又是积极的师生关系呢？实践证明，影响积极师生关系形成的主要因素有三个，即师生之间的认知、情感和行为。积极师生关系是指师生之间的相互认知，情感亲密、融洽，行为统一、友好、默契。具体讲，在认知上，就是教师的思想、道德、人格、个性、理想、世界观、兴趣、气质、性格等方面的修养程度和基本素质给学生留下了深刻的印象，并潜移默化地影响学生，学生以其为榜样，对教师的认同度高。在情感上，师生之间相互了解、相互沟通、相互宽容、相互关心、体贴，教师热爱学生，学生尊重教师，彼此心心相印，感情融洽、和谐，达到情感共鸣、心灵相通。在行为上，师生之间行动一致、行为友好，教师主要依靠自身的专业知识、良好素质与学生建立平等、融洽的关系，在学生面前，教师敢于自我批评，学生听课注意力集中，情绪愉快，思维积极，师生配合默契，课堂上充满了团结友好的气氛。

③同学关系

同学关系是同龄人间或心理发展水平相当的个体间在交往过程中建立和发展起来的一种人际关系，这种人际关系是平行、平等的，不同于个体与家长或与年长个体间交往的垂直关系。在以独生子女为主体的背景下，班级生活的群体性，无论是对于学生社会性的培养，还是个性的发展，这种同辈群体的共同生活对学生成长具有重要的现实意义。在这一意义上，"班级"就是一个家，延续着中国的传统文化，充满着相互间的关爱与支持。

同学关系也影响孩子道德水平的发展，拥有积极的同伴关系，能够很快融入集体，与同学交往密切的孩子，其道德观水平也较高。同学关系也是一种人际关系，宿舍、班级、学校是一个小型社会，在这个小集体中学会处理好同学关系，将来走上社会才能善于处理各种复杂的人际关系，适应社会、影响社会。

从第一天学生进入班级开始，或转入新的班级开始，学生之间的交往就建立起来。尤其是在中小学阶段，学生几乎所有的在校时间都生活在共同空间中，与共同的师生交往，从事共同的学习与活动。自初中开始，同辈群体间的相互影响力更加凸显，无论从心理发展，还是社会性发育的意义上，都到了非常关键的交往时期。

同学关系对人生的积极影响主要体现在对自我认同感的加强、自我价值感的提升，并对心理健康产生积极影响。总体来说，人际关系好的人往往获得的支持更多，能更好地自我接纳，并建立更好的自我同一性，积极的同学关系有助于建立更好的自信心，更全面和谐的价值观、人生观、爱情观等，进而影响到整个人生。

4. 积极体验：积极德育的实现途径

积极教育认为增进学生的积极体验是发展学生积极品质的一条最有效途径。受教育者出现积极体验之后，就会对自己提出更高的成就动机和发展要求，而这种要求因为来自受教育者自身，更容易为自己所接纳、发展、内化、稳定，从而形成某种人格类型特征。

（1）积极体验

情绪与情感是人对客观事物是否满足自己的需要而产生的态度体验及相应的行为方式，包括主观体验、生理激起和外显表情，而其中，"体验"被认为是情绪和情感的基本特征，与情绪与情感的关系最为密切，称之为情绪体验❶。

积极体验是指客观事物能满足人的需要而产生的情绪反应与心理体验。积极心理学把积极情绪体验分为感官愉悦与心理享受。感官愉悦是指机体消除自身内部紧张之后的一种放松体验，它来自某种自我机体平衡的保持，是人生理需要得到满足之后的放松体验。而心理享受则来自个体固有的内在自我平衡的打破，即超越了个体自身的原有状态，如实现自己的理想、目标，解决了困扰自己的难题等。

---

❶ 周围. 积极道德教育——积极心理学视域中的道德教育研究［D］. 南京师范大学，2011.

（2）积极体验与积极品德培养

为什么积极体验能增进个体积极品质，包括个体积极道德品质的培养？

首先，积极情绪体验能促进个体道德知识的掌握、道德动机的内化、道德意志的发挥和道德行为的自律，因而促进个体良好道德品质的培养。

在道德知识的传递与接受过程中，如果个体没有产生对于道德知识、道德原则与规范的认同、相信赞赏等积极的情绪体验，那么这些知识只能是外在的东西，只有当个体产生了积极的情绪体验，才能理解和感悟这些知识的价值与意义，并将之内化为自己的行为准则。在道德动机的激发与培养过程中，如果个体通过切身情绪体验感受到相关道德原则与规范对自己的积极意义，或通过切身的情绪体验感受到道德行为的享受价值，那么个体才能真正确定道德的必要性，认同道德原则和道德规范。

在实践道德原则与规范的过程中，如果个体的某种"困难"是在伴随着积极情绪体验的活动中产生的，那么他通常会将之看作有益的挑战，看作一种促使自己不断发展、不断提高的契机，因而形成积极道德意志品质。

在道德行为的自律方面，情绪心理学关于情绪充予、调节的研究，解释了积极情绪促进个体道德自律的心理机制。自律行为的产生，是由于特定行为经常导致某种情绪性的结果或经常引发某种性质的情绪体验，因而该行为与相应情绪体验之间形成了一种稳定的条件性联系，具体表现为该行为被充予了情绪或被情绪所定性，乃至其再现时可以引发相应的情绪体验及其反馈结果，并对人的行为产生内在的调节和强化作用。因此，如果个体的某种行为经常受到他人的赞赏、好评或奖励，并因而产生幸福、愉快、满足、自尊、骄傲等情绪体验，就会将这些情绪注入该行为之中，对其产生积极的情绪充予；如果个体的某种行为经常受到他人的指责、批评或惩罚，就会将这些情绪注入该行为中，对之产生消极的情绪充予。某一行为一旦被情绪所充予，不仅会使个体再从事该行为时产生与原来相同的情绪体验和相应的情绪性联想，而且会使个体通过行为的情绪性后果，亲身体验到为什么要这样做或不要这样做的原因或道理。

其次，积极体验中的心理享受与积极品质的培养关系更为密切。

积极心理学认为，与感官愉悦相比，心理享受更有利于个体成长和积极品质的培养，因而成为促进个体积极品质形成和培养的核心要素。

感官愉悦与心理享受同属积极体验，彼此之间既密切关联也有所差别。感官愉悦与心理享受常常同时发生，彼此相互促进，心理享受可以使人体会到更多的感官愉悦，而感官愉悦的增多也能有利于心理享受的形成。感官愉悦是由外在刺激引发的一种直接感官反应，属感觉类的心理现象，心理享受的产生必须有主体的认知评价为先导，属知觉类的心理现象。一般来说，感官愉悦持续时间较短，会随着外在刺激的消失而消失、变化而变化，而心理享受持续的时间较长，并能迁移到学习、工作、生活等其他方面。这也就意味着心理享受依赖个体的主观需求与认知评价，有着比感官愉悦更为复杂的心理机制，因而与更多心理因素相关。这表明个体对于自身与他人道德言行、道德品质的感动、欣慰、赞赏、成就、快乐、幸福等心理享受十分有利于他们积极道德品质的培养，因此，积极道德教育主张采用积极、正面的道德教育方法，激发受教育者积极的情绪体验和心理享受。

# 积极认知：积极德育的孕育基础

青春期是人类个体生命全程中的一个极为特殊阶段，这个阶段的青少年生理发育十分迅速，但心理发展的速度则相对缓慢，心理发展水平尚处于从幼稚向成熟发展的过渡时期❶。职业学校学生正处于青春期，是身体发育和心理发展的关键时期。处于这一阶段的职业学校学生，面临着诸多如价值观形成、人际关系建立和个性发展等社会适应性问题。其中，社会适应是青少年社会化的重要目标，而个体的认知在这些社会适应性行为中起着决定性的作用。

研究表明，个体积极的认知会促使其对周围的人、事物进行积极的归因、解释、预期，形成一种乐观、希望的人生观，从而促进个体往积极的方面发展❷。如何引导职业学校学生了解积极认知、培养积极认知的能力，形成积极健康的道德认知，成为职业学校探索积极德育的一个重要课题。

## 第一节　积极认知概述

随着积极心理学的发展和应用推广，要帮助职业学校学生形成积极的

---

❶　林崇德. 发展心理学 ［M］. 北京：人民教育出版社，2009：327.
❷　张娜. 青少年积极认知、积极情绪与社会适应性的关系研究 ［D］. 湖南师范大学，2015：1.

认知，只有首先了解积极认知的基本内涵、明确积极认知的基本功能，把握积极认知的基本内容，才能全面认识积极认知。

## 一、积极认知的基本内涵

### 1. 积极认知的思想渊源

从传统认知到积极认知的基本内涵，追溯其认知领域和积极心理学领域的渊源，可以清晰地看到积极认知的理论实践研究，是积极心理学发展的必然产物，也是我们实践探索积极职业教育的有效途径。

（1）个体的社会适应性

青少年是个体从幼稚走向成熟、从儿童走向成人的一个过渡期。青少年的成长发育不仅是以生理的成熟为基础，也以个体的心理和社会等方面的成熟为条件。对于处于青春期的职业学校学生来说，身心健康问题日益成为职业学校德育教育的重点内容。对于渴望社会交往的职业学校学生来说，困扰他们的大部分心理问题源于社会适应不良。可以说个体社会适应是衡量职业学校学生个体社会性发展的最重要指标。

最早研究社会适应行为的是美国心理学家 Leland（1973）和 Cone（1987），他们将社会适应性定义为：个体在与社会生存环境的交互作用中的心理适应[1]；另有美国智力与发展障碍协会（AAIMR）对社会适应性定义为"指个体达到人们期望与其年龄和所处文化团体相适应的个人独立和社会责任标准的有效性或程度""个体的适应行为是其在日常生活中所习得的社会实践技能"[2]。

我国学者认为，对个体社会适应性问题的定义可以从心理和社会化的角度来理解。从心理学的角度来讲，个体社会适应是指"个体不断地学习或修正各种社会行为和生活方式，以求符合该社会标准与规范，而与社会环境维持一种和谐的关系"。从社会化的角度来讲，个体社会适应包括了以下几项：个体对社会环境的适应、对各种社会角色的适应和对社会活动

---

[1] 杨彦平，金瑜. 社会适应性研究述评 [J]. 心理科学，2006（5）：1171 – 1173.

[2] Grossman, H. J.（Ed.）C. lassification in mental retardation. Wash – ington, DC：American Association on Mental Retardation, 1983：3.

的适应❶。

综上所述，个体社会适应性是指个体适应社会所需要的心理素质，在个体与社会环境的交互作用中，个体追求与社会环境维持和谐平衡关系的过程。在学校全面实施积极教育的背景下，要提高职业学校学生的社会适应性，可以从以塞利格曼为代表的积极心理学的视角，对职业学校学生的社会适应性问题进行实践研究。

（2）皮亚杰的认知发展理论

著名发展心理学家让·皮亚杰所提出了认知发展理论，被公认为 20 世纪发展心理学上最权威的理论。皮亚杰把生物学和逻辑学的一些概念用于解释认知和思维的发展，把生物学和认识论、逻辑学联系起来，将思辨的认识论改造成一门实证科学❷。

皮亚杰认为人类的认知发展需要经历一系列阶段，每个阶段都有独特的理解世界的方式。这种理解在阶段内变化很小，但在阶段间差别很大。从一个阶段到另一个阶段的变化会带来认知和生理上的成熟。

第一阶段为感知运动阶段，从出生到约 15 个月。这个阶段的主要特征是极端的自我中心，个体完全以自己的思想感觉为中心。这一阶段的个体只能依靠自己的肌肉动作和感觉应付外界事物，探索外界。

第二阶段为前运算阶段，15 个月到 6 岁。尽管这一阶段个体依然比较自我中心，但他们已经开始发展出抽象思维的能力了。这种能力极大地加速了语言的获得。

第三阶段为具体运算阶段，6 岁到 11 岁。这个阶段的个体在时空和数字上的思维变得越来越有逻辑性。这一阶段个体发展了"去中心化"，即只站在自己角度看问题的自我中心思想逐渐消失。此时个体不仅能集中注意情况或问题的一个方面，还能注意几个方面；不仅能注意事物的静止状态，还能看到动态的转变；还能逆转思维的方向。

第四阶段为形式运算阶段，从 11 岁到 12 岁。这个阶段的标志是能够

---

❶ 梅晓菁. 高中生性别角色双性化与社会适应性的关系［D］. 华东师范大学，2007：25.

❷ 郎筠. 皮亚杰认知发展理论简析［J］. 科技信息，2011（15）：160.

思考假设的事件和情境。这个阶段的个体也能有效运用归纳推理和演绎推理。这些认知可以让个体摆脱自我中心，因为他们能够想到他人的看法可能与他们不同。正常的人不迟于 15 ~ 20 岁达到形式运算阶段。

皮亚杰的认知发展理论提出了内因和外因相互作用的发展观，即心理发展是主体与客体相互作用的结果。主客体相互作用主要表现如下。

①在心理发展中，主体和客体之间是相互联系、相互制约的关系，即两者相互依存，缺一不可。

②主体和客体相互转化的互动关系。先天遗传因素具有可控性和可变性，在环境的作用下，可以改变遗传特性。

③主体和客体的相互作用受个体主观能动性的调节。心理发展过程是主体自我选择、自我调节的主动建构过程。

皮亚杰的认知发展理论摆脱了遗传和环境的争论和纠葛，旗帜鲜明地提出了心理发展是主体与客体相互作用的结果，并从本质上揭示了个体的道德发展是由他律道德向自律道德转换的，也给我们开展积极职业教育实践研究提供了理论依据。

（3）埃里克森的人格发展理论

爱利克·埃里克森是美国著名的精神病医生，是美国现代最有名望的精神分析理论家之一，也是新精神分析学派的一个重要代表人物。在他的代表作《儿童期与社会》中，埃里克森提出了著名的人格发展渐成理论❶。埃里克森认为人的自我意识发展持续一生，他根据自我意识的形成和发展过程，把人的一生划分为八个相互联系的阶段，并指出八个阶段的顺序是由遗传决定的，但每一阶段能否顺利度过却是由环境决定的。每一阶段都有特殊社会心理任务，所以都不可忽视。同时每一阶段都有一个特殊矛盾，矛盾的顺利解决是人格健康发展的前提。

第一阶段为婴儿期，从出生到 18 个月。本阶段的主要任务是发展信任感，克服不信任感。

第二阶段为童年期，18 个月 ~ 4 岁。本阶段的主要任务是获得自主

---

❶ ［美］Erik H. Erikson. Childhood And Society ［M］. Second Edition, 1950.

感，避免怀疑感与羞耻感。

第三阶段为学前期，4～6岁。本阶段的主要任务是获得主动感，克服内疚感。

第四阶段为学龄期，6～12岁。本阶段的主要任务是获得勤奋感，避免自卑感。

第五阶段为青春期，12～18岁。本阶段的主要任务是自我意识的确定和自我角色的形成，克服同一性混乱。

第六阶段为成年早期，18～30岁。本阶段的主要任务是获得亲密感，避免孤独感。

第七阶段为壮年期，30～65岁。本阶段的主要任务是获得创造力感，避免自我专注。

第八阶段为老年期，65岁开始。本阶段的主要任务是获得完美感，避免失望感。

埃里克森的人格发展理论，给我们今天的道德教育以深刻的启示。我们推崇的积极德育，就是指建立在积极心理学基础上的以增强人的积极认知、唤醒人的美德、培养人的健康人格、增强人的积极体验、激发人的积极力量的德育。

2. 积极认知的基本理念

自20世纪60年代以来，认知心理学一直是西方心理学的主流。最初，以计算机模拟为基础的符号加工模式在认知心理学中居于支配地位，其后，以神经的网状结构和并行加工原理为基础的联结主义模式进入心理学家的视眼。同行为主义相比，这两种模式都把心理学家注意的中心转向内部心理过程，着力探求调节行为的认知机制，因此被称为"认知主义"（Cognitivism）。然而有证据表明，受认知语言学、文化人类学、哲学、机器人技术、人工智能等学科的影响，认知心理学正经历着一场"后认知主义"（Post - cognitivism）的变革。在这场变革中，具身认知成为一个焦点论题，代表了认知心理学研究中的一个新取向❶。直到以塞利格曼为代表的积极心理学的发展，基于理性基础的积极认知，才被大家逐步认识。

（1）传统认知

传统的认知主义认为认知是可以计算的，人脑是加工和操纵符号的形式系统，身体仅为刺激的感受器和行为的效应器。依据这种观点，传统的认知过程类似于计算机的符号加工过程，都是一种对信息的处理、操纵和加工，传统认知是一个运行在"身体硬件"之上并可以指挥身体的"心理程序软件"。

认知心理学的联结主义模式并不接受符号加工模式在计算机和人脑之间所作类比。它主张大脑是由天文数字般的神经元相互联结构成的复杂信息处理系统。因此联结主义构建了"人工神经网络"，力图体现大脑神经元的并行分布式加工和非线性特征，研究目标从计算机模拟转向人工神经网络的建构，试图找寻认知是如何在复杂的联结和并行分布加工中得以涌现的。然而，无论联结主义的研究风格与符号加工模式多么迥然相异，两者在"认知的本质就是计算"方面是相同的，认知在功能上的独立性、离身性构成了二者理论预设的基础。

（2）具身认知

具身认知认为身体在认知过程中发挥着枢轴作用和决定性的意义，是通过身体的体验及其活动方式而形成的，包括大脑在内的身体的认知，身体的解剖学结构、身体的活动方式、身体的感觉和运动体验决定了我们怎样认识和看待世界，我们的认知是被身体及其活动方式塑造出来的。

（3）积极认知

积极认知（Positive Thinking/Cognition）又称积极思维或者正向思维。通过文献的追溯发现，对积极认知的研究兴起于 20 世纪六七十年代的精神治疗领域，其间，积极认知一直被作为校级认知相对的维度来展开讨论❷。直到积极心理学运动的兴起，关于积极认知的研究对象才被扩大到社会

---

❶ 叶浩生. 具身认知：认知心理学的新取向［J］. 心理科学进展，2010，18（5）：705 – 710.

❷ 张娜. 青少年积极认知、积极情绪与社会适应性的关系研究［D］. 湖南师范大学，2015：5.

大众。

随着积极认知研究的深入，不同的积极心理学研究者们也给出了不同的定义。有研究者认为，积极认知是指以独特的眼光看待日常生活，着眼于发现自己、他人、过往事物的优点，是一种理性的、实际的认知方式，而非盲目的乐观主义或漫无目的的想象。陈郁敏主张，积极认知是一种解放性的思维，相对于悲观者具有的限制性思维方式，其可让个体更具有动力地去看清机会与可能性发展、发挥自我潜力，产生正面能量与促进身心健康。塞利格曼等人认为，个体对事件的解释形态是种习惯性的思考方式，就像个人所佩戴的眼镜，透过它来认知外在世界。在积极认知的维度上，他们认为个体的解释形态可分为三个维度：永久性（Permanence）、普遍性（Pervasiveness）与个别性（Personalization）。

永久性指个体将面临的事件解释为永久性的。积极认知的个体将正面事件认为是长久的，将负面事件解释为暂时性的。

普遍性指个体将面临的事件解释为一般性的。积极认知的个体将正面事件认为是一般特性的，将负面事件解释为特定性的。

个别性指个体将面临的事件特性解释为外在化成因。积极认知的个体将正面事件发生的责任归于主观努力而自信满满，将负面事件发生的责任归于外因，不易失去自尊感。

综上所述，积极认知是基于理性基础上的，对过去事件的积极解释、对自身所处当下的积极效能感和对未来的积极预期，是一种个体惯有的稳定的良好的身心状态❶。在积极职业教育的背景下，教育者可以通过心理引导或课程引领等多种方式，提高职业学校学生形成正向思维的习惯，提高积极认知的能力，唤醒积极的自我，提高积极情绪的调控能力。

## 二、积极认知的基本功能

积极认知既然是一种积极、正向的思维方式，那基于理性基础上主动构建积极认知将有助于提高个体的社会适应性和自律道德感，增强人格健

---

❶ 张娜. 青少年积极认知、积极情绪与社会适应性的关系研究［D］. 湖南师范大学，2015：7.

康，保持稳定良好的身心健康状态。

### 1. 积极认知有助于提高个体的社会适应性

我们知道，个体社会适应性就是在个体与社会环境的交互作用中，个体追求与社会环境维持和谐平衡关系的过程。它可以理解为社会与个人的统一，个体的主我与客我的统一，个体的历史性任务的认识与其主观愿望的统一，也可理解为对自己的过去、现在和将来，即在任何情况下都能够全面认识到意识与行动的主体是自己，亦即是"真正的自我"，也可称为"核心的自我"。这就是埃里克森自我发展理论中的"同一性"。

职业学校学生逐步从父母的依赖关系中解脱出来，尝试着与同伴建立亲密的友谊，对周围世界有了新的观察与新的思考方法。他们经常考虑自己到底是怎样一个人，他们从别人对他的态度中，从自己扮演的各种社会角色中，迫切想进一步认识自我，认识自己与他人在外表上与性格上的相同与差别，并学着理性分析自己的过去、现在和将来，认识自己的现在与未来在社会生活中的关系，寻求心理社会同一感。对职业学校学生开展积极认知教育引导，唤醒积极自我，提高他们的积极认知能力，有助于提高他们的社会适应性。

### 2. 积极认知有助于提高个体的自律道德感

党的十八大报告从国家、社会和个人三个层面提出了富强、民主、文明、和谐，自由、平等、公正、法治，爱国、敬业、诚信、友善的 24 字社会主义核心价值观。2013 年 12 月，中共中央办公厅印发的《关于培育和践行社会主义核心价值观的意见》提出要从小抓起，从学校抓起，把培育和践行社会主义核心价值观融入国民教育全过程。康德曾说自律性是道德的唯一原则，那社会主义核心价值观的道德本质在于它的自律性。道德自律是道德主体的自我主宰、自我控制和自我约束，它是个体道德能力的反映。培养个体的自律道德感有助于调适价值领域中的冲突和矛盾，帮助个体达成价值共识和形成核心价值观❶。

皮亚杰的认知发展理论摆脱了遗传和环境的争论和纠葛，旗帜鲜明地

---

❶ 徐萍萍. 社会主义核心价值观与青少年道德自律 [J]. 学习与实践，2015（6）：74-75.

提出内因和外因相互作用的发展观，即心理发展是主体与客体相互作用的结果，并从本质上揭示了个体的道德发展是由他律道德向自律道德转换的，也给我们开展积极职业教育实践研究提供了理论依据。对职业学校学生开展积极认知教育引导，提高道德认知水平，培养职业学校学生的道德反思和判断能力，培养道德担当和责任意识，激发他们积极的道德行为，养成积极的品格，时刻彰显社会主义核心价值观，促进良好社会风尚的形成。

3. 积极认知有助于增强个体的人格健康

德育即道德教育，道德教育的首要任务是培养健全的人格。德育作为一种人格教育，是教育学生获得做人的范式或按一定的范式做人，是学做人的活动。德育的首要任务就是培养学生健全的人格，维护和增进心理健康，提高学生对社会生活的适应和改造能力❶。

埃里克森的人格发展理论，给我们今天的道德教育以深刻的启示。我们推崇的积极德育，就是建立在积极心理学基础上的以唤醒人的美德、培养人的健康人格、增强人的积极体验、激发人的积极力量的德育。

## 三、积极认知的基本内容

如何提高职业学校学生的社会适应性、自律道德性，帮助学生积极认知呢？心理学家在研究中发现，人们往往以两种完全不同的思维来看待过去、现在和未来发生的人和事物。从积极视角思维的人，他们乐观、充满希望，认为事情总会往好的方面发展。与此同时，也有的人脆弱、敏感、闷闷不乐，很少看待事物积极的一面。实践得出，职业学校学生的积极认知水平越高，积极情绪体验得越多，人际关系处理得当，个体的社会适应性发展得越好；职业学校学生的积极认知对社会适应性的影响，部分地通过积极情绪和积极关系起作用。

1. 积极认知自我

积极认知自我是积极认知的最基本内容。只有首先客观全面的自我认

---

❶ 刘晶. 埃里克森的人格发展渐成理论及其德育启示 [J]. 现代教育科学，2009：66.

知、了解自身的性格优势、提升个人的特长优势，同时积极调整改变自己的弱点、建立自尊与自信，才能建立积极而稳定的内心力量。

真正从科学心理学的角度里阐述与研究自我问题的第一人是威廉·詹姆斯（W·James），他被认为是 19 世纪美国最伟大的心理学家。1890 年，詹姆斯在《心理学原理》（*The Principles of Psychology*）一书中首次提出了将自我分为主我（I）与客我（Me）两方面，即纯粹自我和经验自我。詹姆斯认为，主我是主动的自我、进行中的意识流；客我是作为思维对象的自我，它包括一个人所持有的关于他自己的所有事物、知识与信念。詹姆斯将"自我"分为主我与客我，又将客我具体分为许多不同的方面，如物质自我、社会自我和精神自我。"物质自我"指的是真实的物体、人或地点。"社会自我"由个体扮演的角色组成，指的是我们被他人如何看待或认可。"精神自我"是对自己的意识状态、心理倾向、能力等的认识。詹姆斯认为"精神自我"是我们内部自我或我们的心理自我，这些心理性格倾向是自我最持久和私密的部分❶。詹姆斯的"自我"概念分类是人类个体对自身或部分相关事物进行反映和意识活动的所有心理现象的总称，开启了人类对自我探索实践到广泛应用之旅。詹姆斯在研究中发现，自我概念起着引导个人行为的作用，是个人行为自我调节与定向的杠杆。

要从积极认知的角度认识自我，不得不提到积极心理学。积极心理学是一门有关生命从开始到结束各个阶段的学科，它是心理学崭新的一块领域。这门学科着重研究那些使生命更有价值和更有意义的东西。每个人的生命中都会经历高峰和低谷，积极心理学并不否认人生也有失意落寂之时。"积极心理学"一词看起来跟其他的心理学没什么特别之处，但"积极"二字却异常重要：人类生命中的优点跟缺点一样，都是真实存在的，应该得到心理学家同等程度的关注。生活不只是要避免或解决问题与困扰。积极心理学就是致力于填补人类画卷中的空白之处，如果我们不想挥霍自己的生命，我们该做些什么，积极心理学的宗旨就是帮助你回答这个

---

❶ 江琴. 自我概念的诠释——论詹姆斯的"自我"［J］. 法制与社会，2006（23）：212 - 213.

问题。积极认知自我就是从积极心理学的角度来认识自我,是一种正向思维方式下一种自我认知。

2. 积极认知情绪

由于青春期性腺功能显现,性激素分泌会增强下丘脑的兴奋性,与单凹皮层和皮下中枢暂时失去平衡,这种状况可能是青春期学生情绪两极性明显的生理原因。职业学校学生正处于青春期,情绪体验细腻、深刻,情绪起伏也比较大,迫切需要得到情绪调控的合理指导。对于职业学校学生的家长和师生来说,了解情绪的特点、正确识别情绪,特别是提高调控情绪的能力显得尤为重要。

情绪理论的发展,自达尔文和威廉·詹姆斯以来,经过多年的探索,一直进展缓慢。直到 20 世纪 30 年代,砍农(W. Cannon)提出情绪的丘脑学说与詹姆斯争论,才引起了大量的情绪与自主神经系统之间联系的研究,也激发了人们对皮层下结构功能的兴趣和探索。到了 70 年代,情绪生理学的显著成就为情绪理论的发展提供了相当的基础,涌现了主张情绪的认知——评价理论以及情绪的动机——分化理论这两个主要派别❶。情绪的认知理论家强调刺激事件只有通过对它的评价才能产生情绪。人怎么能弄懂当前的刺激呢?要通过认知过程。认知过程按照刺激事件对个体的意义对刺激进行筛选。其中有的被突出,有的被忽略;有的效果被提高,有的被限制。认知学者认为,知觉和认知是刺激事件和情绪反应之间必不可少的中介物。这就是阿诺德(B. Arnold)所创建的情绪评价学说。拉扎勒斯(R. Lazarus)把阿诺德的评价扩展为评价、再评价的过程。这个过程包括实际发生的应付冲动、交替活动、身体反应的反馈和对活动后果的知觉。拉扎勒斯把情绪看为一种综合性反应,认为任何情绪都不能由单一成分所决定,每种情绪都包括生理的、行为的和认知的三种成分。人们所体验到的情绪是通过情境刺激的评价和所引起的身体反应冲动得到的。阿诺德和拉扎勒斯认知—评价理论揭示了任何情绪的分析都应当与认知联系起来。依扎德所创建的分化理论强调个体发展中感情、认知和动作的相互

---

❶ 孟昭兰. 当代情绪理论的发展 [J]. 北京大学心理学报, 1985 (2): 209 – 215.

作用，较为深入地阐述了情绪对心理的其他方面发展的作用，加深了对情绪的认识。从情绪的动机作用看，情绪是认识发展的契机。情绪激发或抑制人去探索、认知和行动。综上所述，我们认为情绪是个体的一种主观感受，或者说是一种内心体验。情绪是人对客观外界事物的态度的体验，是人脑对客观外界事物与主体需要之间关系的反映。

如今，积极情绪的研究已经成为情绪研究的核心问题之一。北卡罗来纳大学杰出教授芭芭拉·弗雷德里克森，他的主要研究领域为积极心理学。他在《积极情绪的力量》认为积极情绪是对个人有意义的事情的独特反应，是一种暂时的愉悦。在书中，他将生动的个案实例、真实的亲身经历等融进喜悦、感激、宁静、兴趣、希望、自豪、逗趣、激励、敬佩、爱十种生机勃勃的积极情绪中，感受世界的美好。弗雷德里克森等让大学生观看引发快乐、满意、中性、愤怒和焦虑状态的影片，然后对观看不同情绪影片后的注意范围和思维活动序列进行了测量。研究发现，相对于中性状态，快乐、满意积极情绪扩展了注意范围和思维活动序列；相对于中性状态，愤怒、焦虑消极情绪缩小了思维活动序列❶。研究证明，积极情绪对于认知灵活性具有启动作用，对于认知与注意范围具有扩展作用，对于创造性和问题解决效率具有促进作用，对于消极情绪的生理唤醒具有撤销效应，对于保持心理恢复力、增强心理健康、生理健康也具有重要的意义❷。所以说积极情绪也是积极认知的一个重要方面。

### 3. 积极认知关系

经典人际关系理论是在霍桑实验的基础上产生的。当马斯洛的"需求层次论"等行为科学学说或组织行为学说形成的时候，人际关系理论逐渐发展成为新人际关系理论。亚伯拉罕·马斯洛是美国社会心理学家、人格理论家和比较心理学家，是人本主义心理学的主要发起者和理论家，心理学第三势力的领导人。他在 1943 年发表的《人类动机的理论》中提出了需要层次理论，由低到高把人的需要区分为五个层次，即生理的需要、安

---

❶ 郭小艳. 积极情绪的概念、功能与意义 [J]. 心理科学进展，2007（5）：810.

❷ 孟昭兰. 人类情绪 [M]. 北京：北京师范大学出版社，2005：211.

全的需要、归属和爱的需要、尊重的需要与自我实现的需求❶。其中，归属和爱的需要是指个人希望得到家庭、朋友、团体、同事等的关心、照顾和理解，是对亲情、爱情与友情的需要，也称为社会交往的需要。归属需要时参加和依附于一定组织的需要，爱的需要包括给予爱和接受爱。归属和爱的需要如果得不到满足，个体就会感到孤单和空虚，足以可见人际关系的重要性。人际关系就是人们在交往过程中建立起来的人与人之间的心理和社会的关系，它表现在人们对他人的影响与依赖。与他人建立良好的人际关系是人类社会生活中最为重要的任务之一，积极人际关系是幸福感和成就感的主要源泉。我们的生活中充满各种类型的人际关系，职业学校学生只有建立积极健康的人际关系，培养自己的社交商、提高社交认知，才能使自己能够在良好的人际氛围中学习和生活。

不管作为学校教育、家庭教育还是社会教育，都有义务和责任引导学生养成正向思维的习惯，从积极认知自我、积极认知情绪和积极认知关系等方面，全面提高学生的积极认知能力。

## 第二节 职业学校学生积极认知模式构建

积极认知既然是一种积极、正向的思维方式，是基于理性基础上的，对过去事件的积极解释、对自身所处当下的积极效能感和对未来的积极预期，是一种个体惯有的稳定、良好的身心状态。积极认知有助于提高个体的社会适应性和自律道德感，增强人格健康，保持稳定良好的身心健康状态。在积极职业教育的背景下，如何帮助职业学校学生学会主动构建积极认知、提高积极认知的能力呢？在开展实践研究的道理上，我们尝试着从个人、学校和家庭三个层面，用积极心理健康教育的钥匙，开启职业学校学生积极认知的大门，提高职校生的心理素质，培养他们积极乐观、健康向上的心理品质，充分挖潜他们的心理潜能，引导职业学校学生主动构建积极认知、促进职校生身心和谐发展、开展职业生涯规划，为他们健康成

❶ 宋联可．不同人格对按需要层次划分的激励方法偏好研究［D］．重庆大学，2002：15．

长和幸福生活奠定基础。

## 一、心理引导

积极心理学的发展，为积极认知的发展奠定了理论基础。积极认知是积极心理学发展的必然产物。要引导职业学校学生主动构建积极认知，只有积极心理引导开始。

1. 积极心理学的力量

"积极心理学"（Positive Psychology）是美国宾夕法尼亚大学教授塞利格曼（Seligman）于 1998 年担任美国心理学会主席时提议的，并于 2000 年在《美国心理学家》（American Psychologist）上刊登的《积极心理学导论》一文中正式提出的。塞利格曼认为积极心理学是致力于研究人的发展潜力和美德的科学，积极心理学的力量是帮助人们发现并利用自己的内在资源，从而提升个人素质和生活。我们知道，每个人的心灵深处都有一种自我实现的需要，这种需要会激发人内在的积极力量和积极品质。而人类的这些积极力量和优秀品质是人类赖以生存和发展的核心要素。积极心理学就是利用这些内部资源来帮助普通人或具有一定天赋的人最大限度地挖掘自己的潜力，并以此获得美好生活。❶

2. 积极心理的环境调适

首先，要营造一个积极的家庭关系，包括亲子关系、婚姻关系和血亲关系，使处于青春期的职业学校学生充分感受家庭的温暖，汲取积极家庭的力量。其次，要构建一个积极教育的环境。通过布置积极的校园文化环境，树立积极的教育理念、构建积极的育人体系、建设积极教育的师资队伍、开展积极的心理健康教育工作，引导职业学校学生逐步形成积极的心理，投身于积极的生活学习体验和身心健康发展。

3. 积极认知的心理引导

（1）培养积极的人格品质

积极心理学对传统的人格心理学进行反思和批评，指出了人格心理学

---

❶ 谢亮亮. 青少年发展的新取向：积极心理学［J］. 群文天地，2011（20）：278.

需要平衡人格问题和人格优势两个方面的研究，提高人的积极力量。积极的人格品质是积极心理学研究的核心内容之一。塞利格曼和他的研究团队甄别定义了智慧、勇气、人道、公正、节制、超越6种基本美德24种积极品质，这个系统被称作"人格优势的价值实践分类系统"（Values in Action Classification of Strength，VIA）。这个系统为构建积极人格的实践提供了研究的目标和标准，从而使积极人格的研究更加科学化。

（2）学会积极的情绪调适

情绪是指个体受到外界环境的影响所产生的一种身心变化的状态，是一种躯体上和精神上的复杂变化过程，具有不稳定性。而积极情绪是指个体体验积极的感觉，如高兴、愉悦、满意、兴奋等，是健康向上的情绪。情绪状态影响健康和行为，积极情绪具有伴随积极的感受和产生积极的行为，因此良好、稳定的情绪状态是心理健康的首要条件，积极的情绪有利于生活、学习和工作。[1] 情绪不是一个稳定的变量，会随情景的变化而不断变化，培养自己积极正性的情绪，迁移到不同的情境中，会对个体的生活状态及处事方式有正性的、积极的影响。

（3）建立积极的人际关系

人际关系是伴随着人类社会的产生而同步发生的社会现象，人是一切社会关系的综合体，作为社会中的人为了生存和发展必然会产生人际关系。人与人之间最普遍的关系就是人际关系。人们在社会生产实践活动过程中，为了满足其自身的某种需求，通过与周围的个人或者群体进行长期的交往而建立和发展起来的人与人之间的社会关系。[2]

马斯洛是人本主义心理学的创始人之一，他在《人类动机的理论》一书中，提出了需求层次理论。在马斯洛理论把需求分成生理需求、安全需求、社交需求、尊重需求以及自我实现需求五大类，依次由较低层次到较

---

[1] 吴银河. 积极认知、积极情绪对于冲突处理模式的影响及干预——基于一线员工的研究 [D]. 华东师范大学，2013：8－9.

[2] 张马杰. 构建大学生和谐人际关系的研究 [D]. 成都理工大学，2012：7.

高层次逐次排开。❶ 该理论有三个基本假设构成。

第一，人要生存，需要能影响人的行为，且只有在需要未满足时才能影响人的行为。

第二，人的需要按照其重要性与层次性构成一定的次序。

第三，当人的低层次需求获得满足后才会追求更高一层的需要，由此逐层上升，推动人们不断去努力。

从马斯洛的需求层次理论得出，当生理和安全需求得到满足的时候，就对社交关系产生了追求。人际关系的和谐是得到别人的尊重和自尊的前提，也是自我实现健康人格的基础。

职业学校学生正处于青春期阶段，他们的情绪波动比较大，和谐稳定的人际关系有利于缓解学生的紧张心理，发挥学习和工作的积极性，增强个人自信、使自尊心得到充分满足，有利于提高职业学校学生的身心素质，完善职业学校学生的自我认知，增强社会适应感。只能不断加强职业学校学生人际交往的技能，才能提高他们的人际交往实践能力，感受到积极的人际交往带来的幸福感。

## 二、课程引领

要系统指导职业学校学生建立积极稳定的内心力量，保持积极愉悦的主观感受，构建积极稳定的人际关系，体验积极专注的行动过程，可以通过积极认知的课程引领培养职业学校学生养成稳定健全的品格优势，建立积极美好的未来希望，追求富有价值的幸福人生。

### 1. 德育课程的认知引领

德育并不仅仅是对个人的规范约束，而且是对个体生活的发展和提升。职业学校的德育课程应该成为学生追求积极健康生活的通道。职业学校的德育课程教学是对职业学校学生进行思想道德教育的主阵地，体现了社会主义教育的方向和本质要求，融合了中国特色社会主义理论体系的基

---

❶ 吴丽妍. 马斯洛需要层次理论在初级中等学校教育中的运用 [D]. 华中师范大学，2012：5.

本内容。社会主义核心价值观是社会主义核心价值体系的内核，是中国特色社会主义的本质体现。新时期的职业学校德育课程必须坚持以社会主义核心价值观为引领，结合学生身心发展的特点，注重学生的主体地位，增强德育课的针对性和实效性。

目前，职业学校德育课开设四门必修课和一门选修课，分别是《职业生涯规划》《职业道德与法律》《经济政治与社会》《哲学与人生》《心理健康》。虽然这五门课的教学内容侧重点不同，但都是以邓小平理论、"三个代表"重要思想为指导思想，落实科学发展观，体现了"富强、民主、文明、和谐，自由、平等、公正、法治，爱国、敬业、诚信、友善"为主要内容的社会主义核心价值观的精髓。❶ 德育课程教学是职业学校德育工作的课堂主要渠道，职业学校的德育课程能够引导学生树立正确的世界观、人生观和价值观，运用辩证唯物主义和历史唯物主义的观点和方法待人处世，内化成自觉行动，促进职业学校学生健康成长。

主题班会活动课是从学生发展的需要出发，以社会要求的道德规范和学生的生活实际为内容，采用学生喜闻乐见的活动形式，引导学生自主参与、合作学习，在活动中体验，在体验中生成德性，促进学生思想品德发展而设计的课程。❷ 主题班会活动课具有管理班级和进行德育的功能，是学校德育的主渠道。在德育课程、学科渗透、社会实践活动等德育实施途径中，主题班会活动课具有举足轻重的作用。既要充分考虑学生道德学习的兴趣和需要，选择符合学生道德发展实际的活动，又要将理论知识充分应用到实践活动中，引导学生感悟认知，实现理论认知与社会生活实践的完美融合。而主题班会活动课的设计形式应注重德育课程和活动课程的特点，从知性回归到生活、向情理交融转变，重视学生在活动中的情感体验，调动学生学习的主动性，让学生在情感交融的体验中实现德育内容的内化。主题班会活动课的内容也要围绕学校育人目标和学生成长发展的需要有效设计规划，使主题班会活动课成为向学生进行思想道德教育的一种

---

❶ 闫永昌. 以社会主义核心价值观引领中职德育课程教学 ［J］. 现代德育, 2015（20）：129.

❷ 李笑非. 高中主题班会课活动的设计与实践研究 ［D］. 四川师范大学, 2011：3.

基本形式，又是通过促进班集体建设的活动来教育和影响学生个人全面发展的一种重要途径。

**2. 青春期的认知教育**

青春期（Puberty）指个体以第二性征出现为起点并以性成熟为主要特征的时期。个体在身高、体重等身体形态方面经历第二次发育高峰。一般在 10～20 岁，其中 10 岁至十四五岁为青春前期（女性为 10～13 岁、男性为 12～15 岁），15～20 岁为青春后期（女性为 14～18 岁，男性为 16～20 岁）。❶ 职业学校学生正处于青春后期。该阶段是人类个体生命全程中的一个极为特殊的阶段，这个阶段的青少年生理发育十分迅速，但心理发展的速度则相对缓慢，心理发展水平尚处于从幼稚向成熟发展的过渡时期。❷ 生理的迅速发展与心理的缓慢发展形成鲜明对比，矛盾性显而易见。然而，与童年期相比，青春期个体的心理发展也有了突飞猛进的变化。

职业学校学生青春期心理发展，主要包含职校生青春期的认知发展、性心理发展、社会性发展。其中认知发展主要包括记忆、思维方面的发展特征，性心理发展包括职业学校在性生理及性心理双重影响下的变化，社会性发展描述了自我意识、情绪变化、第二反抗期、人际关系等方面的现状及特征。

（1）青春期的认知发展问题

由于记忆、思维等方面迅猛发展，职校生学习能力迅速上升，可以接受更多、更本质、更深入的基础知识和专业技能学习中。随着年龄的增长，逻辑思维能力接近成人水平，但思维内容，如对世界是怎样的，我与世界的关系等问题的思考还受到年龄、环境的局限，因此如何提高职校生认知局限性成为亟待解决的一个问题。

（2）青春期的性心理发展问题

处于青春期的职校生对异性关系表现出了异于童年时期的兴趣，渴望了解异性生理、心理发展的特点，通过各种或明或暗的方式收集信息。在

---

❶ 林崇德，杨治良，黄希庭. 心理学大辞典［M］. 上海：上海教育出版社，2004：934.
❷ 林崇德. 发展心理学［M］. 北京：人民教育出版社，2009：327.

这个过程中，有一些职校生通过互联网、新闻媒体、影视剧等渠道，建立了不成熟的恋爱观，例如爱就是一切，爱情只要重视过程不用在乎结果等不理性的观念。在生理发展成熟的条件下，性激素分泌旺盛，职校生通常会通过手淫、自慰等方式满足性欲望，过度的性欲望满足行为会侵害青春期个体正常的生理和心理发展。

（3）青春期的社会性发展问题

由于半成熟与半幼稚并存的特性，职校生与父母、老师在相处方式存在对抗趋势，对于削弱其独立性的行为表现出强烈的反抗，同时对父母、老师的权威性产生质疑，不再充分信任父母、教师的言论与行为。这在某些职校生家中对父母态度恶劣、课堂中对老师呛声的日常表现中可见一斑。在与同伴相处的过程中，他们面临更复杂的人际关系，交往圈子缩小，更愿意与志趣相投的人成为朋友，但又由于对自我在团体中位置的不确定而弱化了自身在团队中的作用。团队意识薄弱成为青春期职校生同伴交往的一个缩影。同时，在适应社会方面也暴露了一些问题，如吸烟成瘾、游戏成瘾、网络成瘾，因为生理、心理变化以及对社会生活的不适应，所产生的焦虑、抑郁等内部失调问题。

学校教育不仅要造就知识技能人才，更要注重高素质的综合型人才。在特殊的青春时期，加强职业学校学生的青春期教育，成为学生未来幸福人生的必修课，也成为学校培养"现代班组长型"高素质劳动者和技术技能人才的必修课程。学校需要积极探索职校生青春期健康教育的途径，努力实践职校生青春期健康教育活动，为青春期健康成长护航，为培养高素质劳动者和技术技能人才奠定基础。

一方面加大师资培训力度，提高教师的青春期教育专业能力。进行青春期教育，师资培训与队伍的建设是关键。学校可以通过《职业学校学生青春期健康教育方法》讲座等形式，提高全体教师对青春期健康教育工作重要性的认识，深入了解职校生青春期的特点。

另一方面开展教育实践活动，提高学生的青春期自我护卫能力。为拓宽青春期教育途径，提高青春期教育的实效性和针对性，学校要组织学生进行在线心理测试，建立学生的心理健康档案，定期对心理特异学生进行主动干预和疏导，为每位学生提供个体咨询、沙盘治疗、情绪宣泄、减压放松等活动，有效缓解学生青春期的躁动和不安。学校可以定期开展青春期健康教育月活动，学习生殖保健，指导男女生正常交往，组织学生参加丰富多彩的文化活动和社团活动，提供青春期正常交往的舞台，满足职业学校学生青春期同伴交往需求，为引导职校生了解和保护青春期的自我、开展青春期的男女交往做出了积极有效的尝试。

根据职校生青春期的认知发展等特征，把握职校生青春期的心理问题，将青春期健康教育融入教育教学的全过程，在德育、教学、实践等方面探索职校生青春期教育的新模式和新方法，让学生的青春期安全着陆，实现职校生的成长成才。

3. 职业素养的认知拓展

职业教育人才培养目标是使职业学校学生除了具备职业技能以外，还必须拥有良好的职业素养，使其具有可持续发展和创新创业的潜力。

（1）开展就业指导，提升职业素养

"以就业为导向"的职业教育人才培养要求职业学校学生学好专业知识和技能外，要重视职业素养和人文素养的培养。这不仅是职业教育发展的需要，也是"以服务为宗旨"的具体体现。良好的职业素养越来越受到企业的青睐，逐渐成为职业学校学生求职的"敲门砖"。

"素养"在《汉书·李寻传》中这样写道："马不伏枥，不可以趋道；士不素养，不可以重国。"在《现代汉语词典》中的含义为"平日的修养"，职业素养的含义为"受教育者从事某一职业需要具备的素养，以满足职业需求和岗位要求"。❶ 职业学校学生的职业素养是指职业学校学生为适应社会经济的发展及岗位的需求，自身需要具备的职业技能、职业道德、职业意识和职业责任等。国内学者普遍认为，职业素养包括"专业素养"和"非专业素养"。"专业素养"则体现了"技能"方面的要求，包括专业知识、实践、就业、创新、创业等知识和技能的要素。"非专业素养"

---

❶ 蒋乃平. 职业素养训练是职业院校素质教育的重要特点［J］. 中国职业技术教育，2012（1）：78-79.

体现了"素质"方面的要求，包括职业观念、态度、精神等道德素养，合作、团结、进取等意识素养，责任心、敬业精神等责任素养。"专业素养"通过课程学习过程习得，"非专业素养"通过职业指导课程、学习活动等途径培养。

（2）开展创业培训，培养创业意识

习总书记对现代职业教育发展的指示中提出：职业教育是国民教育体系和人力资源开发的重要组成部分，是广大青年打开通往成功成才大门的重要途径，肩负着培养多样化人才、传承技术技能、促进就业创业的重要职责，必须高度重视、加快发展。党的十七大提出要实施积极的就业政策，以创业带动就业，这表明我国的就业方针已经从被动扩大就业机会，逐步进入到鼓励自主创业，以创业带动就业的新阶段。自2013年以来，国家出台了一系列推动自主创新、创业的政策，全民参与创新、创业的意愿空前高涨，各中等职业学校已经将创业教育从创业知识传授向创业实践的转变，更好地实现了提升学生创业意识，培养创业精神，提高创业能力，鼓励、引导和支持学生投身创业实践。

开展创业活动，首先要让创业的理念渗透到学校教育的各个环节，让所有的职业学校学生在校期间能够接受系统的创业培训，点燃创业梦想是创业教育过程中的主线。在校学生正值青春年华，他们渴望享受成功的喜悦和快乐，只有注重营造良好的创业教育文化氛围，通过图片文字形式陈列、实物模型展示、大型标语展贴或音像资料，选用大师、名师、导师寄语以及优秀学生典型，发挥榜样的引领作用，学校出台系列的创业优惠政策，激励和鼓励学生创业。创业有成的毕业生回母校"现身说法"，向学生"零距离"面授机宜，用自身艰苦创业的经历、业绩、体验教育广大学生，开启学生的思路，激发内在潜能，使创业不再高不可攀，让人生畏，使他们感受到创业成功者就在他们的身边，让创业的理念渗透到学生心里。另外，职业学校可以积极引进有效的创业培训项目，不断拓展多种形式的创业培训，将 GYB（Generate Your Business Idea，产生你的企业想法）、SYB（Start Your Business，创办你的企业）、"领航者"创业培训引进课堂，培训对象不同，层次不同，课时不同，满足不同学生的需求。专题创业培训可根据学生的创业情况进行量身定做，适时调整。在创业培训过程中注重教学与实践相结合、培训与模拟相结合、网上与网下相结合、校内与校外相结合，在点燃学生创业梦想的同时，定期组织创业实践活动，让有创业想法的学生参加实践，参加各级各类创业计划书比赛，积累经营管理经验、完善创业项目，不断地提高创业技能和创业能力，不断体验成功的欢乐和喜悦。

（3）开展创新实践，实现岗位成才

创新精神是一个国家和民族发展的不竭动力，是企业发展和竞争的法宝，也是当代职校生应该具备的一种素质。创新不仅是一种精神，更是一种能力。职业学校只有重视创新教育，注重培养学生的创新意识和创新思维，提供学生创新实践的舞台，职校生才能成为具有创新精神和实践能力的高素质劳动者和技术技能人才。弘扬创业创新创优的"三创"精神，激发和提高职校生的科技创新热情和能力，培养具有创新精神和创新素质的科技人才后备队伍，服务和推动创新型社会建设，是加快发展现代职业教育，培养现代高素质劳动者和技术技能人才的有效途径。职业学校可通过健全创新组织机构、开展创新培训和创新实践等活动，培养学生的创新精神。

职业学校可将创新工作纳入学校的教育计划，将创新工作落实部门专项推动，建立健全学校科技创新的领导小组和工作小组的组织机构，分类组建由学校、企业人员参与的创新工作小组，制定相应的管理制度、工作计划和考核奖励办法等，保障科技创新的专项经费，改善科技创新的设施设备，培养一批科技创新的指导教师，每年组织开展科技创新节，规范有序、保障有力地开展科技创新工作，全面推进创新工作，让科技创新成为职业学校的一大特色。职业学校要加强学生创新意识、创新思维、创新能力的培养，通过组建创新团队，挖掘创新项目，培养创新型人才。通过组织寓教于乐的科普教育讲座培训，开展科普知识宣传活动，让学生了解科普，学习科学技术，培养学生"科技创造世界、科技改变生活"的意识。学校每年举办科技月活动，举办科技创新竞赛活动，全面发动师生发现创新项目，调动学生积极参加创新实践活动。学生可根据个人的兴趣爱好，报名参加科技创新小组，由指导老师带队进一步实践创新。在校企合作中建立学校与企业的创新合作关系，科技创新小组主动参与企业技改项目。并在地方科协的指导下，优秀创新技术申报国家专利，服务于企业的技术创新，确保创新工作落到实处。通过积极组织职业学校师生参加各级各类展览活动，增长见识，了解产业行业发展动态，学习最新创新知识。组织师生参加各级各类职业教育创新大赛或青少年科技创新大赛等，在比赛中积累经验、交流学习。

只有准确把握职业素养的本质内涵，才能培养职业学校学生的职业素养，激发学生的积极性和创造性，使职业学校学生具备适应就业、升学就业、创业创新等岗位需求的能力，实现职业学校教育的人才培养目标。

## 三、家庭教育

家庭教育是学校教育的重要组成部分，职业学校学生的诸多问题，很多都是不良家庭教育的结果，职校生的家庭教育主要问题有两方面。

一方面，家庭亲子关系严重不和谐。职校生和父母的关系大多数很差，父母的话很少起作用，在家里任性妄为，在和父母的斗争中，总能获胜，父母对其毫无办法。父母毫无威信，更增添职校生的嚣张气焰，在学校和老师斗，成长没有榜样。他们和同学的关系一般，无法和优秀同伴学习和成长，阻碍了自我发展和进步。

另一方面，家庭教育严重缺乏理性和科学。从小没有管教好，等孩子到了青春期后想管却无法掌控。家庭教育方式不当，家长不懂得以身作则，总是说一套做一套。还有的父母之间关系紧张，争吵不休，严重影响孩子的身心健康。离婚、再婚家庭比例很高，很多职校生缺少基本的安全感，很多不良习惯都是家庭教育的诟病。

家庭是孩子的第一个课堂，父母是孩子的第一任老师，教育孩子是父母的法定职责。只有遵循孩子成长的规律，不断提高家庭教育的水平，增强家庭教育的能力，用正确的思想和方法引导并教育孩子，发挥家长在家庭教育中的主体责任，重视以身作则和言传身教，才能培养孩子积极健康的道德品质。要充分发挥学校在家庭教育中的重要作用。学校可通过开办家长学校，建立健全家长学校的组织机构、组建家庭教育讲师团和家长委员会、开发家庭教育课程、规范家长学校的管理，强化家长学校对家庭教育工作的指导，丰富家长学校指导服务的内容，充分发挥家长委员会的作用，传递科学家教的理念、知识和方法，解决家庭教育中的热点和难点问题，寻求多方合作共同办好家长学校，搭建家校合作育人的新平台，创造家校合作育人的新模式。

1. 统一思想、达成共识，创造家校携手的良好氛围

家庭是社会的基本细胞。注重家庭、注重家教、注重家风，对于国家发展、民族进步、社会和谐具有十分重要的意义。家庭是孩子的第一个课堂，父母是孩子的第一任老师。家庭教育工作开展的如何，关系到孩子的终身发展，关系到千家万户的切身利益，关系到国家和民族的未来。我校积极推进家长学校的建设，充分发挥学校在家庭教育中的重要作用，创造家校合作育人的良好氛围，为地方经济发展建设培养具有良好道德品质和文明行为习惯的高素质劳动者和技术技能人才。

2. 建章立制、规范管理，做好家长学校的教学管理

职业学校要将家长学校纳入学校的整体工作，组建家长学校校务委员会和家长委员会，制定了家长学校的章程和各项规章制度，设计活动记录表册，并由活动组织部门做好活动的相关记录。学校要制订家长学校的建设方案，每学期结合实际制订可行的教学计划，科学设置教学课程。通过学校培养和外聘等多种方式，组建一支家长学校的讲师团，担任面向学生家长的家庭教育讲课和面向全校班主任的家校沟通指导等工作，确保家长学校的活动经费和活动地点，确保工作顺利开展。

3. 注重引导、培养品德，彰显立德树人的育人目标

职业学校可通过发放问卷调查表等形式，了解家庭教育情况，以及家长对于家长学校办学方式和授课内容的意见、建议。学校要对职业学校学生进行心理测试，了解学生心理状态，建立学生心理健康档案。通过班主任老师与家长定期沟通，联合家庭教育的力量引导学生调适心理。学校通过微信平台公众号，传播学校教育信息，定期分享科学家教的视频、文本等资料，传递优秀家庭教育理念，让家长主动关注学校教育，提高对家庭

教育重要性的认识，主动学习家庭教育的新方法，形成家校合作育人的合力。

根据职业学校学生认知发展的心理特征，把握职业学校学生青春期的心理问题，从个人引导、学校教育和家庭教育三个方面，指导职业学校学生认知青春期的心理特点、学会调适心理、明确职业素养的内容，开展积极认知的心理健康教育引导，探索积极认知的途径，探索家校合作育人的新模式，实现职业学校学生的岗位成才。

## 第三节　积极认知案例：青爱小屋

《国务院关于加快发展现代职业教育的决定》指出以立德树人为根本，培养高素质劳动者和技术技能人才。教育部修订的《中等职业学校德育大纲》强调德育为先、立德树人。教育部印发的《中小学心理健康教育纲要(2012年修订)》指出要提高全体学生心理素质，培养积极乐观、健康向上的心理品质，促进身心和谐发展。江苏省江阴中等专业学校从学生终身发展的角度，明确提出了"积极教育、幸福人生"的教育理念，注重从积极心理学的角度塑造学生健全的人格和积极的品质，培养具有"现代班组长"潜质的高素质劳动者和技术技能人才，提升学生创造幸福社会和实现幸福人生的能力。

### 一、实施背景

2013年10月中国青少年爱的教育工程（以下简称"青爱工程"）江阴基地建设正式启动，学校成为首批十所试点学校之一。根据江阴基地建设的主要内容，学校在学生的青春期心理健康教育、青春期性健康教育、家校合作育人和优秀传统文化教育等方面加大建设力度，探索积极德育的内涵发展，构建了职业学校以"爱的教育"为主题的心理健康教育模式，提高了职校生的心理素质，发挥了他们的心理潜能，促进他们的身心和谐发展，为职校生成为高素质劳动者和技术技能人才奠定基础。

## 二、实施过程

教育部《中小学心理健康教育纲要》指出，要促进学生身心和谐发展，提高全体学生的心理素质，培养他们积极乐观、健康向上的心理品质，充分开发学生的心理潜能，促进学生身心和谐可持续发展，为学生的健康成长和幸福生活奠定基础。中国青爱工程是关于青少年"爱的教育"，重点是青春期心理健康教育。2013 年学校申报成为青爱工程江阴基地首批试点学校。学校积极开展青春期心理健康教育工作，探索积极德育的内涵发展，构建职业学校以"爱的教育"为主题的心理健康教育模式，为职校生成为高素质劳动者和技术技能人才奠定基础。

1. 大力建设青爱小屋，让爱的教育梦想起航

学校成立了"青爱小屋"工作委员会，由校长任工作委员会主任，德育分管校长任副主任，成员由学工处主任、各系德育主任、辅导员、班主任、德育教师、学生家长、心理咨询师等代表组成，让"爱的教育"梦想起航。

学校从软硬件两个方面加大"青爱小屋"建设力度。建成心理咨询室两个、宣泄放松室一个、沙盘室一个、阅读室一个、团体辅导室一个，购买了心理测试软件一套、团体辅导工具箱、沙盘治疗系统、宣泄系统、头部音乐按摩仪等设备，不断增加硬件设备的投入。

学校设置了学生成长发展指导中心，目前有二级心理咨询师 3 名，三级心理咨询师 9 名，组建了专业的心育教师队伍，各系部配备专职心育老师辅助德育管理。学校组织全体学生进行在线心理测试，建立学生的心理健康档案，定期对心理特异学生进行主动干预和疏导。学校向每位学生发放心理健康咨询卡，接受心理咨询网上预约，定期开放心理咨询室，提供个体咨询、沙盘治疗、情绪宣泄、减压放松和团体辅导活动等，实现"青爱小屋"的牌、房、师、书、课、社、影、讲、家、功十项功能。

2. 开展青春期性教育，为爱的教育保驾护航

学校根据职校生青春期的身心发展特点，有效开展青春期性教育活动，引导职校生在青春期建立健康的性心理品质，为"爱的教育"保驾

护航。

学校先后邀请华东师范大学心理学教授陈默给全体教师作《中职生青春期心理》培训，邀请青爱工程的首席顾问陈一筠教授为全体教师做《解读中职生青春密码》讲座，邀请江阴市心理健康教育协会特聘专家李昌林老师为全体班主任示范学生青春期教育团辅课《真爱需要等待》，提高全体教师对心理健康教育工作重要性的认识和实操方法。

根据职校生的生理和心理特点，学校组织全体学生收看电视讲座《艾的感叹号》，了解艾滋病预防的常识；观看电影《早熟》，班主任结合影片，剖析男女主人公的现实教育意义，开展《真爱需要等待》的主题班会课，指导男生和女生的正常交往。学校组织女生收看吉林大学公开课《女性——关注我们的自身》系列讲座，学习"了解女性自我""女性生殖保健"等课程。组织男生收看《男性生理结构及其保护》等视频，为引导职校学生了解和保护青春期的自我、开展青春期的男女交往做出了积极有效的尝试。

3. 实施幸福教育项目，让爱的教育渗透传递

学校以积极心理学理论为基础，构建了"文化润德、孝善养德、行为铸德、劳动砺德"的积极德育体系，并于2013年把"积极教育、幸福人生"作为办学理念。为了全面实施积极的教育策略，学校将心理健康教育贯穿于教育教学的全过程，以积极德育塑人品、积极教学育人才、积极实践绘人生三维互动模式，让"爱的教育"渗透传递。

为了深入推进积极教育，学校申请参加"幸福园丁——中国教师幸福教育公益项目"幸福教育实践研究，系统实施幸福教育项目。该项目是由清华大学心理学系清华—伯克利心理学高级研究中心主办并提供专业指导和支持的全免费公益项目。学校依托"积极心理、幸福教育"项目，一方面通过幸福教育的课程，引导、激发师生的积极动力；另一方面通过幸福教育的实践活动，训练、内化师生的积极动力，开展由理论到实践的幸福教育。

学校组织全体班主任等德育骨干，参加海南省团辅课专家李惠君老师《团体辅导课设计与团体技术分享》《团体技术在班级管理中的应用》培

训，专题学习《积极心理学与幸福教育》《职业学校的教育策略》等课程，心育教师为班主任开设幸福教育示范课，提高全体德育工作者开展心理健康教育工作的专业能力。以 2014 级开始的全部班级作为幸福教育实验班，依托班主任利用班会课连续三学年系统开设积极自我、积极情绪、积极关系、积极投入、积极意义、积极希望六个模块的幸福教育课程，逐步在全校推广幸福教育课程，培养学生的积极品质。

通过开设幸福教育的课程、在学科中渗透幸福教育、开展心理健康教育月系列活动，让学生不只是在校学习知识和技能，而且塑造健全的人格和积极品质，获得把握幸福人生的能力；让教师不只是将教学视为一项例行工作，而是能体会教育的深刻意义和由衷的幸福，将教育视为人生的使命；让学校不只是传授知识的工具性场所，还是一个能激发师生精神成长的生命力场所，成为让师生积极投入、充满意义、感受快乐的幸福乐园。

4. 搭建家校育人平台，让爱的教育形成合力

家庭是孩子的第一个课堂，父母是孩子的第一任老师，教育孩子是父母的法定职责。家庭教育是职校生接受青春期教育的重要来源之一，是职校生青春期心理健康教育的"先行者"，它的作用是不可替代的。要充分发挥学校在家庭教育中的重要作用，搭建家校合作育人的平台，指导家长不断提高家庭教育的水平，增强家庭教育的能力，用正确的思想和方法引导并教育孩子，发挥家长在家庭教育中的主体责任，重视以身作则和言传身教，培养孩子积极健康的道德品质，让"爱的教育"形成合力。

学校建立健全了家长学校的组织机构和规章制度。组建了家长学校校务委员会，由分管德育工作的副校长任委员会主任，学工处主任兼任委员会副主任，副主任兼任教务主任，优秀班主任代表、家长代表任委员，四系、本科部德育主任兼任联络员。并组建了家长委员会，规范家长学校的管理。

学校一方面依托本校或教育行政部门，从各级各类德育名师中培养家长学校讲师；另一方面聘请大学教授或社会专家学者来校授课，组建一支专兼结合的家长学校讲师团，开发家庭教育课程，强化家长学校对家庭教育工作的指导。自 2015 年 3 月家长学校开办以来，共举办了 18 期大型活

动。先后邀请了中科院老科学家讲师团团长钟琪女士、河海大学马克思主义学院哲学系副教授张雁、华东师范大学心理学教授陈默、江阴电台"家长也来晚自修"节目主持人俞静等人举办讲座或访谈节目。截至目前，参加家长学校培训学习的家长达 4000 多人次，家长反馈受益匪浅。

每学期各系部组织一次家长开放日活动，向学生家长宣传和展示学校的积极德育，邀请优秀家长代表分享成功家教的经验，开展家庭教育的座谈；每班建立家长 QQ 群，班主任定期分享科学家教的视频、文本等资料，定期传递优秀家庭教育理念、知识和方法，让家长随时随地都能接受学习和培训，为学生的健康成长营造良好的家庭环境，形成家校合作育人的合力。

5. 弘扬优秀传统文化，让爱的教育源远流长

中国传统文化源远流长，其中蕴含着丰富的心理健康思想，传统文化的信仰观、挫折观和"中庸之道"等对心理健康教育有着积极意义，深深影响着人的思想、行为和心理。优秀传统文化也是培育和践行社会主义核心价值观的思想源泉。❶ 学校在各项活动中不断传播优秀传统文化的种子，让学生在学习和活动中汲取养分，让"爱的教育"生根发芽。

学校将"仁爱诚信""忠义孝悌""四礼八仪"等中华传统文化搬上教室、围墙、走廊、餐桌，甚至铺设成文化路，让这些成为学生忆古思今、自我教育、凝心励志的"精神家园"。

学校自编《晨读》教材，收录《弟子规》《道德经》等传统文化经典之作。学生通过每日诵读经典美文，明理修德。学校组织开展文明礼仪教育活动，通过师生行礼、见面问好，提升学生的文明修养；通过"周行一孝、月行一善"，关爱父母，服务社会，提升学生的责任意识，使孝善成为每位学生的自觉行为。学生参加了九狮社、锣鼓社等多个传统社团，在社团活动中感知传统。学校组织开展赛诗会和读书节等活动，培养学生良好的阅读习惯，提高学生交流沟通的能力，提升学生的文化道德修养，增

---

❶ 魏红卫，张亚男. 论传统文化与大学生社会主义核心价值观的培育和践行［J］. 青岛科技大学学报，2014（12）：28.

强终身学习的能力。

## 三、实施效果

### 1. 育人效果明显，学生道德修养提升

积极心理健康教育的实施和建设，激发了学生的积极动力，构建了"爱的教育"的模式，学生在积极心理、积极情绪、积极关系等方面有了显著的提升。

### 2. 学生乐活乐学，尽展文明阳光风采

随着学校积极心育工作的实施，学生参加文明风采大赛、创业活动、创新大赛、技能大赛、社团活动的自主性增强了，积极投入校园文化活动中。

### 3. 取得荣誉

先后被评为全国五四红旗团委、江苏省十佳中职学校共青团组织、无锡市德育先进学校、无锡市毒品预防教育示范学校、江阴市禁毒工作先进集体、江阴市优秀家长学校、江阴市教育系统关心下一代工作先进集体。

关于青少年爱的教育，习近平总书记于2014年9月在北师大视察时讲，"爱是教育的灵魂，没有爱就没有教育"。青爱工程倡导的理念和多年的实践，与习近平总书记所讲的完全一致。学校将继续依托青爱小屋的建设，深化积极德育的内涵发展，将心理健康教育融入教育教学的全过程，构建职业学校以"爱的教育"为主题的心理健康教育模式，培养身心健康发展的高素质劳动者和技术技能人才。

# 积极养成：积极德育的培养核心

随着经济的不断发展，物质生活越来越丰富，但社会道德品质以及人内心的缺憾也越来越多地展现出来，导致了一些社会问题的凸显。作为新时代的职校学生，毫无疑问会受到潜移默化的影响，许多学生在中小学阶段就没有养成一些优良的品质，又刚好处在青春叛逆期，在情感和行为方面难以自控，所以早恋、逃课上网、校园欺凌等事件常有发生。

积极品质的养成教育就是针对职校学生品格缺陷的现状而提出的，它不仅仅使个体能积极健康地面对社会，还能培养个体的合群能力、就业能力、创新能力，最终做一个有助于社会发展的职业技能人才。

## 第一节　积极品质概述

积极心理学倡导研究人们正面的、积极的心理品质，使研究者从多方面探讨能促进个体产生积极状态的各种心理因素。塞利格曼（Seligman）在《积极心理学导论》中认为"Positive Personal Trait"由主观幸福感、乐观、快乐和自决等构成。后来他提出了"积极品质"（Positive Character）一词，并认为美德和力量是个体积极品质的核心，具有缓冲器的作用，能成为战胜心理疾病的有力武器。在某种意义上，塞利格曼是将美德和力量与积极品质等同看待的，对美德和力量的考察也成为积极心理学兴起后研究的重点。

2000 年 7 月在克里斯托夫（Christopher）、彼得森（Peterson）等人的带领下，研究者们通过拜读大量名人著作，并从中归纳出了两百种人类拥有的美德，并在此基础上提出了普遍著作和观点都支持的 6 种美德，包括：（1）智慧与知识；（2）勇气；（3）爱与人性；（4）正义；（5）节制；（6）灵性与超越。

积极心理品质的概念就是由以上 6 种核心品质组成。但是这些概念都比较抽象，测量起来较困难，为此，人们开始转向研究实现这些美德的途径。例如，节制能通过自律、谦虚、谨慎等来达到；人性可通过仁爱、爱与被爱的能力、同情等属于"力量"的概念来获得。因此，这些"力量"就是培养积极品质的途径。

## 一、积极品质包含的具体内容

前面提到，在克里斯托夫（Christopher）、彼得森（Peterson）等人的带领研究下，提出了普遍支持的 6 种美德，包括：（1）智慧与知识；（2）勇气；（3）爱与人性；（4）正义；（5）节制；（6）灵性与超越。我们认为，这 6 种美德也自然构成了积极品质所应包含的具体内容。结合职业教育要求，积极品质所包含的具体内容可归纳如下。

### 1. 扎实的专业技能

毫无疑问，学生拥有扎实的专业技能是自身立足社会的安身之本，也是对"智慧与知识"美德的契合。但这里需要明确的则是，职业学生应正确界定自身的职能范围和社会责任，只有这样才能在职业教育中科学引导学生具备这种能力。为此，"扎实的专业技能"可以细化为三点。（1）根据专业人才培养方案，学生顺利通过了理论知识学习和实训训练这两大板块。（2）专业技能与职业技能之间存在着本质上的区别，前者体现为学生在校学习阶段所获得的基础性职业能力，职业学校将对此负责；而后者，则体现为在职阶段学生所获得的岗位能力。这样一来，就合理规范了职业学校的人才培养边界。（3）专业技能侧重于对学生智力和动手能力的训练和培养，因此在育人中需要充分激发起学生的参与感，以及帮助他们逐步建立起学习自主、学习自觉的自组织学习系统。不难发现，"扎实的专业技能"作为积极品质的内容之一，实则长期以来备受职业学校管理者的关注。这也表明，在理解"积极品质"上需要借助外显的要件来评价学生的智力水平和知识储备现状，而对他们进行专业技能养成评价则是重要的途径。

2. 面对未来的勇气

具体而言，面向未来的勇气包括：面向未来职业发展的勇气，以及面向未来生活的勇气。而且在辩证视角下来看待，两者之间是相辅相成的关系。显然，这里的内容是与美德中的"勇气"相联系的。之所以提出"面向未来的勇气"这一内容，归因于我们对中职学生的调查所做的分析。目前许多职业学校采取封闭式管理模式，这不仅能够促使学生养成自律和服从他律的习惯，也能确保日常职业教育的正常运转。但这里也存在着一个问题，即学生在封闭式的学习环境下无法主动去思考关于自身未来职业和生活的诸多问题。再者，受到中职学生年龄阶段所决定的认知能力，也无法使他们自然具备面对未来的勇气。但随着他们步入社会，未来的职业发展和生活都将现实地存在着。可见，若是在未来缺少直面现实的勇气，那么他们也就缺乏改变自己的意识。所有的结果便导向了另一面，他们中的部分人将被暂时的挫折所击倒，从而在职业发展的道路上走向消极颓废。可见，使学生获得面对未来的勇气是十分重要的育人工作。

3. 应具有恻隐之心

"恻隐之心"与美德中的"爱与人性""正义"相联系，这也是我国职业教育在育人中的短板。众所周知，在职业学校的日常教育中，向学生所灌输的则是以竞争为核心的职业思想。这就在教育层面，可能使学生在未来的职业中具有较强的"攻击性"，这种特性的形成将阻碍他们参与到团队作业中的分工协作。同时，在我国的传统文化中也蕴含着"爱与人性""正义"的元素。特别在描述君子的作为时，"恻隐之心"则是其中的重要表现。在对学生进行积极品质培养时，"恻隐之心"主要反映在：敬畏之心、协助之心。对于敬畏之心而言，当学生步入社会必然会面临许多新鲜事物，特别在职场中需要不断地学习与锻炼。为此，心存敬畏之心便能使他们做事谨慎，更能够沉下心来向自己的师傅学习岗位技能，虚心向同事讨教岗位知识。从而，这不仅能为他们创造出"干中学"的良好条件，也能为他们营造出良性的职场环境。"协助之心"则具体反映在分工协作领域，而这是确保工作任务得以顺利完成的重要保障之一。

### 4. 拥有笃行的意志

在许多职业学校的校训中，都将"笃行"作为组成要件之一。而在这里，"笃行"则与美德中的"节制"相对应。之所以将二者相对应，在于"节制"在积极品德中可以泛泛理解为"自律"和"原则"，而在职业品质中则需要具体为"笃行"，即在他人不作提醒的情况下，学生能够自觉完成相关的事项，如学习、岗位意识。观察"00 后"学生进入职业学校的学生，能够明显感觉到这代学生更加自我和独立，当然这种独立往往是一种"任性"。因此，在职业教育中将"笃行"的理念和行为传递给学生，使他们在学习生活中潜移默化地获得这种能力，不仅能使他们更为容易地建立起自组织学习系统，而且还能在获得其中收益的同时，激励自身在职业发展和生活中拥有一种向上的力量。那么何为"向上的力量"呢？首先，这种力量能够让学生反思自己的不足，在不放弃自己的同时解决自身的能力短板。其次，便是自主、自觉、专注地完成职业能力养成训练。由此可见，"笃行"在积极品质的内容中应占据重要地位。

### 5. 提升自身的格局

提升自身的格局与"灵性与超越"的美德相联系，而这也是当前职业教育中所缺失的部分。那么具体到本章的内容，"提升自身格局"则可以理解为：（1）使自己的职业能力在一定时间内有所提升；（2）使自己的职业意识在一定时间内有所提高。然而我们认为，提升自身的格局应重点放在提升学生的思想格局上。这里需要承认这样的现实，随着我国职业教育的普及，中职层次的生源大多来自于农村地区。从而，这就客观决定了学生进校之前的思想格局。因此，为了帮助学生树立职业自信，并使他们懂得建立终身学习能力的重要性，则需要职教工作者花费更为大量的精力，且教育方式也应比教育城市生源更为多样。毫无疑问，随着学生职业格局的提升，必将激励自身不断去学习岗位知识，以及不断地洞察行业的发展趋势和以外的世界。

当然，以上的内容若要在职业教育中得到体现，则需要在问题导向下来逐一调整当前的职教品质教育。

## 二、品质培养是职业教育的重要组成部分

1. 当前职业教育所面临的时代背景

当前，我国已处于后工业时期，在该时期无论是产业结构衍化还是制造业转型升级，都将朝着智能化、信息化、协同化的方向前进。甚至有学者指出，未来智能机器人将在诸多领域替代人工，进而当前处于许多岗位的劳动者在未来都将失业。当然，这一预测具有以偏概全的成分，但却为我们提出了这样一个课题，那就是职业教育中需要迎合现在的时代背景。具体而言，现在的时代背景可以概括为两点。

（1）国际产业竞争日益实心化

自第二次世界大战以来，国际产业发展呈现出梯度转移的特征。在这种产业发展模式下，欧洲国家在马歇尔计划资助下赢得了国民经济发展的黄金20年。然而，随着2008年国际金融危机的爆发，以美国为首的西方发达国家做出了"产业回归"的决策。特别是美国新一届总统特朗普的上台，必然会进一步在全球范围内收缩美国实体产业。这就意味着，未来我国与发达国家之间将无可避免地面临产业竞争实心化的背景。

（2）国内产业发展日益质量化

随着我国提出了转变经济发展方式，以及做出了供给侧结构性改革的顶层设计，"去除落后过剩产能和优化产业结构"已成为今后指导实体经济发展的中心主线。这些都表明，我国产业发展已从过去的重视总量扩张，转变为了追求质量提升的新阶段。

2. 当前职业教育所面临的现实挑战

职业教育所面临的时代背景现实存在于职教工作者的面前，但从微观领域来审视当前的职业教育，仍存在着诸多挑战。

（1）职业教育中的"我向思维"依然严重

所谓"我向思维"可以理解为，在职教改革过程中以教师为主体、以

教师的主观认识为推手，来不断形式化地构造职教创新成果。从中不难发现，"我向思维"最大的弊端便是忽视了学生的需求。例如，学生面临岗位的心理需求、学生面对职业发展的能力需求等。随着"我向思维"在职教改革中不断被强化，势必会脱离以生为本的职教原则。

（2）职业教育中的岗位技能导向依然突出

当前，各职业学校在进行校际交流时，往往聚焦于各自的人才教育模式，以及以硬件为核心的职业教育资源。这实则体现了在当前职业教育中，呈现出一贯以岗位技能为导向的育人思路。我们不能绝对地认为这种育人思路是不正确的，但至少可以认为其是不完全恰当的。从工业心理学的角度出发，忽视学生非智力因素的培育，将直接弱化他们智力因素的有效发挥。

（3）职业教育中的功利主义思想依然显现

现阶段许多职业学校在招生宣传时，都喜欢强调本校毕业生就业率、就业去向、社会评价等信息。毫无疑问，这些成绩的获取是多方面共同努力的结果。但在目前终身学习机制的建构中，单纯以就业为导向的育人模式不仅具有功利主义思想色彩，还将固化以岗位技能为导向的育人思路。

3. 品质培养对迎合时代背景和迎接挑战的意义

（1）对"品质"内涵的解读

结合本书的主题，这里的品质主要界定为"职业品质"。单就"品质"而言，其是指人的素质和物品的质量，人的素质指人的健康、智商、情商、逆商等状况和知识、文化、道德素养。但就"职业品质"而言，则需要强调劳动主体的智商、情商、逆商，以及面对职业发展主动进行自我能力调整的意识。由于职场岗位能力结构的多元性特征使然，处于不同岗位类型的劳动者所需要的职业品质也存在着差异性。因此，职业品质具有概念一般与具体的统一性。

（2）品质培养的现实意义

第一，迎合时代背景的现实意义。无论是国际产业竞争还是国内产业发展，归根结底需要本国拥有专业技能的劳动者为支撑。处于"互联网+"时代下的我国职业技术人才，不仅需要拥有过硬的专业职业技能，还应有当前的时代背景下分工协作的能力，以及终身学习的意识。我们认为，这种能力和意识应成为未来职教育人的着力点。第二，迎接挑战的现实意义。在"挑战"中实则概括了当前职业教育所存在的误区，在现实中则从毕业生离职率偏高、无法主动适应岗位能力提升的要求体现出来。为此，在职业教育中通过强调职业品质培养，则能在学生的主观意识和心理素质中，促使他们理性审视现有的就业机会，以及有意识地建立起自组织学习系统。

4. 现实表明品质教育是职业教育的重要组成部分

无论是在问题导向下来重新思考职业教育路径，还是从适应当前职业教育变革的大环境，都要求重视对学生的品质教育。可见，品质教育是职业教育的重要组成部分。

（1）品质教育关注了学生的心理感受

正如上文所提到的那样，长期在"我向思维"下来开展职业教育改革和课程创新，这必将促使职教工作者更为关注学生的职业技能成长状况，而忽略对学生职业心理和个体情感诉求的认知。而且，由于后者属于内隐性信息，也导致了职教工作者无法轻易得以洞察。随着品质教育被提上职教议程，这就为关注学生的心理感受提供了行动纲领。这样一来，必将在整体上推动职业人才素质教育的质量。

（2）品质教育赋予了学生职业源动力

从人力资源管理的角度而言，个体劳动能力是赋予在健康的人体之中，其包括智力和体力两大要件。个体劳动能力水平和品质的呈现，主要归因于个体的劳动参与感，而劳动参与感则根源于个体的主观思想意识（品质）之中。由此，这也就是"品质教育赋予了学生职业源动力"的主要原因。现实表明，中职学生毕业后在职业发展中存在着显著分化，其中的重要因素在于部分学生缺乏一种"积极品质"。

5. 新时期需要重视建构学生的积极品质

1999 年，Hillson 和 Made 首次提出"Positive Personality"（积极品质）的概念，后来，Seligman 在其著作中分别使用了"Positive Personal Trait""Positive Quality"和"Positive Character"。积极心理学倡导研究人们正面

的、积极的心理品质，使研究者从多方面探讨能促进个体产生积极状态的各种心理因素。

新时代需要重视构建学生的积极品质：（1）积极品质是职业品质的核心构建。需要强调的是，职业教育需要与当前完善市场经济体制相联系，也需要与国家的人才发展战略相协同。在大众创业、万众创新的战略意志推动下，职业教育被赋予了更多的人才培养功能。因此，在关注学生基本的职业情操、岗位操守的同时，更应审时度势地提升他们面向未来职业发展的综合品质构建。（2）积极品质突破了传统职业教育对学生品质的理解。"积极品质"这一概念来源于国外，作为舶来品势必需要与本土的职业教育环境相融合。我们认为，首先需要与职业教育工作者的职教思想相融合，即应帮助教育工作者突破自身对学生品质理解的局限性。

## 三、职校学生思想品质现状分析

围绕上文积极品质内容的表述，这里对相应的职业学校思想品质现状做如下分析。

### 1. 专业技能习得现状

我们认为，职业学校学生专业技能的习得情况属于内隐性信息，所以单纯依靠各种类型的测试难以对这一情况做出全面的把握。但从现象层面出发，则可以在"专业技能学习意识"和"专业技能学习心理"这两个方面进行现状分析。

（1）关于专业技能学习意识的现状分析

学生的专业技能学习意识情况属于内隐性信息，但我们可以从他们的学习态度中进行现象把握。从我国中职教育的大环境出发，这里需要区分学生家长的期望和学生自身的认知两个问题。事实上，处于16周岁左右的中职学生群体，他们对于专业技能学习意义的认识是缺少主体性的，其认知一方面来自家长的经验之谈，另一方面则来自学校的专业思想教育。可见，学生普遍缺乏一种主动的学习意识。

（2）关于专业技能学习心理的现状分析

与专业技能学习意识不同，专业技能学习心理则支撑着学生在学习中的可持续性。从我们的调研中可知，当中职学生步入职业学校之时，他们对本专业的兴趣感一般只能持续 1 学期。随着专业课程学习的深入，推动他们进行专业学习的动力便不是兴趣，而是一种专注的心理特质。考察现状不难发现，多数学生在严格的学习纪律下能够遵循本校的教学管理安排，但其中又有多少学生是处于自愿、自觉完成学习任务的，则值得体会。

2. 自我勇气形成现状

事实上，有关就业、创业的教育早已在中职学校开设，而且其开设的力度并不亚于高职院校。但是否能够认为，通过开设这些讲座和课程就能促使学生形成勇于面对未来的勇气呢？对此的回答，我们认为是否定的。理由便是，基于职业学校学生的心智发育和认知能力水平，他们几乎较少去思考未来，即使涉及这方面的主题，其也充斥了青少年稚嫩的幻想。从而，那种能够面对真实未来的勇气，在学生群体中是难以形成的。当前，与"勇气"相关的现状可归纳如下。

（1）由主观臆想而导致的盲动较为普遍

"社会存在决定着社会意识"，在职业学校学生缺乏基本的社会实践经历的情形下，他们对于未来的开发便充斥着大量的主观臆想。这种主观臆想与他们所处的心智发育水平相结合，便可能使他们非理性放大自身的效能。在此基础上所导致的结果便是，他们因对未来的"无知"而变得"无畏"，进而普遍存在着盲动的行为偏好。

（2）由实践而导致的挫折感已逐渐显现

随着职业学校学生步入高年级，顶岗实习便成为走向职场的准备环节。无论是现代制造业还是高端服务业，都追求团队合作模式。此时，当中职学生初入团队而未能很好地与其他成员建立良性互动时，或者在分工协作下未能按照预期完成所交代的工作任务时，挫折感便在他们的心中油然而生了。

3. 社会公民意识现状

上文所提到的"恻隐之心"，在这里可以更为具体化为"社会公民意识"。"社会公民意识"又可以细分为企业公民意识和狭义的社会公民意识。这里主要聚焦"企业公民意识"的养成现状。所谓"企业公民意识"，即在企业这一社会环境下能在履行自身岗位职责的同时，关注企业的发展，并将企业的发展与自身的发展联系起来，在实践中还能主动协助同事的工作。现状可概括为如下几点。

（1）学生的责任意识欠缺

"责任意识"构成了"公民意识"的重要组成部分，如在职场中的岗位产品质量责任意识、安全生产责任意识等。尽管这些责任意识将在实际工作中逐步形成，但作为基础性的责任认知能力则是学生需要具备的。然而，现阶段不少中职学生缺少这种责任认知能力，其主要反映在个体意识与集体意识之间的矛盾。

（2）学生的互助意识淡薄

"互助意识"的形成，直接关系到他们能否顺利融入团队作业模式之中，也关系到他们能否为自身营造出良好的人际环境。但现实表明，当前中职学生的互助意识淡薄，这不仅归因于千禧一代的普遍特质，也归因于"互联网＋"时代对学生现实人际交往能力的弱化。对于后者而言，可以从他们的侵蚀文化中得到体现。随着智能手机逐步在学生群体中普及，学生个体更为偏好于在虚拟社会环境中来表达诉求，从而弱化了在现实社会环境下互助意识的养成。

4. 个体行为自律现状

"行为自律"可以被理解为"笃行"，而这是积极品质的较高层次。根据马斯洛的"需求层次理论"可知，位于最高需求层次的是"价值实现的需要"，对此具有诉求的个体往往能遵循笃行的要求。显而易见，对于职业学校的学生而言这是不可触及的需求层次。从中也可以反馈出这样的信息，即中职学生在学习生活中的行为自律程度较差。该现状具体表现如下几点。

（1）行为自律的主观能动性缺失

事实上，行为自律是一个自我强化的过程，而实现自我强化的效果则需要学生个体主观能动性的驱动。当前中职学校的学生管理工作普遍严格，这种基于正式制度管理下的学生行为自律并不是积极品质养成的途径，因为校园制度属于外生变量，并无法保证学生在未来的工作中也遵循这一制度。因此，正是因为学生缺乏主观能动性，而使得职业学校学生管理的工作压力较大。

（2）行为自律的可持续程度较低

我们也看到，在学校思政工作推动下，许多学生也有意识去强化自身的行为自律，但在职业学校的校园生态下，以及在他们的成长阶段中，确保一种可持续的行为自律则是困难的。

5. 职业眼界提升现状

众所周知，提升格局在这里便表现为职业眼界的提升。研究发现，处于不同职业眼界的学生，他们对未来职业发展愿景的规划存在着差异。也正是存在着这种差异，导致学生在毕业后的工作努力程度良莠不齐。因此，从职业教育工作者的视角出发，我们应该提升学生群体的整体职业眼界。那么，目前职业学校学生的职业眼界又呈现出怎样的现状呢？需要指出的是，处于不同区位的职业学校，其所培养的学生具有各自不同的职业眼界。

（1）处于内陆地区学生的职业眼界

毫无疑问，受到职业学校区位条件的制约，以及教育资源和生源质量的限制，处于内陆地区学生的职业眼界并不宽广，其主要限定在了往届学生的就业领域，以及教师对他们的讲述。

（2）处于沿海地区学生的职业眼界

相比较而言，处于沿海地区学生的职业研究具有一定的广度，这或许更多地来源于学生家庭对他们的影响。而且，在校企合作中沿海地区的学生更能直接地与大型企业接触，进而也提升了他们的职业眼界。

## 四、职校学生应具有的积极品质

职校学生应具有怎样的积极品质，目前对该主题的研究仍处于探索阶段。同时，"积极品质"的概念来源于西方，而西方人所特有的宗教信仰和社会文化传统，都促使他们在自身社会环境下构造"积极品质"概念。为此，在"西为中用"的要求下，首先需要结合我国国情完成对"积极品质"内涵的本土化改造。不难看出，在上文中已经在这一方面做出了努力。具体而言，在我国职教环境下，职校学生应具有的积极品质可归纳为以下几个方面。

1. 在专业技能学习中形成意识自觉

"意识自觉"属于哲学范畴，其关键词在于"自觉"二字，即在专业技能学习中，学生能够根据自身的情况和诉求，自觉完成学习任务。

（1）自觉完成既定学习任务

既定学习任务可以被理解为根据人才培养计划所规定的课程学习任务，其主要由理论课学习和实训课训练组成。在理论课学习环节，学生能自觉完成预习和巩固任务，并努力与各专业知识形成融会贯通。在实训训练环节，学生能自觉参与其中而不做观望者，在实训训练环节不仅能认真践行理论与实践相结合的学习路径，还能不断塑造自身的工匠精神。从中可以看出，实现以上目标都需要在学生的积极品质下来驱动。

（2）自觉完成拓展学习任务

"拓展学习"则构成了学生学习的个体性要件，即该要件主要以学生在专业学习中的诉求、个人专业兴趣，以及对未来职业发展预期为主线的自觉选择。例如，物流服务专业的学生对电子商务知识感兴趣，他便可以在空闲时间内自觉完成对电子商务知识的查找和学习。随着智能手机在学生群体中的逐步普及，借助移动终端开展线上自学模式成为可能。因此，教师需要在自学方法上对学生给予指导。

2. 在面对各种挫折时实现自我激励

马云在论述创业者的品质时说过这样的话，其大概意思为：成功的创业者当面临四周的非议和现实困境时，都能调动自我激励的能力。不难发现，"自我激励"正是马云的创业心得之一。职校生在校期间应培养自我激励的动能。

（1）面对课业竞争所具备的自我激励

学生在校学习期间，首要任务是学得专业技能知识。其中，就包括上文所提到的完成既定学习任务和拓展学习任务。在对这两大板块进行学习时，往往会引入课业竞争模式。对于前者的课业竞争主要以测试为主，对于后者的课业竞争则主要以小创造、小发明、小论文为体现。由此，学生需要在该领域具有自我激励的动力。

（2）面对各种困境所具备的自我激励

这里所提出的各种困境具有不确定性特点，指在学校生活中所面临的困境，也可以指在校外实习和与社会互动中所面临的困境。但无论是校内还是校外，在学生无同学和朋友的鼓励和安慰下，都应在自我激励下克服内心的失落之情和惶恐之感。

3. 在集体学习生活中具备互助之心

从这一章节的论述中可以看出这样的逻辑，即由"恻隐之心"过渡到"社会公民意识"，再由"社会公民意识"聚焦在"企业公民意识"范畴。由此，为了培养学生的企业公民意识，便需要基于学校集体学习和生活环境，增进他们的互助之心。"互助之心"在这里可以做以下概括。

（1）同情之心

心理学中存在一个概念——"共情"，在汉语语境中也存在一个词语——"感同身受"。它们都指向了同情心这一范畴。职业学校学生的同情心不仅形成于他们情感发育的不断成熟，也形成于他们彼此之间情感互动中。可见，在集体学习和生活氛围营造中，应通过创造性构建促进学生之间的情感交互，这种交互可以是在集体活动中，也可以是在寝室成员交往之中。

（2）关爱之心

比"同情之心"更为高级的品质便是"关爱之心"，"关爱之心"更为重视学生主动、自觉地履行其公民责任。那么在培育学生的关爱之心时，便需要教育工作者充分发挥德育教育的职能优势，通过创新教学模式使学生的心理产生共鸣。

# 第二节 职校学生积极品质养成途径

## 一、积极教育班会课

在前面章节中，我们已经提到了克里斯托夫、彼得森等人提出了普遍著作和观点都支持的六种美德。但是这些概念都比较抽象，测量起来也比较困难，为此，他们通过研究发现了与这六种美德相对应的24种力量，这就是通常所说的24种积极品质，或者也可以认为是六大美德的24种有效途径。

清华大学积极心理学研究中心的研究者们，成功引入了积极品质的概念，建立了一整套适合职校学生品德教育的课程体系。

1. 积极教育的六大模块

清华大学积极教育的内容概括为"6+2"体系。"6"代表积极教育六大模块，"2"代表1套身心调节方法和1套品格优势养成系统。

我们先简单认识一下积极教育六大模块：通过对幸福感有重大影响的六大自我与社会因素的理论与方法的学习，全面掌握提升自我幸福感和人生成就的方法，具体包括：积极自我、积极情绪、积极投入、积极关系、积极意义、积极成就。如图4-1所示。

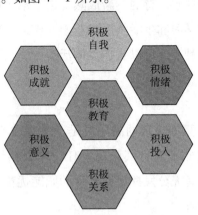

图4-1 积极教育六大模块

（1）积极自我——建立积极而稳定的内心力量

教师、学生善于发现自身的天赋与优势，通过发挥优势创造价值，建立自信与自尊，培养教师、学生持久而稳定的积极心理力量。

（2）积极情绪——学会情绪的自我调节，保持积极情绪

帮助教师、学生了解情绪的基本规律，学会引发和提升积极情绪，调节和降低负面情绪。

（3）积极投入——体验过程的快乐，提高专注力

培养教师、学生专注力与投入度，工作、生活中产生内在动力，沉浸其中，享受"福流体验"，投入并爱上学习和所做之事，获得过程的快乐；学会运用优势取得成效，掌握取得成就的各种技能与技巧，获得令人满意的成果和成就。

（4）积极关系——建立爱与被爱的能力

培养教师、学生建立积极人际关系的能力。了解关系中的自我、他人与情境的相互关系，学习积极有效的沟通技巧，构建积极、稳定、互相支持的人际关系。

（5）积极意义——追求幸福而有价值的人生

培养教师、学生树立人生的意义感和正确价值观，设立有意义的目标并产生持久内在动力达成目标。使师生能够为所行之事赋予意义，为他人和社会贡献价值，使个人价值超越"个人"，在更大范围内获得生命价值感。

（6）积极成就——幸福教育与传统教育的结合

国际积极教育联盟（IPEN）对积极教育的定义是幸福教育结合传统教育。

2. 积极教育班会课

"6+2"体系中的"2"代表1套品格优势养成系统和1套身心调节方法。

（1）品格优势养成系统

培养六大美德的24种积极品质，具体分类如下（见图4-2）。

第一类：智慧：①创造力②好奇心③好学④思维开放性⑤洞察力

第二类：勇气：⑥正直⑦勇敢⑧坚韧⑨活力

第三类：人道：⑩爱⑪善良⑫社会智能

第四类：公正：⑬公平⑭公民精神⑮领导力

第五类：节制：⑯宽恕⑰谦虚⑱谨慎⑲自我控制

第六类：超越：⑳审美㉑感恩㉒幽默㉓希望㉔灵性

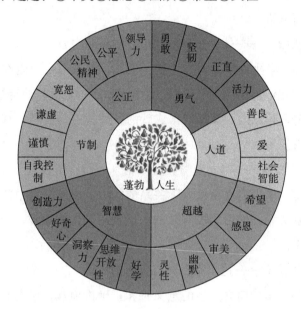

图 4－2　美德与积极品质

（2）身心调节方法

应用科学的方法，使教师和学生掌握一套通过调节身体状况改善心理的方法，从而对压力、情绪、专注力等进行良好的自我管理，包括科学的呼吸、放松、冥想、睡眠、锻炼等。

（3）全新的积极教育班会课

通常，大部分班主任在上班会课的时候，都以处理班级事务为主，往往着眼于班级中或学生中存在的问题，却忽略学生品质的培养，或者缺乏一个完整的理论体系。清华大学调整班会课模式，我们可以引入清华大学积极教育教材，将班会课课程化、系统化。

清华大学积极教育教材针对不同阶段的学生，设立了不同的主题。

表4-1　清华大学积极教育班会课模式

| 学期 | 主题 | 品格 |
|---|---|---|
| 一年级上学期 | 积极自我 | 自律、坚韧 |
| 一年级下学期 | 积极情绪 | 活力、希望 |
| 二年级上学期 | 积极关系 | 勇敢、好学 |
| 二年级下学期 | 积极意义 | 领导力、好奇心 |
| 三年级上学期 | 积极投入 | 感恩、创造力 |
| 三年级下学期 | 积极成就 | 灵性、幽默 |

学校根据清华大学的积极教育教材，结合学生的实际情况，组织相关部门和一批优秀的班主任，开发了具有本校特色的班会课教案集。该教案集全面而系统地包含了积极教育所有重要的主题和内容，包括模型、积极情绪、投入、关系、意义、成就、抗逆力、积极自我等模块。每个模块包含理论指导、实际操作、暖身游戏、反思总结等。

积极教育班会课没有排除传统的教育目标，即教授和训练学生生活、工作以及投入社会、创造价值的技能和才干，是对传统教育的有效补充和有力支持。如积极成就模块中就包括教会学生发展性的思维、提升自主的学习动机以及有效解决问题的方法。积极班会课程能系统地、科学地分析每一位学生的品格优势，让每一位同学都积极主动地发现自身的优秀品质，完善自我具有稳定、健全、积极的人格特质，为持久幸福感获得人格保障。

## 二、行为养成教育

光靠积极班会课来培养学生的积极品质是不够的，行为养成教育是培养学生积极品质的另一个有效手段。大部分学校的行为养成教育趋向于思想政治教育，由于思想政治教育理论性强，同时受传统教育的影响，大部分班主任不会考虑到"00后"学生性格特征，平时对学生日常行为养成教育往往停留在说教层面，针对学生不良习惯问题更多的是进行批评教育，学生难于接受，导致学生行为养成教育效果不好。因此，行为养成教育不应该停留在传统思想教育上，而是要回归教育的本质，"以生为本"，尊重学生，注重学生的自我发展能力培养及学生情感体验，对学生实行更多的人文关怀。积极心理学给教育带来了新的视野，积极心理学认为，任何事情都要从积极方面去思考，应对人类自身拥有的积极品质加以研究，这为职校学生行为养成教育打开了新的思路，使行为养成教育从"批评"教育转变为"欣赏"教育，将积极心理学的理论运用于学生的行为养成教育，既开拓了德育教师对行为养成的教育思路，也激发了学生自我发展的积极性，进一步增强了学生行为养成教育的效果。

行为养成教育是养成教育的重要组成部分，不同的教育研究者有不同的见解，有人认为"养成教育，就是培养学生良好行为习惯的教育，它从行为训练入手，综合多种教育方法，全面提高学生的认知、情感、意志、行为，最终形成良好的行为习惯"❶。也有些人认为"养成教育从广义上说，是指人的基本的心理素质、思想素质，包括思维方式、道德品质、行为习惯、健康体魄和生存能力的培养和教育。从狭义来说单指人的良好的道德规范和行为"❷。

1. 当前职校生行为养成教育存在问题

根据对学生行为习惯养成调查分析及日常学生的访谈情况，当前职校学生行为养成教育现状并不乐观，普遍存在文明行为、诚信行为、健康行为、学习习惯、自我约束5个方面问题。

（1）文明意识淡薄

文明行为的修养是衡量一个人素质高低的主要标准，也是衡量学校培养学生质量高低的主要标准。当前，职校学生不文明行为主要表现在不文明用语较为普遍；部分学生在公共场所大声喧哗，影响其他学生学习、休息；缺乏卫生意识，餐巾纸、包装袋随处乱扔；食堂插队现象、不尊重老师、破坏公共卫生的现象也时有发生，等等。这些都表明学生的文明养成教育需要进一步加强。当前，有些学生没有认识到不文明行为对自己的影响，而是将这些不文明行为作为时尚或者潮流的标志，比如不文明用语的

❶ 李珣. 以大学生行为习惯培养为范例的养成教育研究［D］. 华东师范大学，2010：8－18.
❷ 周利华. 大学生思想政治教育对积极心理学理念与方法的借鉴研究［D］. 西南大学，2011：20－31.

使用，甚至成为融入群体的敲门砖，否则容易成为别人眼中的异类。为什么学生对待不文明行为不以为耻，反以为荣，很大一部分原因是这种现象已经成为一种"文化"。根据群体动力学理论，当一个人在群体中时，会在某种程度上丧失个人的责任心，容易做出自己在单独时不会做出的事情。因为当群体成员们共同分担责任，他们就不像单独时那样有强烈的责任感，这时被称作责任的扩散或无个性化，当个人特征越少时，责任就会被稀释得越轻，不文明行为发生的频率就会越高。因此，职校学生文明行为教育需要营造健康向上的氛围，需要传播正能量。

（2）诚信意识缺失

"人而无信，不知其可也""人不信不立"这些名言古训都彰显诚信的重要性。职校阶段，是学生从青少年向成年人的过渡时期，学习和适应能力很强，但是还不能有效地辨别是非，因此在社会大环境的影响以及自身控制力不强的情况下，容易出现诚信缺失的行为。例如，部分学生对学习没有兴趣甚至厌恶学习，有时候会通过撒谎向老师或者同学掩饰自己的某些行为，最为明显的是说谎请假。考试作弊也在很多职校屡禁不止。部分职校学生学习动力不足，进入学校只是想混个毕业，学习动机不强。因而，学生在学习和生活中不诚信，主要是想达到自己的目的，但自己不具备这样的条件或素质，企图通过其他的途径来实现，因此才会出现这些诚信不足的问题。

（3）健康意识不强

在身体健康方面，高职学生多属于理科，男生较多，学生参加锻炼，运动的频率较高，但同时，学生吸烟、喝酒的情况也较为明显，睡眠、饮食无规律，通宵打游戏、玩手机的情况也时有发生。因此，在对待自己身体健康方面是较为矛盾的，一方面很爱惜自己的身体，知道身体健康的重要性；另一方面在行为上却很难保持一个健康的生活习惯。这与学生容易受诱惑，趋向于安稳与享乐状态紧密相连。在心理健康方面，大多数学生的心理健康状况良好，但当学生心理有问题时，仅有少数人能主动求助心理咨询师。学生自我效能感不高，容易对自身产生怀疑，自卑的学生比例较高，对负面消极的内容接受较快，并很快能与自我产生连接，对积极向上的内容能够接受，但是影响力不足，很容易造成在快乐愉悦的环境中感到孤独和寂寞，幸福感不强，消极情绪明显。因此，养成良好运动习惯、培养学生健康意识是行为养成教育中的一个重要内容。

（4）学习主动性差

学习习惯是指学习者在学习过程中，经过长期的训练和培养逐渐养成的一种持久而稳定的行为方式，是自动进行学习活动的特殊倾向。大部分职业学校对学生的考勤是非常严格的，课堂到课率较高，但是学生是"人在曹营心在汉"，自主学习的主动性不高，这也与职校学生的特性有关。学生学习动机较弱，部分学生动机较强，但是却属于急功近利，讲究实惠，追求眼前物质享受的学习动机，真正从喜欢学习的角度去对待学习的很少；很多学生缺少学习引导，没有找到正确的学习策略，在失败后容易产生学习倦怠，形成习得性无助。❶"习得性无助"是指一个人经历了失败和挫折后，面对问题时产生的无能为力的心理状态和行为。学生在学习中容易将学习的失败和挫折归因于自身的智力、能力，此时一种弥散的、无助的和抑郁的状态就会出现，自我评价降低，动机也减弱到最低水平，无助感也由此产生，认为自己不管怎么努力也只是如此，最后甚至产生厌学情绪。

（5）自我约束力不强

自我约束可称为自我控制，是一个人对自身心理和行为的主动掌握，自我控制水平高的人更容易取得成功。在对学生自控能力进行调查时发现，很多学生均表示自己是一个有计划的人，自己会规划这个月或者本学期要做的事情，但是总是不能坚持完成，有些持续几天就坚持不下去，就会经常出现目标明确但效果不佳的情况。这与学生的意志力薄弱以及对自我的错误认知相关，很多学生心中都有一个"理想的自我"，在设立目标时容易按照理想自我的标准来设计，但在实际行动中，学生"现实的自我"却是"三天打鱼，两天晒网"，无法专注于某一件事情，做事虎头蛇

---

❶ 崔景贵. 解读职校生"习得性无助"现象：心理症结与教育策略［J］. 中国职业技术教育，2013（12）：65-72.

尾，遇到挫折和困难时，容易退缩。更有甚者在看到别人成功后会产生"酸葡萄心理"，并会安慰自己，如果自己坚持，也会取得相应的效果，甚至比他更高。

**2. 构建积极行为养成教育体系**

积极心理学倡导积极的人生观，强调激发个体自身的积极力量，挖掘自身的积极潜能，进而提升个体的自身素养，从而建立更加积极幸福的生活氛围。将积极心理学的理论应用于学生的行为养成教育，通过倡导积极的教育观念、教育内涵、教育途径、教育环境，从而构建积极行为养成教育体系，激发学生自主学习的积极性，增强行为养成教育的实效性。

**（1）倡导积极行为养成教育的观念**

观念指导行动，有什么样的观念就有什么样的行为，职校行为养成教育的关键在于教育理念的转变，应由"批评式教育"转向"赞赏教育"。受应试教育的影响，学生在小学、初中的学习过程中，养成了"以老师为中心"的学习模式，因为教师在进行行为养成教育的过程中，往往多偏向于强制性教育，在这个过程中，学生接受的模式是"我们应该做什么、我们不应该做什么、如果做不到会受到怎么样的惩罚"。这种教育带有强制性的色彩，学生只是在学习如何摆脱不好的困境，如何让自己逃脱消极情绪，而缺失了如何去创造积极的情绪。而积极教育的理念主张是在教育中"以学生为中心"，将学生看作平等的个体，给予他们尊重和肯定。心理学家威廉杰姆斯说过"人类最深层次的需要是得到别人的赞赏"。特别是职业学校的学生，可能在之前以考试成绩为目标的小学、初中的学习生活中，得到老师或家长的赞赏会低于其他同年龄段的孩子，因此赞赏教育对于他们来说尤为重要。赞赏教育是指教育者在教育的过程中，挖掘被教育者身上的优点和闪光点，及时给予赞美和赏识、鼓励和表扬，以此激发被教育者主动接受教育的方法。我们把行为养成教育与赞赏教育相结合，将学生正确的、好的行为习惯给予表扬宣传，对待不好的行为在把握教育原则的基础上给以指正分析。师生之间积极地相互表现、适应和匹配，从而对学生认同、欣赏、赞美，调动学生非智力的积极因素，譬如倾听、希望、创造性等，其实这个过程也是对学生情商的培养过程。

（2）挖掘积极行为养成教育的内涵

积极心理学致力于对人的幸福感等积极心理品质的研究，这些研究成果已逐渐融入行为养成教育的内涵。积极心理学视野下行为养成教育的内涵主要包括三点。一要强化心理指导，遵循心理健康教育规律。养成教育要有实效，就要求养成教育的内容、方法都要服从学生的心理发展规律，采用学生乐于接受的方法进行教育。对于一个人格健全的学生，应该首先具有健全的个性心理。许多我们认为行为养成教育有问题的学生，可能出在心理健康上。一个心理有障碍的学生，往往表现为行为习惯不好。因此，养成教育首先要按照心理健康教育规律，培养健全的学生人格。二要通过积极人格的塑造，挖掘学生的发展潜能，形成关注行为习惯积极价值的思维习惯，即积极的行为养成潜质教育。不断创新教育途径，通过开展丰富多彩的主题教育活动和社会实践活动等，引导学生由实践而进行感悟，并能积极践行，不断开发养成潜质教育。三是学校养成教育要以学生的行为习惯为起点，以学生的精神感受为重心，并引领学生在这种体验和感受中获得精神的快乐、充实和幸福，构筑自己蕴含着生命崇高价值与意义的精神家园，才能最终达到润泽生命的精神境界。

（3）拓展积极行为养成教育的途径

学校应明确行为养成教育的目标，帮助学生认识行为养成教育的重要性，让学生认识到养成良好习惯决定人生的命运，引导学生树立正确的价值观、人生观，幸福观。塞利格曼曾指出，积极心理学的目标是实现从消极心理学到积极心理学模式的转变，实现从修复心理疾病到构建人类积极品质的转变。从这一点上说，职校学生行为养成教育的目标应该是引导学生对幸福生活的追求，通过拓展学生的积极体验，发掘与培育个体内在的积极因素，最终致力于学生积极人格的塑造。积极的情绪有利于事件的完成程度，人在积极情绪下的效率远高于消极情绪。我们在行为养成教育中，一是要开设参与式教学活动，提高学生的课堂参与度，将之前的理论教学改变为理论与实践相结合，让学生在实践中掌握和巩固理论。现在的学生特别是职业学校的学生，对于纯理论的说教有排斥感，甚至厌恶学习，但是他们的思维能力和动手能力较强，所以让他们自己主动去接受要比强行塞入要强。参与度高的教学活动更易激发学生的学习兴趣，提升行为养成教育的效率和持久性。二是引导学生进行积极的自我建构，鼓励他们自我提升，打造好行为养成教育的基础。在教育中不断地鼓励他们从"现实的我"向"理想的我"转变，不断地积累信心、勇气等正向心理资本。在教育中与学生平等交流，并相互信任，激发他们的主体意识和行为养成动机，让他们主动去接纳，去接受，在教育过程中容易体会到成就感，而这种成就感又会让学生拥有积极的情绪，形成一个养成教育的良性循环。三是树立行为养成教育的榜样模型，让学生间接体验到行为养成教育的效果。此外，职业学校作为实施行为养成教育的主体，需要将行为养成教育融入职业院校教育目标，将行为养成教育的元素融入学校教育教学及管理的各个层面，关注学生发展的全程。

（4）创设积极行为养成教育的环境

积极心理学非常强调积极的组织系统对个体积极力量、积极人格和美德的重要性，因此应该把学校生活环境视为一种教育资源，优化和创建学校组织系统，实现学生个体与环境之间的正能量传递。一是学校要形成针对学生习惯养成教育的系统规划，把对学生习惯养成教育列入人才培养方案，分年度有计划地进行系统化教育。二是加强校园宣传氛围。积极行为养成教育需要加强人文校园建设，加强数字化校园建设，加强校园传媒载体建设，充分利用学校报纸、校园广播、校园橱窗、校园电视及校园网络等设施，实现对学生良好行为的宣传，营造充满讲习惯的校园环境，以积极渗透的方式进行宣传，使学生广泛地接受行为养成教育。三是教育者要深度挖掘校园或学生中存在的积极力量，并进行扩大和培育，使每位学生的积极力量在积极的环境中得到充分表现和发挥，进而培育学生个体层面和集体层面的积极品质。四是积极寻求家长的配合。行为养成教育应该寻求家庭，家庭教育资源是开展积极行为养成教育不可或缺的条件。保持学校教育和家庭教育的一致性，可以增强学生的社会道德意识和社会责任感。五是学校要形成全员、全过程、全方位的育人氛围，教师、行政、后勤起带头作用，发挥育人作用。

总地来说，行为养成教育是学生德育中重要组成部分，职业学校的学生行为养成教育，应改变传统教育模式，注重学生自我发展能力的培养，使行为养成教育坚持积极教育理念，注重教育过程个体存在问题的积极因素，构建积极行为养成教育体系，使学生行为养成教育达到实效。

# 第三节　积极品质养成典型案例

## 案例一：行为铸德

针对学生的特点，结合学校实际情况，江苏省江阴中等专业学校于2002年就提出了基于育人为本的德育体系——积极德育。积极德育就是：以积极心理学、成功教育、养成教育等理论为基础，从唤醒人的美德、注重健康人格培养出发，通过有效的育德过程，激发人的积极动力，深层次地推动人的品德成长。积极德育体系包含四大块内容，分别是："文化润德""行为铸德""知识养德""劳动砺德"，其中"行为铸德"就是上面所阐述的积极行为养成教育，是培养学生积极品质的最有效途径。

### 一、实施背景

《中国教育改革和发展纲要》《中共中央关于进一步加强和改进学校德育工作的若干意见》《中共中央国务院关于深化教育改革全面推进素质教育的决定》《国务院关于加快发展现代职业教育的决定》均对未来劳动者和技术技能人才的素质培养和行为养成提出了明确的要求。该校"十三五"规划也提出，要大力实施积极教育工程，主要培养为地方经济发展服务的德智体全面发展的应用型技术人才。但当前，接受该校教育的学生基本是"中考落榜生"，相当一部分是学困生，由于一直得不到肯定和认可，相当一部分学生对自己的前途感到迷茫，自暴自弃的学生非常普遍。正如第二节所分析的一样，该校学生同样在诚实守信、文明礼貌、勤奋学习、健康生活、自觉自控等道德行为规范上存在一定的问题，这当然也就成为该校德育工作的重要内容之一。

## 二、实施方法

### 1. 目标引导规范制约

"行为铸德"的第一步骤是确立教育目标，即帮助学生养成良好的行为习惯，或是纠正其不良的行为习惯，为整个教育过程划出目的地，并选取适当的行为规范作为"行为铸德"的实施依据，以达到教育目标。该校的行为规范主要指《中学生行为准则》《寄宿生行为规范》等。

### 2. 认知教化情感激发

"认知教化情感激发"是"行为铸德"一个不可或缺的中介环节，指的是要对学生进行认知教育，使其系统地了解行为规范的具体要求，经过内化的过程，进而从情感上对行为规范的具体要求产生认同，使其依据行为规范来调节自己行为的积极性得到激发。

### 3. 行为训练体验领悟

"行为训练体验领悟"指的是教育者通过使用行为训练法在一个周期内督促学生按照行为规范的要求规范自身行为，并帮助其从这种规范行为中产生自我的体验领悟，真正从自身意愿出发，在以后的行为中坚持良好的习惯。

### 4. 评价反馈行为调节

"评价反馈行为调节"指的是教育者与学生双方协作，共同对受教育者在一个周期内的行为进行评价，产生反馈结果，教育者据此调节整个"行为铸德"的过程，同时使学生的行为习惯在下一个周期内得到更好的培养与矫正，更加靠近教育目标。

### 5. 反复练习形成习惯

"反复练习形成习惯"指的是在根据反馈结果调整"行为铸德"的过程后，教育者要督促学生按照优质的行为模式反复地练习，直到学生形成良好的行为习惯，达到最初制定的教育目标。

## 三、具体实践

### 1. 军营化内务

（1）为学生创造良好的宿舍环境和优美的外部环境

宿舍区环境及室内环境对学生的综合素质的提高有不可替代的推动作

用。该校可以在学生宿舍区重点搞些"绿化、美化、亮化"工程，用优美的舍区环境来熏陶人、感染人，使学生的心灵等到净化。在宿舍楼内设置一些生活服务设施，如促使学生"正衣冠、端品行"的正衣镜；投币洗衣房；在一楼设置宣传橱窗和公告栏及天气预报栏等提高宿舍服务质量，方便学生的生活。在各楼层口或楼层墙壁上悬挂富有教育意义的书画或格言警句。特别是根据不同专业，做专业文化方面的布置，加强学生的专业思想教育。

**图 4 - 3　宣传橱窗**

（2）改变考核制度，培养学生的良好习惯

没有规矩不成方圆，加强宿舍建设必须制定一套完善的、行之有效的规章制度。

学生一年级进校，就要进行军事训练，了解军营内务的标准要求，对于很多同学来说是第一次离开父母独立生活，生活习惯还很差。在军官训练的同时，由学生会干部一对一地帮教，尤其是被子的叠放，是要反复地训练才能达到好的效果，对于学生的每一点进步，都要给予肯定和表扬，哪怕是一双鞋子的摆放，做好了就要给予充分的肯定。

宿舍评比以加分形式进行，各系通过五化宿舍、标兵宿舍、星级宿舍等宿舍品牌建设，对优秀的宿舍通过公布栏、校园广播站向全校展示，增强学生的集体荣誉感。并把每一次的评比结果作为系部德育考核、班集体考核、学生操行等个人、集体优秀评比的重要依据，纳入学生积极德育积点管理体系。

（3）建立一支高素质的管理和服务人员队伍

加强宿舍管理人员队伍建设是宿舍文化建设的重点。该校成立以德育副校长为领导的宿舍管理委员会，学工处、系部、后勤处、学生会共同参与。学工处负责协调各系统一标准，开展学校层面的各类评比展示活动，系部负责班主任对宿舍的管理，负责宿舍室长及楼层长的管理，后勤处负责宿舍设施的维护、宿舍服务人员的管理及安全工作，学生会负责宿舍的自主管理，负责纪律、卫生的检查与评比，并将检查结果报学工处、系部汇总公布。在这个过程中，该校充分发挥学生骨干在宿舍文化建设中的模范带头作用。①选好宿舍室长。室长不仅能及时掌握宿舍里发生的各种事情，而且与宿舍成员年龄相仿，在思想上、感情上容易沟通，能够把群体内更多的人吸引过来。因此，室长素质的高低，在较大程度上影响学生宿舍文化的质量。②充分发挥团员、学生干部的模范带头作用。在学生宿舍成员一览表内对入党积极分子、团员、学生干部给予特殊标明，让他们时刻记着自己是入党积极分子、团员、学生干部，要用先进的思想、优秀的品质、模范的行为激励普通学生，让其他学生受到感化。

图4-4　学生舍管会

图 4 - 5　学生宿舍

（4）开展丰富多彩的宿舍文化活动

丰富多彩的宿舍文化活动，对于培养学生的亲和力、凝聚力以及参与竞争意识具有得天独厚的条件，因此学工处和系部积极探索，为学生创造开展文化活动的有利条件，让学生在活动中陶冶情操，在潜移默化中锻炼和提高。开展宿舍文化建设的内容，包括以下方面。①以改善住宿状况为主要内容的竞赛。如"新生叠被子大赛""装饰设计竞赛""床标设计竞赛""星级宿舍评比""劳动技能竞赛"等活动。②以拓宽知识面为主的学习活动。如"室友一周专业技能赛""一周一演讲"等活动。③以活跃气氛、培养情趣为主要内容的活动。如寝室文化周活动，其中包括"宿舍故事会""宿舍晚会"等。④为促进学生间良好的人际交往，开展"十佳友好宿舍"评比及"最受欢迎的舍友"讨论活动，使学生在活动中学会做一个善于合作、沟通的人。

图 4 - 6　叠被子大赛

学生宿舍建设是一项长期的系统工程，作为学校的教育管理者要充分认识到学生宿舍文化建设的重要性，要加强学校各部门之间联系和交流，不断加快学生宿舍硬软件建设，要积极探索，不断创新，用丰富多彩而又扎实有效的文化建设活动吸引学生，提高其综合素质，真正把学生宿舍建成"教书育人，管理育人，服务育人"的重要阵地。

**图 4 - 7　系部间叠被子 PK 赛**

**2. 疯狂晨读**

职校的学生，可能在之前以考试成绩为标准的初中生活中，在学校或者家庭得到的赞赏会低于其他同年龄段的孩子，因此，很多学生表现出缺乏自信、内向甚至自闭，不敢在公共场合大声讲话，发表自己观点。

由于职业学校的特点，学生不再有升学的压力，许多学校都不开设晨读课，就是有晨读，学生也是有气无力地装装样子。其实晨读很有必要，职校生的晨读和初高中学生不一样，不能只为了记忆，而是要让学生大声地读出来，读出气势、情感，读出自信，可以与 20 世纪 90 年代风靡一时的"疯狂英语"相类似，所以称为"疯狂晨读"。

（1）疯狂晨读的形式

晨读的形式可以多样性，这个由班主任和语文老师商定，可以班级齐读，可以一人领读，其余学生跟读，或者几个同学组合表演读。不管什么样的形式，都要求学生人人参与，让每一位学生都有机会走上讲台表演，给每一个学生展示的舞台。

（2）编写晨读课本

晨读内容也不是漫无目的的。学校根据教学计划和各年级学生特点，请教务处、语文教研室一起编写了晨读课本，该读本选取了职校语文教材中要求掌握背诵的基本篇目，加上一些经典古诗词、名言警句、经典散文片段，汇编而成。既满足教学大纲的要求，又能提高学生的文学修养。

（3）开展形式多样的诵读活动

学校每学期都会举办各类比赛评比活动，例如，诗歌诵读大赛、金牌诵读手评选等。激发学生对古典文学的兴趣，丰富学生课余生活，从而热爱中国传统文化。

**四、实践成效**

实践证明，经过严格的行为训练，学生的组织纪律性、团队意识、生活态度、学习状态、文明举止、精神面貌等方面均会有明显的进步，校风学风也会因此更为积极和谐。

**五、心得体会**

该校的积极行为养成教育除了"军营内务""疯狂早读"，还有"励志晨练""集体主义操""优雅就餐"等形式，涉及学生生活的多个方面，这里不再一一阐述。

我国教育理论与实践的集大成者陶行知先生提出了"生活教育理论"——在生活中养成习惯，在实践中养成习惯。这里指的行为养成习惯是养成教育的一部分，是个体行为习惯的养成。印度有一句古谚语："播种行为，收获习惯；播种习惯，收获性格；播种性格，收获命运。"可见，通过行为训练可以塑造人的品德，这是一种"由表及里"的培养方式。

**案例二：劳动砺德**

该校积极德育的另一个重要部分就是"劳动砺德"。"劳动砺德"就是要通过劳动完善一个人的积极品质。培养不怕苦、不怕累、不怕脏、埋头苦干、吃苦耐劳、坚韧不拔、尊重劳动人民、珍惜劳动成果的健康青年，职校阶段是学生从青春期向成年期转变的重要时期，是个体发展个性、稳定性格的关键时期，积极品质的培养，光靠课堂的说教是行不通的，还必须有一定的实践活动。劳动是最有效的实践活动，职校学生劳动有很多形式，例如，家务劳动、志愿者活动、公益劳动、创业劳动，实习技能训练劳动等，下面要分享的是礼仪值周劳动。

## 一、实施背景

教育部、中宣部、中央文明办、人力资源社会保障部、共青团中央、全国妇联联合下发的《关于加强和改进中等职业学校学生思想道德教育的意见》（教职成〔2009〕11号）中要求"对中职生进行热爱劳动、崇尚实践、奉献社会的教育"。《国务院关于加快发展现代职业教育的决定》（国发〔2014〕19号）文件中指出："坚持以立德树人为根本""培养数以亿计的高素质劳动者和技术技能人才。"可见，现代职业教育首先要培养学生热爱劳动的道德品质。

根据学校"十三五"发展规划，为更好地体现"积极教育、幸福人生"的教育理念，加快培养具有"现代班组长"潜质的高素质劳动者和技术技能人才，学校从2016年下半年起，在一年级班级中实施包括传统礼仪和劳动教育为主要内容的"劳动礼仪值周"。

## 二、实施目标

### 1. 践行社会主义核心价值观、弘扬优秀传统文化

学校的传统礼仪教育的深入、富有成效的开展，能让学生养成大方得体、热情友好、礼貌待人的良好行为习惯，培养学生擅长劳动、创新劳动的道德修养，形成具有宽容、感恩、谦让、诚实的高尚人格，展现该校良好的精神风貌。

### 2. 拓展"积极教育"的途径、达到服务管理示范效果

服务：根据需要落实岗位，学生在自己的工作岗位上根据各自的工作职责，全方位全过程地做好服务工作，参加义务劳动，做好清洁卫生工作，协助有关部门临时性工作。

管理：根据各自工作职责，在服务的同时，受学校委托负责做好全校学生日常行为的管理，督促全校同学自觉遵守学校各项规章制度，保证校内环境整洁，秩序井然，对任何违反校纪校规的人和事，有权加以批评指出，并报学工处。

示范：值周同学在做好各自工作的同时，要模范执行学校各项规章制度，言行举止要文明礼貌，见到师长要主动问好，同学之间团结友爱，态度谦逊，工作兢兢业业，一丝不苟，做全校学生的表率。

**三、实施过程**

劳动礼仪值周由专门的老师负责，系部、班主任配合管理，带队老师会提前和班主任联系，了解班级具体情况，制订具体方案。

（1）每天有一堂礼仪课，有专职老师授课，课程内容将八礼四仪具体化，涉及职业学生在校学习生活的各个方面。

（2）将劳动覆盖家庭、学校、社会三个区域，打造由家庭教育、学校教育、社会教育共同参与的"三位一体式"教育模式。

①落实家务劳动，提升家庭教育基础作用（家务劳动项目，家长评分）。

②完成自我服务劳动，强化学校教育功能作用（日常打扫、整理，劳动课，学生创业劳动，实习技能训练劳动，负责老师评分）。

**图4-8 劳动值周中学生冲刷地面**

（3）开展志愿者活动，公益劳动，完善社会教育辅助作用（社会志愿者劳动，校外德育基地劳动，校外辅导员评分）。

（4）所有劳动项目纳入德育积点考核，每学期完成规定劳动量，经班主任考评合格，获得相应积分。学校每学期将学生劳动积点学分进行汇总评比，评选"优秀劳动者"并表彰。"优秀劳动者"在各类先进及奖学金评选中优先考虑。

图4-9 学生公益劳动

### 四、实践成效

学生通过多形式的劳动，潜移默化地培养了奋发进取、自信、勇敢、吃苦耐劳、善于竞争的积极品质。进一步强化了洁净整齐的卫生意识；热情周到的服务意识；文明礼貌的礼仪意识；严格规范的管理意识；吃苦耐劳的劳动意识；团结协作的集体意识。学生从"厌劳动""想劳动"向"会劳动""爱劳动"不断转变，成效显著。

### 五、心得体会

每天劳动结束，指导老师都要进行总结，评点在劳动过程取得的成绩，不管劳动量是大还是小，劳动成果明显与否，都给予肯定和表扬，使学生对于自身的付出有一种满足感，真正弘扬"我服务，我快乐"的奉献精神。

"劳动礼仪值周"全面培养了学生自主管理能力、职业精神和身体心理素质，为将来走上工作岗位打了下坚实基础。

# 积极关系：积极德育的实施保障

当职业学校学生通过品格优势养成系统，逐步建立稳定健全的积极品质之后，要学会建立并维持积极的人际关系。众多的心理学研究表明，人际关系在我们的社会生活中有着举足轻重的作用，与他人建立良好的人际关系是人类社会生活中最为重要的任务之一，特别是高质量的人际关系是幸福感和成就感的主要源泉之一。对于职业学校学生来说，学会认识关系、了解积极关系对个人成长的积极意义，学会认知社交、合理沟通表达，有助于在复杂的社会生活中，培养友谊、觅得良师益友，收获爱情、经营幸福生活。作为倡导积极德育的职业学校，通过指导职业学校学生与父母、老师和同伴的沟通相处方式、建立亲密的亲子关系、和谐的导师关系和平等的同伴关系，能够帮助职业学校学生增强幸福体验，提升他们的幸福感。

## 第一节　积极关系概述

### 一、人际关系理论

人际关系理论是以人与人、人与组织的关系为指向，培养人们理解、倾听、交往和合作方面的技能，从而达到集体团结和组织和谐的管理目的。职业学校学生要掌握适应未来职业化发展所需要的社会化技能，其中要成为"社会人"的一个重要方面就是学会建立积极的人际关系。

1. 人际管理理论的起源

乔治·埃尔顿·梅奥（Geonge E. Mayo，1880—1949）是西方管理学思想中的行为科学理论的创始人。他在著名的霍桑实验的基础之上提出了人际关系理论。梅奥是一个以逻辑学、哲学、伦理学和精神病理学为知识背景的学者，试图将哲学和心理学的分析和研究方法用于管理学理论和湿巾的研究。梅奥认为以往的经济学和管理学理论在人文方面非常脆弱，为提出新的假设，必须先对实际生活中的人际关系的复杂性进行深入的研究和探寻。这就是他的所谓"临床式的调研方法"，只有这样的"临床"研究才能产生出合乎逻辑的治疗方案。❶

梅奥的人际关系理论是基于实践的理论，不仅其理论本身就是从实践中来，而且它始终注意理论与实践之间的重要关系。在美国国家研究委员会和西方电器公司的支持下，梅奥与其同事于1924—1932年在霍桑工厂进行了一项研究实验活动：❷ 首先，为证明工作环境与条件和工作绩效之间的关系，研究者将抽样女工平均分入控制组和试验组。控制组的照明条件始终不变而试验组的照明条件经常改变。实验结果表明，不论照明强度的高低、休息时间的改变、工作时间的长短变化，两组工人的产品数量都呈现增长的趋势。研究者认为工人的劳动热情提高是受到了某种程度的激励，激励的动力应该来自参与者参加了实验活动的社会满足感。接着，研究人员让一组工人到继电器装配室工作，他们经常与工人进行交流，工人可以自由发表意见。实验表明，工人的工作热情高涨，缺勤率逐渐下降。研究者得出结论，整个工厂建立起来的管理人员与员工之间、员工与员工之间良好的社会关系是影响工人劳动效率的首位因素。在上述实验的基础上，以梅奥为首的人际关系论者得出人是"社会人"，并非单纯追求物质和金钱，人还有友情、安全感和归属感等方面的社会心理需求。在霍桑

❶ 孙耀君. 西方管理学名著提要［M］. 南昌：江西人民出版社，1995：45.
❷ ［美］丹尼尔·雷恩. 管理思想的演变［M］. 李柱流，等，译. 北京：中国社会科学出版社，1997.

实验中，梅奥探索出了一种以"社会人"为基础的人际管理理论。

梅奥的人际关系理论着重强调的是对于人性的理解和尊重，它在哲学本体上确立了人际人性的地位，并着重以此出发展开并阐述了他的人际关系理论。[1] 在西方管理学史上，梅奥的人际关系理论第一次将管理研究重点从重视物的因素转向重视人的因素，不仅在理论上为现代行为科学奠定了坚实的基础，也为管理实践带来了重大影响。

2. 人际关系的形成发展阶段

（1）定向阶段

在这个阶段，主要是初步确定要交往并建立关系的对象，包含对交往对象的注意、抉择和初步沟通等。人们对人际关系具有高度的选择性。生活中，人自然而然地特别关注那些在某些方面能够吸引自己兴趣的人。但究竟把谁作为自己人际关系的对象，常常还要根据自己的价值观做理性的抉择。选定交往对象后，就会利用各种机会和途径去接触对方，了解对方，通过初步沟通，人们可以明确双方进一步交往并建立关系的可能与方向。定向阶段通常是个渐进的过程，但也不缺乏戏剧性的发展。如两个相遇而一见如故的人，其关系的定向阶段就一次完成了。

（2）情感探索阶段

在这个阶段，双方主要是探索彼此在哪些方面可以建立真实的情感联系。尽管已经有了一定的情感卷入，但还是避免触及私密性领域，表露出的自我信息比较表面，因此仍然具有很大的正式性。

（3）情感交流阶段

在此阶段，双方的人际关系开始出现由正式交往转向非正式交往的实质性变化。表现在彼此形成了相当程度的信任感、安全感、依赖感，可以在私密性领域进行交流，能够相互提供诸如赞赏、批评、建议等真实的互动信息，情感卷入较深。

[1] 尹霞，尹红. 梅奥人际关系理论的哲学意义 [J]. 怀化学院学报. 2012，31（4）：42 - 44.

（4）稳定交往阶段

这是人际关系发展的最高水平。双方在心理上高度相容，彼此允许对方进入自己绝大部分的私密性的领域，分享自己的生活，成为"生死之交"。但是实际上，能够达到这一层次的人际关系的人很少，人们与自己的亲朋好友的关系大多处于第三阶段的水平上。

3. 人际关系的基本类型

根据不同的标准，可以将人际关系划分为多种类型，区分不同的类型，有利于充分描述和正确认识人际关系。从人际关系与心理健康的关系考察，职业学校学生的人际关系常见的有如下类型。❶

（1）依人际关系的对象，可分为同学关系和师生关系

每位职业学校学生都要和其他同学一起上课、活动和生活，职业学校学生的人际关系，最基本的就是同学关系。班级同学之间往往存在着利益分配问题或团队合作问题。职业学校学生往往以住校为主，几个同学同住一间寝室。所以在同学关系中还有一种非常特殊的、容易出现障碍的关系就是同寝室关系，所谓室友。另外，还有一种同学关系也经常被大家关注，就是处在青春期的男女生都渴望与异性交往，所以职业学校学生的男女同学关系，也是人际交往的一个重要内容。指导同学们合理处理同学关系、室友关系和男女同学关系，是关系着职业学校学生身心健康的大课题。

职业学校学生是以班级为单位进行日常教学活动的，学校为每个班级配备了班主任，每门课程都有授课老师，师生关系也是职业学校学生面临的一个重要人际关系。班主任进行班级日常事务的管理，与班主任的关系直接影响着他们的心智成长，与每位任课老师的关系直接影响着他们学习的兴趣和专业的发展。

（2）依人际关系的效用，可分为有益的人际关系、有害的人际关系和中性的人际关系

在各种人际关系中，有些能够促进人际双方的友好相处、积极交往、

---

❶ 李宏翰. 大学生的人际关系：基于心理健康的分析 [J]. 广西师范大学学报（哲学社会科学版）. 2004（1）：116－121.

共同提高，这种关系可称为有益的人际关系；有些妨碍人际双方的和谐相处、健康交往，可称为有害的人际关系；而对于可能起积极作用、可能起消极作用的人际关系，可称为中性的人际关系。如何引导职业学校学生分辨有益和有害的关系、积极建立有益的人际关系，也是职业学校教育的一个内容。

## 二、积极关系的基本内涵

### 1. 积极关系的基本定义

所谓积极关系就是指用正向、感恩的态度对待他人，构建积极、稳定、互相支持的人际关系。

美国心理学家沙赫特做过一个"人际剥夺"实验：他以每小时15美元的高薪招募应试者到他创设的一个小房间去居住，居住的时间越长，得到的报酬越多。这个小房间完全与外界隔绝，没有报纸，没有电话，不准写信，听不到外界的声音，当然更找不到人聊天。每天只提供饮食等必需用品。先后有5个人应聘参加了这个实验。实验的结果是：1个人在房间里待了2个小时；3个人待了2天；只有1个人待了8天。这个待了8天的人出来以后说："如果再让我在里面待1分钟，我就要疯了。"这个实验充分表明，作为社会性的人，离不开与别人的交往。就像吃饭、睡觉一样，人际交往也是人的一种需要，良好的人际关系是人生存和发展的基础和条件❶。

### 2. 积极关系的构成要素

丹尼尔·卡尼曼带领研究小组调查了1000多名美国妇女，请她们评价自己某一天内的活动，内容包括她们的行为、她们的伙伴和她们的感受。结果发现，对她们幸福感影响最强烈的并不是她们的收入和工作压力，也不是她们的婚姻，而是她们的伙伴。卡尼曼建议，我们应该深知自己周围的人以及我们与他们相处时的愉悦程度，然后在时间和金钱允许的条件下尽量多花一些时间和令我们感到愉快的人相处。除了这个办法之外，更好

---

❶ 刘玉梅. 管理心理学理论与实践［M］. 上海：复旦大学出版社，2011.

的选择应该是积极改善与周围所有人的关系，使交流的过程充满快乐。在这个实验中可以看出，积极关系的构成要素主要是社交意识和社交技能。

社交意识涵盖的范围很广，从对他人心理状态的瞬间感知，到了解他人的感情和思想，再到面对纷繁复杂人际关系的洞察，都属于社交意识的范畴。具体地说积极关系所包含的社交意识包括社交认知、原始同理心、适应和设身处地等要素。社交认知指清楚社交活动的规则。原始同理心指体会他人的感受，理解非语言情感信息。适应指专心致志地倾听，适应他人。设身处地指理解他人的思想、感受和意图。

社交技能是在社交意识的基础上进行的、保证交流顺畅和高效的一种技能。它包括一致性、自我表达、影响力和关怀等要素。一致性指非语言层面上的交流顺畅。自我表达指清晰地表达自己。影响力指影响社交活动效果的能力。关怀指关心他人的需求并采取相应的行动。

提升学生的社交能力应该从认知和技能两方面着手进行辅导，鼓励他们勤于思考，不断地把所学知识应用到日常生活之中，留心社会交往中的一些感受和心得，逐步培养自己健康积极的人际交往习惯，建立良好的人际关系环境。

3. 积极关系的情感体验

人与人之间的关系可以有很多种类型，总有一些积极关系的情感体验，能够引领我们构建积极的关系。比如说喜欢、友谊和爱。

喜欢是指人们对彼此有积极的态度，积极心理学家们了解一些能够导致这种积极态度的因素：①满足需求，在其他各点都相同的情况下，我们喜欢那些能够满足我们需要的人。②较高的能力，在其他各点都相同的情况下，我们喜欢那些有能力的人。③吸引力，在其他各点都相同的情况下，我们喜欢那些外表有魅力或其他方面更有吸引力的人。

对于职业学校学生来说，他们往往会分解参与共同的活动、情感支持和自我坦诚等因素，将朋友区分成最好的朋友和好朋友。那么什么是真正的朋友呢？心理学家通过大量问卷研究发现，人们认为真正的朋友可以描述为：可信赖的、成熟的、忠贞的和忠诚的。他们还将朋友形容为：善良的、可爱的以及幽默、有趣的；我的朋友"让我显示出了我最好的一面"

也成了最常见的描述。被评为相对不重要的地位、魅力、身体健康、技能、抱负和成就这些特点可能会促进友谊的建立，但不会上升为人们拥有的最珍贵的友谊。

爱情是指具有了排他性、专一性、互助性和相互依赖性的一种关系。充满激情的爱和伙伴之间的友爱之间存在着普遍的差异，要引导职业学校学生学会区分和把握。

## 三、积极关系的基本功能

人际关系是通过人与人之间的交往而建立的可察觉的直接而稳定的心理上的关系。随着社会的发展，人际关系越来越成为人类社会生活中的重要关系之一。许多调查结果表明人类的很多心理病态主要是人际关系的失调引起的。对积极关系的基本功能进行研究，对于指导职业学校学生建立积极关系具有理论和实践的重要意义。

### 1. 对个人发展的积极意义

现代医学、心理学的研究越来越证明，拥有一个健康的心理，对一个人的一生都有着十分重要的意义。青少年由于心理活动状态不稳定、认知能力不理性全面，所以这个时期更易产生心理障碍。社会、家庭、学校等都是影响个体心理健康问题的重要因素。我国著名的心理学家丁瓒教授曾说："人类的心理适应，最主要的就是对人际关系的适应，所以人类的心理病态，主要是由于人际关系的失调而来"。

在1948年的第三届国际心理卫生大会上，得到广泛认可的心理健康的定义为：在身体、智慧以及情感上与他人心理不相矛盾的范围内，将个人心境发展成最佳的状态。《简明不列颠百科全书》指出：心理健康是指个体心理在身体及环境条件许可范围内所能达到的最佳功能状态。良好的人际关系对人的心理健康能产生深刻而持久的影响。心理健康问题是个体因素与情境相互作用的结果，尤其是积极的人际关系对个体身心健康发挥着积极的作用。从心理卫生学角度看，积极的人际关系可以满足个体的下列心理需要。

（1）获得安全感，减少恐惧痛苦

良好的人际关系能让人产生安全感和舒适感。当个人碰到困难的时候，能从温暖的家人、亲密的友人得到支持，减少恐惧和痛苦。

（2）提高自尊心，获得情感满足

苏联学者苏霍姆林斯基说过，我们在和别人打交道的时候，甚至在我们教育人的时候，千万不要去伤害别人心灵中最敏感的角落——人的自尊心。一个人只有在自尊心得到满足的情况下，才会产生最大程度的愉悦，与人建立良好的关系。同时每个人都希望别人了解自己、信任自己，通过扩大社交范围，提高表现个人能力和才干的机会，以此得到别人的认可，获得尊重和情感满足。

（3）增强力量感，获得友谊帮助

一个人直接从书本上学到的知识是有限的，但通过建立良好的人际关系，就能以信息交换的方式获得更多的资源。有这样一个形象的比喻："如果你有一个苹果，我有一个苹果，彼此交换，每人只有一个苹果；如果你有一个思想，我有一个思想，彼此交换，我们每个人都有了两个思想。"通过人际交往获取知识，比之于从书本上获取知识更直接更快捷。❶ 每个人都能从积极的人际交往中，积累社会经验，学习知识和技能，参与公平竞争，学会适应社会，养成遵纪守法、文明礼貌的习惯，获得友谊，增强人际交往的能量。

当然，只有个人能够积极认知自我、学会欣赏别人的优点、学会更多人际交往技能的时候，才能从良好的人际关系中获得更多有利于个人成长的积极力量。

2. 对团队建设的积极意义

以班级为单位，或以志趣相投的人组建社团或非正式小团体，团队之间，也是以人际关系为前提的，而且团队成员之间人际关系的好坏也会影响整个团队的精神。如果团队成员之间有较好的人际关系，这个团队的行为约束力和团队创造性就强。良好的人际关系也能让人产生团体归属感，

---

❶ 魏彬. 中学生人际关系对心理健康的影响及教育引导［D］. 山东师范大学，2005：11.

能轻松地与团队成员分享相同的兴趣爱好，产生积极愉悦的情感体验。当具有良好关系的团队成员之间有需要或帮助时，成员之间定会伸出援助之手，共渡难关，形成更稳定的团队归属感。

对于职业学校学生来说，加强班集体建设，为学生交往提供氛围良好的平台尤为重要。这一阶段的职业学校学生同班甚至是同宿舍3~5年，积极良好的关系有助于相互之间建立稳定的认知能力和积极健康的性格志趣，从而构建和谐的班集体团队，而良好的班级团队更有助于积极关系的提升。

3. 对社会发展的积极意义

积极的人际关系，有利于社会的稳定发展。人际关系是影响特定情境中人们采用不同决策思维方式的一个重要因素，影响着社会稳定发展。道德决策是指在特定的道德情境中面对多种可能的行为途径时，个体基于自己的道德价值结构，对这些可能的行为途径赋予道德价值并做出最后的选择与决断。规则导向和结果导向是人们在道德决策时普遍采用的两种决策思维方式。青少年正处在道德观念形成的关键时期，人际关系对青少年的道德决策影响，目前有道德发展阶段理论和道德人际关系规则理论之争。道德发展阶段理论认为，人际关系对个体道德决策的影响发生在特定的年龄阶段，道德决策不受决策视角的影响，具有情境的普遍性。道德决策的过程是一个审慎的认知推理过程。道德人际关系规则理论认为，个体的道德决策主要取决于特定情境中人际关系的结构及其相应的道德动机，不具有年龄阶段的特定性，但受到个体道德决策视角变化的影响，具有情境的特异性而非普遍性。[1]

## 四、积极关系的社交技能

当今社会是一个由错综复杂的人际关系组成的网络，任何人的成长发展都离不开人际交往。良好的人际关系是职业学校学生走上社会、立足社会、职业发展的基础，人际交往的能力也是职业学校学生适应社会发展的

---

[1] 魏彬. 中学生人际关系对心理健康的影响及教育引导 [D]. 山东师范大学，2005：13.

综合体现。人际交往作为人们共同活动的特殊形式，实质上是把人的观念、思想、情感等作为信息进行交流的过程。对于一个人来说，其人际交往能力包含三种成分：一是认知成分，反映个体对人际关系状况的了解，是人际知觉的结果，是理性条件；二是情感情绪成分，是关系双方在情感上满意的程度和亲疏关系，是人际关系的基础；三是行为成分，是双方实际交往的外在表现和结果。我们常常把人际交往能力视为社交技能，而这种社交技能是可以通过认知和训练来提高的。

针对职业学校学生的特点，可以着重通过以下三种社交技能的学习和训练，来提高职业学校学生的积极关系。

1. 有效沟通

美国社会心理学家费斯廷格认为，人际交往的功能有两个：一是传达信息的功能；二是满足个体心理需要的功能。而苏联心理学家洛莫夫认为，交往的功能有三个：一是信息沟通；二是思想沟通；三是情感沟通。由此可以看出，交流沟通是人际交往的基本需求。职业学校学生可以通过进一步的学习和训练，增加与他人进行互动交流的频率，增进理解，及时减少人与人之间的隔阂或冲突，使生活快乐充实，实现有效沟通。通过这种积极有效的沟通方式，能够提高职业学校学生的社交技能，能够培养积极关系。

人与人之间的沟通交流是复杂多变的。积极有效的沟通方法途径也很多，首先要树立正确的人际交往观，然后通过有意识的课堂渗透、团队活动等形式加强训练，提高沟通的有效性。要消除"知人知面不知心""人与人之间是相互利用的关系""逢人只说三分话"等错误的人际交往观点，在掌握向善、尊重的原则下，指导职业学校在心理健康教育、团队心理辅导等活动中，学习异性交往、师生交往、同伴交往等不同群体的有效沟通技巧，建立积极的人际关系。

2. 倾听同理

倾听是一种文明素养，是有效学习的基础，也是交流沟通的前提。倾听就是理解对方表达的信息，并能将听到的信息转换成情感中表达的语意。职业学校学生的倾听能力在学习上没有得到有效训练，所以要注重对职业学校学生倾听能力的指导，引导学生动静自如，在课堂活动和团队活动中充分展现自我，而在需要倾听的时候，学会调适情绪、乐于倾听、积极思考，享受倾听带来的智慧。倾听也有一定的方法和技巧，它不同于听或听见；倾听还是一个主动参与、全身心投入的过程，需要在倾听过程中做到耐心、专注、会心，在倾听中构建积极的人际氛围。

同理心也称共感、共情，是一种将心比心、感同身受、体察他人内心世界的心理品质。在人的社会化过程中，同理心对青少年的道德发展、人与人的情感沟通、人际交往和同伴友谊关系等都有极为重要的作用。人际交往中几乎所有的误解、冲突系由当事人双方或一方在当时当地缺乏同理心造成。❶ 职业学校学生在人际交往的过程中，如果能够关注对方的情感状态，真心表现出同情、怜悯、关心等情绪情感，更能增加双方的信任、拉近双方的距离、提高双方的积极关系。

3. 关系调适

心理学家舒兹认为在个体心理发展过程中，尤其是在个体的人格体系形成过程中，形成了其特有的人际关系的基本倾向，这种带有个人独特色彩的人际关系的反应倾向，称为人际反应特质。人际反应特质在三种基本欲求方面存在着强弱类型的差别。

一是包容欲求方面。包容欲求强的人希望与别人增进交往，建立并维持和谐的关系，人际反应特质表现为沟通、相容、参与、随同等；包容欲求弱的人与此相反，人际反应特质表现为排斥、对立、疏远、回避、孤立等。

二是控制欲求方面。控制欲求强的人希望通过权力或权威，与他人建立并维持良好的关系，人际反应特质表现为使用权力、权威、威信，以便影响、支持、控制、领导他人；控制欲求弱的人与此相反，人际反应特质表现为反抗权威或追随他人、受人支配等。

三是情感欲求方面。情感欲求强的人希望在情感方面与他人建立并维持良好的关系，人际反应特质表现为同情、热爱、热情、亲密等；情感欲

---

❶ 魏源. 当代大学生同理心的特点［J］. 中国临床康复，2005（24）：78－79.

求弱的人与此相反，人际反应特质表现为疏远、冷淡、厌恶等。

正是不同的人际反应特质，构成了人际交往需求的强烈差别。舒兹认为，一个包容动机很强，同时行为又主动的人，必然是一个外倾性格的人，他们喜欢与人交往，热情参加各种活动。如果他同时又是一个情感动机很强的人，不仅喜欢与别人交往，而且还很关心别人，爱护别人，自然会受到大家的爱戴。❶

根据舒兹的人际反应特质理论，我们可以指导职业学校学生通过增强人与人之间的包容、保持一定的控制欲求和情感欲求，积极调适人际关系，成为一个交往达人。

## 第二节　职业学校学生积极关系主要内容

和谐的人际关系总是与健康的人格相伴随。健康人格的衡量标准之一即人际关系是否和谐；而和谐人际关系的形成也需要健康人格作为基础，二者相互促进，相辅相成。那么，如何构建积极的人际关系呢？

（1）以真诚的态度对待他人。当你以真诚相待时，往往容易打动人，使别人感到安全从而放下戒备。

（2）讲求信用。一个守信之人更能得到别人的信任。

（3）学会包容。人无完人，每个人都有自己的棱角，相处时难免会有摩擦，这就需要我们学会包容他人，不必苛求他人完全符合你的要求。其实别人也在包容着你。

（4）以积极的心态看待当前的人际关系和所接触的人。有时候情况并没有想象中那么糟糕，当你以消极的情绪和态度去对待一段人际关系时，你会越来越讨厌和那个人的相处；相反地，当你以积极的态度去看待这种人际关系的时候，会发现其实也没那么糟糕。

（5）主动沟通。在和他人的相处中遇到问题时，不要回避，回避会让双方的关系僵化。主动地和对方沟通，尝试着解决矛盾。

---

❶ 王长飞. 大学生人格特质与人际交往能力的关系 [D]. 山东师范大学，2007：9.

（6）把握原则。在和他人的相处中，互相包容是必要的，但这并不意味着要一味迁就对方，在原则问题上要坚守立场。

（7）让自己感到愉快。让自己感到愉快不是随心所欲，而是学会在一段人际关系的处理中使自己的愉悦感最大化。这种愉悦感的最大化可以通过自己的心理来调节，也可以通过相处方式的选择来达到，或者是其他积极合理的方式来提升自己在这段关系中的愉悦感。

处理人际关系是一门非常重要的艺术，只要我们采用正确的方法，正当的手段，相信我们一定能建设更加和谐美好的社会。

职业学校学生正处于青少年期，又称为"心理断乳期"，这个年龄阶段生理和心理的迅速发展，会让他们遇到种种困难和困惑，其中亲子关系、导师关系和同伴关系这三大社会关系，是影响他们身心健康成长的主要因素。

## 一、亲子关系

亲子关系原为遗传学中的用语，指亲代和子代之间的生物血缘关系，在心理学中指的是父母与子女之间的相互关系。作为家庭中最基本、最重要的一种关系，亲子关系具有极强的情感亲密性，它直接影响人的身心发展，并将影响他们以后形成的各层次的人际关系。❶ 相对于其他人际关系，亲子关系具有不可选择性、永久性、亲密性和权利义务的特殊性。

习近平在 2015 年春节团拜会上指出要重视家庭建设。家庭是社会的细胞，也是人类群居生活的主要方式，是我们幸福生活的源泉。家庭关系中主要包括夫妻关系、姻亲关系和亲子关系，其中夫妻间的亲密关系是家庭关系中最重要的关系之一，而亲子关系是维系家庭生活的最基本的纽带。积极的家庭关系，能够满足亲子之间的归属感，给予孩子更多的信心和勇气，勇敢地去面对挑战和挫折，成为助力孩子走向成功的坚强后盾。

1. 亲子关系的积极意义

苏联心理卫生学家克雷洛夫指出："家庭对中小学生的心理卫生有特

---

❶ 叶一舵，白丽英. 国内外关于亲子关系及其对儿童心理发展影响的研究［J］. 福建师范大学学报（哲学社会科学版），2002（2）：130－136.

别重要的意义，因为正是这一时期奠定了他的心理健康的基础。"日本学者诧摩武俊说："不管你立足什么理论，从婴儿期到儿童期、青春期的孩子的人格形成过程中，父母子女间的关系是一个极其重要的构成因素。"

（1）良好的亲子关系有利于孩子人格的发展

亲子关系是个人建立的第一个人际关系，它对我们每个人的身心健康都是十分重要的。良好的亲子关系有利于儿童习得各种基本知识、技能、价值观以及与人交流和沟通所必需的社会交往技能。孩子的社会化在很大程度上是在亲子相互作用之中尽显的。亲子关系的质量决定社会化过程是否顺利，是否发生障碍或缺陷，也决定社会化可能达到的水平。❶ 亲子之间的相互作用和情感关系会影响到子女对以后社会关系的期望和反应。

有研究提出，亲子关系是造成儿童发展问题和心理病理问题的最主要的影响因素。在社会发展方面，对普通儿童来说，不良的亲子关系将导致子女的回避行为、孤独症、攻击行为和犯罪行为，造成有缺陷的人格障碍。良好的亲子关系能够帮助孩子学习和发展对权威的理解和对规则的服从，有利于孩子个人价值观的形成及发展，提高认知社会和适应社会的能力。

（2）良好的亲子关系有助于学业成绩的提升

国内外的研究学者一致认为，学业成绩与亲子关系和家庭因素有着密切的关系。除智力低下和受教育机会缺乏外，家庭环境和亲子关系不良，都有可能导致学习困难，通常这类家庭父母的文化程度较低，家庭矛盾较多，直接影响儿童的情绪，造成学习动力不足，从而间接影响儿童的学业成绩。积极心理学认为，乐观的父母是孩子学习的好榜样。"小时候目睹家人以乐观的方式应对逆境（如失业、贫穷等）并走出逆境的人，长大后更有可能变得乐观。"可见，只有建立良好的亲子关系，才能有助于孩子学业成绩的提升。

---

❶ 陈衍，陈新宇. 亲子关系研究进展 [J]. 毕节学院学报，2010，28（5）：106 – 109.

2. 亲子关系的积极构建

（1）亲子关系靠亲子双方共建

亲子关系是一种互动的关系，良好的亲子关系是双方相互沟通、理解、谅解的结果，也是亲子双方沟通能力的体现。大部分职业学校学生很少跟家长主动沟通，大部分人跟父母讲了一些事情或一些想法，常常会被压制或是否定，以至于最后他们就认为跟父母讲了他们也不会理解自己或是跟他们讲了他们也不会同意自己的。这种情况就造成父母与孩子双方沟通的路径被切断了，给双方的沟通造成了困难。

一方面，父母要耐心倾听孩子的心声，尊重孩子的自尊和人格，充分认识到孩子的竞争压力和学业压力，正视子女的合理需求，学习亲子沟通的方式方法，主动引导孩子跟家长沟通，搭建与孩子沟通的桥梁，建立起民主平等的亲子关系；另一方面，子女要主动与父母沟通，学会换位思考，理解父母的工作压力和社会压力，正确面对家庭的实际困难，学会为父母分担忧虑，主动做一些力所能及的家务，逐步规划个人的职业生涯，付诸实践积极进取，勇于承担家庭的责任。

（2）亲子关系不能缺失父亲

亲子关系是孩子与父母亲之间的关系。大多数人认为在孩子的成长过程中，母亲是最重要的角色，因为母亲对孩子的影响在孩子的成长中起着举足轻重的作用。但是随着心理学、社会学研究的不断深入，这些信念正逐渐得到改变。人们发现，尽管从与孩子接触的时间总量来说，父亲是少于母亲的，但从对孩子的影响来看，父亲对孩子的成长同样起着重要作用，许多父亲对孩子的影响并不比母亲低。

父亲作为儿童亲子关系中的"最重要他人"，在儿童的社会性情感、社会性认知、社会性交往行为发展过程中具有母亲不可替代的特殊作用。父亲要加强学习父子关系的相处之道，改善"父亲"淡出家庭教育的现状，在教养子女的过程中找准父亲的角色、勇于承担起父亲的责任，用宽容的胸怀、博识的社会阅历、全面的兴趣爱好，以身示范地培养孩子勇敢、勤奋、宽容等积极的品质，也为今后儿子为人父、女儿择丈夫形成积极的心理导向。

### 3. 亲子关系的学校使命

父母的教养方式直接影响着亲子间的亲密程度，亲子关系因父母教养方式的不同而存在差异。研究发现，有80%以上的青少年家庭的亲子关系出现了一种或几种问题，不良亲子关系的存在相当普遍，其中尤其以期待型、溺爱型、不安型和不一致型的问题最为突出。造成这一现象的主要原因是父母没有相应的青少年心理学知识，特别是不能理解青少年对独立的渴求，依然用对待小孩子的态度对待他们，使孩子希望独立、希望被尊重的需求得不到满足，两代之间的隔阂与冲突就不可避免地产生了。❶ 其实为人父母、管教子女、教育子女也是一门学问，需要通过系统的学习才能学会做一名合格甚至优秀的家长，才有可能建立起积极的亲子关系。

父母管教的态度和教育方式对孩子的影响是亲子关系领域中研究最早、最多、最富有成果的一个方面。最早研究父母教养方式对儿童社会化影响的美国心理学家 P. M. Symonds 在研究中发现，被父母接受的孩子一般都表现出社会所需要的行为，如情绪稳定、兴趣广泛、富有同情心等；被父母拒绝的孩子大多情绪不稳、冷漠、倔强而逆反；受父母支配的孩子比较被动顺从、缺乏自信、依赖性强；让父母服从自己的孩子有很强的进攻性。国内在该领域的研究也相当深入，如王欣等采用《父母教养方式问卷》和《状态—特质焦虑问卷》调查父母教养方式对中学生焦虑水平的影响。结果表明，父母温暖的情感、理解与儿童的焦虑水平有显著的负相关；父母的拒绝否认、父母的过度保护、过分干涉、父母的严厉惩罚与儿童的焦虑水平有显著的正相关。❷ 那么，职业学校学生的父母该如何教养子女呢？职业学校在亲子教养的过程中又该承担起什么责任呢？

要指导家长进行系统教育理念的学习，唯一的办法就是由社会或学校承担起家长学校的责任。很多学校已经通过一学期一次的家长会开展家校沟通、指导家长教育子女，这还远远不够。职业学校学生正处于叛逆的青春期，特殊家庭也较多，再加上职业学校学生家长普遍不重视孩子的教

❶ 吴念阳. 青少年亲子关系与心理健康的相关研究 [J]. 心理科学, 2004 (4)：812–816.

❷ 叶一舵, 白丽英. 国内外关于亲子关系及其对儿童心理发展影响的研究 [J]. 福建师范大学学报 (哲学社会科学版), 2002 (2)：130–136.

育，也缺乏教育方法。鉴于职业学校学生特点和家庭教育现状，职业学校办好家长学校、助力学生健康成长，显得尤为必要。职业学校可以通过搭建家长学校育人平台，创造家校携手的良好氛围，做好家长学校的有效管理，打造专兼结合的师资队伍，确保家长学校的课程质量，形成家校合作的育人合力。

## 二、师生关系

良好师生关系以指导思想正确、师生心理相容性好、师生关系中的感染、陶冶功能得到充分运用为标志。要建立良好的师生关系的关键在于教师。教师在教育教学过程中应注意通过各种方式来构建民主和谐的师生人际关系、理解信任的师生情感关系、交往互动的师生教学关系，这样，教师才能自然而然地走进学生的心灵，而他们也乐于主动向教师敞开心扉，使教育之舟漂泊在知识的海洋上，以情感为风帆，更加顺利地载着学生健康成长，驶入成功的港湾。

### 1. 师生关系的积极意义

卡尔·罗杰斯是当代西方人本主义心理学派的一位重要代表人物。他在最初的咨询工作中奉行的是传统的指导法，即以咨询员为中心，咨询员是全知全能的，由咨询员告诉来访者一切，来访者是脆弱无知的。总之，由咨询员对来访者进行咨询。但是，他发现这种办法收效甚微，甚至是行之无效的。于是，他转而积极寻找一种更有效的咨询方法，即后来提出的"以来访者为中心"的理论。这一理论重视人的潜能，尊重人的价值，并积极致力于在咨询员—来访者之间建立一种融洽、亲密的人际关系。他认为，只有当咨询员为来访者创造出良好的咨询氛围和咨询关系时，来访者才可以安全而自由地探索自己的情感经验与问题，这样就能帮助来访者认识自己进而改变人格。❶

罗杰斯在长期的心理咨询实践和研究的基础上逐渐形成了自己独树一

---

❶ 朱美燕. 论罗杰斯的人际关系理论及对教育的启示 ［J］. 浙江教育学院学报. 2002（4）：88－92.

帜的"以来访者为中心"的理论，提出了形成良好人际关系需遵循倾听、真诚、给予爱和接受爱这三个原则。这与职业教育或社会工作中构建良好的导师关系具有异曲同工之处。职业教育的目的不仅使学生掌握一定的知识和技能，更为重要的是对学生心灵的启迪、潜能的开发、人性的陶冶和人格的塑造。社会工作中的良好师徒关系也像师生关系一样，需要积极构建。

在教育活动中，师生双方如果都能如对方所愿，相互之间就会产生积极肯定的情感体验，如高兴、愉快、满意等，并保持接近或亲密的心理关系；相反，如果其中一方不能满足对方的期望和需要，或者一方对另一方表示不友好、不真诚或发生不利于另一方的行为，就会引起另一方的不安，相互之间就会产生消极否定的情感体验，如抑郁、焦虑、烦躁等，此时双方的友好关系就会中止，或产生疏远、淡漠甚至敌对关系。师生之间无论是亲密关系，疏远、淡漠关系，还是敌对关系，都是师生以情感为中介，以个体的好恶为立足点、对双方趋利避害所选择的结果。师生间的情感关系对学生的成长有着重要影响。

2. 师生关系的积极构建

教育目的能否有效实现，取决于多种因素的相互作用，如教学环节、教学方法、师生间的人际关系等。其中，师生之间的人际关系直接影响着学生的心理变化，左右着教育过程中其他各因素的作用发挥，从而影响着教育工作成效的大小。如果在教育过程中，能够建立起一种"融洽型"的人际关系，即双方在心理上十分融洽、无拘无束，在情感上表现出积极肯定的心理倾向，那么教师和学生的交往在时间上频率增加、在空间上距离缩短，从教师那里获得的知识，就特别容易为学生所接收，也容易使学生模仿教师的思想行为和接受教师的暗示。这样，不仅有助于学生形成某种行为准则，而且对学生的个性发展都能发挥较大的作用，从而达到教育的目的。

罗杰斯的人际关系理论给我们建构积极的师生关系以很大的启发。借鉴罗杰斯的人际关系理论，师生可以从以下几个方面共同建构积极的关系。

（1）教师倾听学生心声，学生理解教师用心

倾听是师生之间交往的第一步，只有倾听才能与学生接近，了解对方的内心世界，并可能建立良好的师生关系。职业学校教师首先要学习倾听，耐心倾听学生的阐释，给予学生充分的解释机会，不随意打断学生的说话。而职业学校学生也要学习耐心倾听教师的意见，理解教师的良苦用心，达到师生之间的心灵互通。

（2）教师真诚对待学生，学生真心感恩教师

真诚是打开师生沟通的大门，师生之间只有建立在真心实意基础上的交往才是积极和谐的师生关系。职业学校教师要充分理解青春期的学生心理，放下为人师的架子，真诚地给予学生积极的鼓励，宽严结合，用真心感动学生，用包容对待学生，让隔代监护、父母疏于管教的职业学校学生感受到来自班级大家庭的温暖，使他们发自内心地感恩教师。

（3）师生相互尊重信任，构建积极师生关系

青春期的职业学校学生，有颗脆弱的自尊心，反感教师的权威和说教，特别需要得到老师的理解、尊重和信任，也渴望得到教师的关爱。职业学校教师要客观、平等地看待每一位学生，看到学生身上的优点，积极引导职业学校学生参加各类团队活动，充分发挥个人潜力，立足岗位成长成才。同时在指导职业学校学生共建积极师生关系的同时，帮助学生学会构建积极的社会关系。

3. 师徒关系的学习构建

职业学校学生走上工作岗位会面临一种新型的关系叫师徒关系。师徒关系通常被定义为一个年龄更大的、经验更丰富的、知识更渊博的员工（师傅）与一个经验欠缺的员工（徒弟）之间进行的一种人际交换关系。大量研究表明，师徒关系对徒弟产生的影响包括：职业期望、职业满意度、工作满意度、职业承诺、离职倾向、薪酬水平和晋升，等等。对师傅产生的影响包括：获得内在满意和尊重、职业生涯促进、支持性网络建

立、工作绩效提高，等等。❶

通过对有师傅的员工和没有师傅的员工比较研究发现，有师傅的员工会获得更多积极的内在成果，获得师傅的工作指导和建议。通过师徒制度的实施，可以增加师傅的荣誉感和责任感，也可以使新员工更快地融入企业，从而推动企业的成长。职业学校学生认识师徒关系的重要性，并学习构建积极的师徒关系是走上工作岗位、立足岗位成才的关键。职业学校学生可以通过提高勤劳肯干、刻苦钻研等优秀品德、加强知识和技能学习、虚心向师傅请教等方式，积极构建良好的师徒关系，让师傅引导职业学校学生顺利走进职场。

## 三、同伴关系

同伴关系是同龄人间或心理发展水平相当的个体间在交往过程中建立和发展起来的一种人际关系。这种人际关系是平行的、平等的，不同于个体与家长或与年长个体间交往的垂直关系。同伴关系既是儿童社会性发展的重要背景，也是社会性发展的主要内容。❷

1. 同伴关系的影响因素

心理学界一般将儿童同伴交往经历的研究分为四个不同的层次，即个体特征水平、人际互动水平、关系水平和群体水平。个体特征水平研究个体的气质、性格、生理特征以及个体的社交知识、技能等与同伴交往的关系；互动水平上的同伴交往经历，是指两个个体在社会交往过程中交织在一起的行为，包括亲社会行为、攻击行为、退缩行为等；关系水平涉及两个相互熟识的个体间持续的互动，是一种双向的关系，反映的是两个个体间的情感联系；而群体水平常常是儿童出于共同的兴趣或处于相同的环境自发形成，也可以是正式建立的，学校中的班级就是最普遍的例子。这四个水平是互相联系、互相影响的。每一水平上的事件

---

❶ 韩翼，杨百寅. 师徒关系开启徒弟职业成功之门：政治技能视角 [J]. 管理世界，2012 (6)：124.

❷ 周宗奎，孙晓军，赵冬梅，等. 同伴关系的发展研究 [J]. 心理发展与教育，2015 (1)：62 – 70.

和过程都会受其他水平上的事件和过程限制和影响。这四个水平会影响儿童的同伴关系。

2. 同伴关系的积极意义

影响青少年心理健康的因素很多，其中同伴关系也是一个重要因素。良好的同伴关系既可以促进个体社会认知和社会技能的发展，也有利于增进青少年的身心健康，提升其主观幸福感；消极的同伴关系，不仅对青少年学业成绩和人格发展有阻碍作用，而且有可能导致不良行为、情绪问题乃至心理疾病的发生。大量研究表明，在学校被同伴拒绝的儿童比有良好同伴关系的儿童更容易辍学及参与不良行为活动或犯罪，在青少年时期活动成年早期也更容易出现严重的心理障碍。同伴关系与心理健康之间的相互影响和互为因果也使两者的关系变得更加复杂。❶

积极心理学认为，他人很重要，个人的成长和发展离不开和同伴的联系，因此积极心理学把朋友关系作为重点关注和研究。深厚的友情是构建个人积极人格、寻求社会支持、寻找快乐和幸福感的主要源泉之一。诚如美国思想家拉尔夫·瓦尔多·爱默生所言，"友谊既是快乐之源泉，又是健康之要素"。❷ 朋友是一个重要的社会支持来源。当身处困境时，朋友会给予及时的帮助，提出切实有效的建议。当职业学校学生离开父母进入住校生活、进入新的学校适应新的环境、学习知识技能准备步入社会的时候，都需要一群坦诚相待的朋友。

3. 同伴关系的积极构建

（1）父母要对同伴交往给予指导

父母在孩子心中具有一定的榜样示范性和权威性。英国教育家洛克说过，"没有什么事情能像榜样那样温柔而又深刻地融入人们的心中"。在教育孩子的过程中，父母与子女的交往理念、态度和方式等，会潜移默化地影响子女与同伴交往的方式方法。父母应该鼓励孩子与同伴积极交往，并

❶ 陈少华，周宗奎. 同伴关系对青少年心理健康的影响 ［J］. 湖南师范大学教育科学学报，2007（4）：76－79.

❷ 张慧. 乐观和积极关系：对《个人历史》的积极心理学解读 ［J］. 新乡学院学报，2016，33（5）：41－44.

指导孩子同伴交往的方式方法，为孩子的同伴交往提供平台，在孩子同伴交往过程中出现问题的时候给予合理的建议，指导他们建立良好的同伴关系，同时帮助孩子客观评价同伴交往。

（2）学校要对同伴交往给予引导

在学校学生之间的同伴交往，教师要学会创设社团、创业、创新等积极的活动平台，为他们提供团队学习、合作创新的机会，教会他们在实践中学会相互给予帮助，建立积极的同伴关系。在学校教育管理工作中，正确引导同伴群体，应注重以下几个方面。❶

第一，了解同伴群体，尊重其交往需要。教师首先要意识到同伴群体是客观存在的，通过平时的谈话、观察、讨论等形式与群体中的成员进行沟通，了解同伴群体的核心人物、交友活动，以便更好地把握同伴关系的状况和动向。

第二，鉴别群体类型，有针对性地进行引导。教师要根据团体特征，选择有效防范对其进行积极的引导，让同伴交往健康发展。

第三，对于同伴群体中的孤立者给予及时的帮助。注重启发引导他们参与群体活动，及时鼓励和肯定他们的行为，使其及早地被同伴接纳。

# 第三节　积极关系典型案例

### 案例一：家长学校

#### 一、实施背景

根据习近平总书记关于重视家庭建设的重要讲话精神和《教育部关于加强家庭教育工作的指导意见》《江阴市中小学、幼儿园家长学校标准化建设实施意见》，为贯彻落实教育部 2014 年新修订的《中等职业学校德育大纲》，坚持以人为本、德育为先的教育宗旨，充分发挥学校在家庭教育

---

❶ 高旭，王元. 同伴关系：通向学校适应的关键路径［J］. 东北师范大学学报，2010（2）：161－165.

中的重要作用，江苏省江阴中等专业学校积极推动家长学校建设。

**二、实施过程**

1. 统一思想、达成共识，创造家校携手的良好氛围

家庭是社会的基本细胞。注重家庭、注重家教、注重家风，对于国家发展、民族进步、社会和谐具有十分重要的意义。家庭是孩子的第一个课堂，父母是孩子的第一任老师。家庭教育工作开展得如何，关系到孩子的终身发展，关系到千家万户的切身利益，关系到国家和民族的未来。我校积极推进家长学校的建设，充分发挥学校在家庭教育中的重要作用，创造家校合作育人的良好氛围，为地方经济发展建设培养具有良好道德品质和文明行为习惯的高素质劳动者和技术技能人才。

2. 建章立制、规范管理，做好家长学校的常规管理

（1）学校重视家长学校建设工作，将家长学校纳入学校的整体工作，组建了家长学校校务委员会。由分管德育工作的副校长任委员会主任，学工处主任兼任委员会副主任，副主任兼任教务主任，优秀班主任代表、家长代表任委员，四系、本科部德育主任兼任联络员。

（2）学校组建了家长委员会。由四个系和本科部各组建一个家长委员会。每班建立家长QQ群，由班主任作为学生家长的联络员，每班推选1~2名家长代表加入系部家长委员会。

（3）学校家长学校校务委员会制定了家长学校的章程和各项规章制度，设计活动记录表册（授课记录、学员签名表、活动反馈表），并由活动组织部门做好活动的相关记录（含活动通知、拍照和报道等），活动结束交家长学校的教务主任汇总存档。

（4）学校组建了家长学校的讲师团。通过学校培养和外聘等多种方式，组建一支家长学校的讲师团，担任面向学生家长的家庭教育讲课和面向全校班主任的家校沟通指导等工作。

（5）学校家长学校校务委员会制订家长学校的建设方案，每学期结合实际制订可行的教学计划。学校也确保家长学校的活动经费和活动地点，确保工作顺利开展。

3. 注重引导、培养品德，彰显积极德育的育人特色

（1）家长学校校务委员会设计了一份《家长问卷调查表》，在 2015 年 4 月和 9 月，分别面向 3657 名全校学生家长和 1239 名新生家长发放问卷调查，了解家庭教育情况，以及家长对于家长学校办学方式和授课内容的意见建议。学校对调查问卷内容、问卷回收情况和家长学校培训计划等五个方面做分析探讨。调查表明，问卷参与率达 95.43%，学生家长对参加家长学校活动的热情高、需求大，增强了学校全力建设家长学校的信心和决心。

（2）学校组织全校学生分批次进行在线心理测试，了解学生心理状态，建立学生心理健康档案，定期对心理特异学生进行疏导和跟踪。向每位学生发一张心理健康教育卡，接受网上在线心理咨询预约，定期开放心理咨询室，提供学生心理咨询的途径和方法，帮助学生舒缓压力，调节情绪。通过班主任老师与家长的定期沟通，联合家庭教育的力量，引导学生学会积极调适心理。

（3）开设幸福教育课程。以培训、网上课程等形式，向教师传授自身幸福和培养幸福学生的方法；依托班主任，利用班会课，连续三学年开设积极自我、积极情绪、积极关系、积极投入、积极意义、积极希望六个模块的幸福教育课程，逐步推广幸福教育课程，培养学生的六大美德和 24 种积极品质；依托德育骨干和班主任开展幸福教育的实践活动，训练、内化师生的积极动力，帮助学生建立积极而稳定的内心力量，学会调节情绪，获得爱与被爱的能力，体验过程的快乐，追求幸福而有价值的人生，建立对美好未来的希望感，获得追求幸福的能力。

（4）班主任利用每班家长 QQ 群，定期分享科学家教的视频、文本等资料，让家长随时随地都能接受学习和培训。

（5）每学期各系部组织一次家长开放日活动，向学生家长宣传和展示学校的积极德育，邀请优秀家长代表分享成功家教的经验，开展家庭教育的座谈。

（6）家长学校校务委员会以"重视家庭教育"、亲子沟通、情绪管理、家长示范、亲子关系、倾听孩子等为主题，利用校信通平台，每周向全校

学生家长发送亲子沟通等主题的短信，引导学生家长重视家庭教育，传递科学家教理念、知识和方法，为学生健康成长营造良好的环境。

（7）家长学校校务委员会在学工处网站设"家长学校"专栏，使用学校微信公众号平台，传播学校教育信息、传递优秀家庭教育理念，让家长主动关注学校教育，提高对家庭教育重要性的认识，主动学习家庭教育的新方法，形成家校合作育人的合力。

4. 系统培训、内容丰富，确保家长学校的课程质量

我校的家长学校自2015年3月启动以来，共举办了八期大型活动。机电工程系陈志峰主任邀请系家委会代表来校参观学习，并做"家长在学生教育过程中的主导作用"的讲座；电气工程系邀请江阴电台"家长也来晚自修"节目主持人俞静做"与青春期孩子的沟通技巧"的访谈；经管商贸系邀请专家做"父母在家庭教育中的态度比方法更重要"的讲座；本科部邀请专家做"父母与高中生的亲子关系"的讲座；全校组织新生家长收看北京师范大学钱志亮讲座视频"新时期的高中生家长"；邀请中科院老科学家讲师团团长钟琪女士为家长代表做"发挥孩子潜力，成就幸福人生"的讲座；聘请暨阳大讲坛传统文化教育副教授张雁做"回归教育的本质——从百善孝为先谈起"的讲座；本科部戴浩主任做"我们然后做家长"的讲座。

通过讲座、访谈、参观座谈等形式，参加家长学校培训学习的家长达3000多人次，家长对家长学校管理、课程、讲师的满意度达90%。

三、实施效果

1. 学校联合社会资源组建家长学校讲师团

学校一方面依托本校或教育行政部门，从各级各类德育名师中培训家长学校讲师；另一方面聘请大学教授或社会专家学者担任家长学校的讲师来校授课，联合学校和社会力量，组建一支家长学校的讲师团队。

2. 家长学校办学形式灵活，方便家长学习

学校一方面通过微信、QQ、短信等方式，传递科学家教的知识，家长随时可以通过新媒体进行学习；另一方面通过讲座、访谈、参观座谈等形式，邀请家长来校学习，家长在体验式教学中学习如何做家长。同时，学

校尝试开展亲子活动等方式，培养良好的亲子关系。

3. 学校用德育科研引领家长学校建设

学校在实践中探索家校合作育人的新形式和新内容，同时申报"家长学校"课题研究，通过德育科研的形式深入指导家长学校的建设，并形成一定的研究成果示范推广，提升家长科学家教的水平，共同营造良好的家庭教育环境，促进学生的健康成长。预计通过三年的建设，结合实际自编家长学校家长读本。

后期，学校将在家长学校起步的同时，积极探索和实践如何设置不同年级、不同专业、不同层次的家长学校课程。初步考虑通过设置每个年级家长的必修课程和选修课程，达到普及教育和深化教育的要求。根据家长学校课程的内容，通过学校培养和社会合作外聘相结合的方式，组建一支动态的家长学校讲师团，通过讲座、访谈、参观、团队活动等形式，开展家长喜欢的教育活动。学校也在实践中探索家校合作育人的新形式和新内容，提升家长科学家教的水平，共同营造良好的家庭教育环境，促进学生的健康成长。争取通过三年的建设，学生家长每年参培率达100%，家长满意度达95%以上。

## 案例二：积极课堂

### 一、实施背景

和谐的人际关系不仅是学校素质教育的重要内容之一，更是学生健康成长的关键。教育部印发的《中小学心理健康教育纲要》（2012年修订）指出要将心理健康教育始终贯穿于教育教学全过程，帮助高中年级的学生认识自己的人际关系状况，培养人际沟通能力，促进人际间的积极情感反应和体验。根据《国务院关于加快发展现代职业教育的决定》，职业学校的课堂教学可以通过探索和实践合作探究、翻转课堂等方式，营造积极教学的新课堂，实践积极教学的新模式，开展多元并举的教学评价，激发学生学习的兴趣，提高学生自主学习的能力。

### 二、实施过程

1. 合作探究，营造积极教学新课堂

随着信息技术的普及应用，根据职业学校专业建设与教学工作实际，新的教学方法应运而生，其中合作探究法得到广泛认可。合作探究教学就是让学生通过开放式教学，从实验操作与合作交流等活动中获得知识与技能。

（1）创设情境、提出问题

教师采用以旧导新、设疑激情等方式创设自主探究教学的问题情境，激发学生探究欲望，为其获取新知识抛砖引玉。给学生以足够的时间和空间，让每个学生围绕探究的问题，决定探究的方向。对学生而言，该问题的设计应具有一定的可自由发展的空间。探索过程中教师适时提示，帮助学生沿概念框架逐步攀升。

（2）交流提炼、得出结论

交流提炼主要是小组合作交流，围绕问题收集到各类事实，及其对事实的解释，通过分组互助、集体交流的方式，使问题得到解决。

分组互助：将班级学生按每小组 3~5 人分成几个学习小组，小组成员在学习中发挥互助功能。在教学中立足中等生，扶持学困生，发展优等生，他们对探究结果进行互相讨论、互相补充、互相教学，各自发表自己的见解，充分发挥生与生之间的互补作用。

集体交流：对小组教学中出现的各种结果，运用分析、比较、讨论等方式进行集体交流，促进学生自我思考、积极交流、融会贯通，在各自得出的结论之间建立联系，以求得最佳的答案，并达成共识、得出满意的结论。同时建立生生、师生之间多维互动的合作交流方式，并充分发挥生生、师生之间互补作用，使学生参与到自主解决问题的全过程。

（3）深化练习、有效迁移

练习是教学过程中学生实践的主要形式，是掌握知识、形成能力的重要手段。教师是活动前的策划者、活动中的合作者、疑难处的引导者，教师的任务是搭建一架无形的"梯子"，让学生在合作探究的登攀中拾级而上。练习应以能力养成为依据，以学生实际为出发点，以学生接受性为尺度。练习的设置应体现问题的多向性、解决问题策略的多样性，能面向全体学生并结合学科的特点，分层分类，具有拓展性、开放性、探究性，注重学生思维的流畅性、多变性和独创性，使学生能自主解题并自觉检验，鼓励发散思维。同步、有梯度的练习为每一层次的学生设计可选择的空间，让学生充分地阅读、讨论、理解，这样就变"吸收—存储—再现"为"探究—鼓励—创新"。

合作探究的课堂，少了不该有的条条框框，多了应有的自由与宽容，增添了自主学习的自信和勇气，在这种不拘一格的教学形式中，在这样和谐融洽的氛围中，思维的闸门开启了，智慧的浪花迸发了，激荡起了创新的激情和成功的欢欣，教师的劳动涌现出创造的光辉和人性的魅力。

2. 翻转课堂，实践积极教学新模式

对于职校生的专业课程教学，教师用传统的课堂教学方法讲授专业知识、指导学生训练专业技能，大部分学生的学习积极性不高，自主学习意识不强，为应付考试或考证的学习，也很难适应未来职业化发展所需要的学习能力。翻转课堂[1]是指在信息化环境中，课程教师提供以视频为主要形式的教学资源，学生在上课前完成对教学视频等学习资源的观看和学习，师生在课堂上完成作业答疑、协作探究和互动交流等活动的一种新型教学模式。职业学校采用翻转课堂教学模式，学生通过听讲解、看示范、做作业、评教案、练习题、解疑问等环节开展自主学习，提高了学习兴趣和学习能力。

（1）课堂教学实践翻转课堂

开展翻转课堂教学，课前准备工作必不可少。教师要根据教学的需要，组建团队二次开发教材，选择适合翻转教学的章节，分组录制微课，设计习题。考虑到大部分职校学生还没有普及电脑，也可以根据实际情况尝试课内翻转实践。通过分组讨论学习等形式，引导学生积极参与课堂讨论，开心分享学习体会，增强主动学习的意识和同伴交流学习的氛围。

（2）课后评价改革翻转课堂

---

[1] 钟晓流，宋述强，焦丽珍. 信息化环境中基于翻转课堂理念的教学设计研究［J］. 开放教育研究. 2013，19（1）：58－64.

翻转课堂教学激发了师生对专业知识实际应用的探索。教师可通过结合生产实际，组织学生到企业参观学习，由企业技术工程师给学生讲授并做演示，学生真实地体验专业技术的应用。也可结合课程，布置学生一些调研项目并形成调研报告、做成 PPT 做小组交流分享。而课堂变成巩固知识的过程，提高了学生的学习能力，把知识转化为技术应用，实现了职业体验。这时候，传统的教学评价已经不能有效评价学生的成绩。教师可改革教学评价方式，按自评、组内互评、组间互评、教师评分相结合的方式汇总统计考试成绩。学生从背诵知识点应付考试转变为分享知识、交流技术，享受交流分享、同伴互学带来的学习乐趣，同时也提高了理解、分析、讲解的能力。

（3）体验参与共享翻转课堂

传统的课堂教学，教师和学生之间做简单交流，学生用传统作业的方式向老师反馈学习结果，而没有学习过程和学习体会的交流。而教师对学生学习的评价方式也比较单一，只有笔试或操作。而翻转课堂把学习的主动权交给了学生，克服传统教学中被动学习的状态，学生在调研、分析、交流等活动中，成为学习的主人，提高了职校生的学习能力，真正培养了专业素养和专业实践能力。学生对教师的教学评价也提高了，构建了新型的师生合作关系，促进了教学资源的开发利用，为师生提供了互动的交流平台，师生在体验参与中共享翻转课堂。

3. 多元并举，践行积极教学新评价

中职校的教学评价是促进教育教学不断优化的重要手段之一，它具有导向、判断、改进、激励等功能，对师生的积极评价，能有效地影响他们自我认识、自主行为，形成积极动机，践行"积极教学"。

（1）服务学生，教学评价多视角

中职校教学评价的主要目的是促进有效学习，锻炼综合能力，养成良好的素养。作为评价者，应从多个视角对中职生进行积极评价：既关注知识的积累，又关注参与的热情；既关注个体的发展，又关注协作的品德；既关注技能水平的提高，又关注创新能力的提升；既关注整堂课的收获，又关注各环节的表现；既关注学习效果的达成，又关注学习方法的养成。

积极评价的视角还应包括探究精神、收集资料，筛选信息，掌握技能等，多视角评价就是要做到立足现实的终结性评价与面向未来的形成性评价相结合。

（2）殊途同归，教学评价多途径

条条大道通罗马，教学评价亦如是。积极的教学评价，既有管理者的评价，也有教师、学生、家长、企业多方参与评价。教师评价，挖掘中职生的闪光点，以发展的眼光看待中职生，多以正面肯定带动中职生的自信心、上进心；自我评价，让中职生学会审视自己，客观公正地看待自己，提高自我反思能力；生生互评，学会用欣赏的眼光看待他人，见贤思齐，提出中肯的建议，善于倾听伙伴意见；家长评价，家长对学习习惯、自觉性、沟通能力、劳动表现等方面评价，促进中职生行孝扬善、以德为美、吃苦耐劳、自立自强；企业评价，企业对顶岗实习期间及毕业后在遵守厂纪、出勤、工作态度、责任感、能力素养、同事协作、质量意识、发展潜能等方面评价，校企合作有助于做好人才培养与教学质量的反馈。

（3）齐头并进，教学评价多举措

"教然后知困，学然后知不足"，教学评价既是教学的催化剂，又是师生教学状态的还原剂。教学评价是一项系统工程，需要方方面面齐头并进才更客观公正。多样化的检查：教案、作业、试卷、辅导等强调对课堂教学的质的分析，定性和定量相结合；多样化的巡视：课前、课堂、课后、活动、课间操、自修课等强调规范意识，注重学习状态，注重中职生习惯的形成；多样化的比赛：同课异构，五课，微课侧重团队协作辅导，展示师生的素质，发展优秀禀赋；多元化反馈：教学公开日、推门听课、座谈会、问卷调查，窥一斑见全豹，强调日常工作严谨，应讲究细微处；专题讲座和横向交流学习，第一课堂与第二课堂相结合，拓宽视野，丰富技能……多样化评价强调过程，注重发展功能：一次评价不仅是对某一活动的总结，更是下一段活动的起点、向导和动力。评价方式的多样化追求从不同角度提供师生学习和发展的信息，帮助师生排忧解难，资源共享，快速发展，更上层楼。

多元并举的教学评价，有助于激发师生兴趣，积极参与课堂教学；多元并举的教学评价，有助于改善中职生的学习态度和学习方式，对学习充满信心，敢于挑战自我，超越自我；多元并举的教学评价，尊重个体差异，坚信努力后能进步，促进中职生真正按照自己应有的方式成长，成为具有独立精神及创新精神的人才。

### 三、实施效果

职业学校学生在小组合作学习过程中，培养自主学习、优势互补、勇于创新的职业精神，主动积极开展各项校企产学研合作服务，将课堂学习的技术技能向企业服务积极转化，尝试借助校企合作的平台，在团队合作工作中构建师生、同伴之间的新型合作关系。我们相信，同伴之间真诚地开放心扉，合作"共赢"才能长久，才能走得更远，前景更广阔。

# 积极体验：积极德育的实现途径

增进学生的积极体验是培养学生积极品德的一条最有效途径。积极体验能提高学生的自尊水平，产生信心和希望，能激发学生进取的热情，从而能努力实现自我优良品质的发展。好的教育在本质上是教育者的自我教育，就是指受教育者发挥自己的优势和积极力量，打破自身内在的原有平衡，从而建立新的平衡，实现自我提升的过程。在这一过程中，受教育者进行积极体验之后，就会对自己提出更高的成功动机和发展要求，而这种要求由于来自受教育者自身，与自己有着天然的亲和力，也更容易为自己所接纳、发展、内化、稳定，从而形成某种积极的人格类型特征。

## 第一节　积极体验概述

### 一、积极体验内涵

情绪与情感是人对客观事物是否满足自己的需要而产生的态度体验及相应的行为方式，包括主观体验、生理激起和外显表情，而其中，"体验"被认为是情感和情感的基本特征，与情绪与情感的关系最为密切，所以，人们常常将情绪与体验结合起来使用，称为情绪体验。

所谓积极体验，或称积极情绪体验，主要是指客观事物能满足人的需要而产生的情绪反应与心理体验。积极体验主要以主观幸福感为中心，着重研究人针对过去（满足、满意、骄傲、安宁和成就感等）、现在（高兴、福乐和身体愉悦等）和将来（乐观、信心和希望等）的积极情绪体验，通常指个体满意地回味过去、幸福愉悦地感受现在、满怀希望地面对未来这样一种经常性积极的心理状态。积极情绪体验也是一个颇有争议的概念，争议之处在于对积极的理解差异。有的心理学者认为积极就是一种自我愉悦的特性，一种具有正向积极价值的情绪。而有的心理学家则认为积极情绪能激发人产生接近积极行为或行为倾向的一种情绪，不一定都具有正向价值。求同存异，按照此标准，现在大多数心理学研究的共同趋势，即所有能激发个体产生接近积极行为或具备积极行为倾向的情绪体验都称为积极体验。

在日常的学习生活中，每个人都有过积极体验，但这种积极体验却并没有为我们所重视，在积极心理学的指引下，这种积极体验逐渐显露出了自己的真面目。

## （一）福乐

"福乐"是我国积极心理学研究者任俊根据国外积极心理学中"Flow"翻译而来的。目前，在我国，对于"Flow"的翻译并没有统一，除了"福乐"外，"Flow"还被翻译成了"沉浸""心流"和"流畅感"等。

### 1. 福乐的内涵

福乐的概念是由希卡森特米哈伊于 20 世纪 60 年代提出来的，他在所写的博士论文中用到了"Flow"一词。当时，希卡森特米哈伊选取了在自己所从事的研究中表现出了非凡毅力的数百名攀岩爱好者、国际象棋选手、运动员和艺术家，对他们进行了访谈。在访谈中，希卡森特米哈伊发现，这些受访者都认为自己在所从事的活动中获得了一种令人十分兴奋的情绪体验，正是这种情绪体验让他们愿意多次持续地从事这项活动。这些受访者采用隐喻的手法，将这种情绪体验形容为"水流"（Flow）并说明这种情绪状态能毫不费力并且源源不断地涌现。根据这一访谈结果，希卡森特米哈伊提出了"福乐"这一概念，并对其进行了定义。希卡森特米哈伊认为，"福乐"是指人们对某一活动或事物表现出浓厚的兴趣并能推动个体完全投入某项活动或事物的一种兴趣体验，这是一种包含愉快、兴趣等情绪成分的综合情绪，而且这种情绪体验是活动本身而不是任何外在其他目的引起的。从这个定义中我们不难看出，福乐的内在含义是一种快乐的心理状态。

2. 福乐的特征

自从福乐被提出之后，很多学者都对它进行了研究，并取得了众多的研究成果，在这些研究成果的基础上，可以得到福乐状态下个体的一些特征。

（1）个体会强烈地把注意力集中在当前从事的活动上。

（2）意识与正在从事的活动会合二为一。

（3）会暂时失去一些自我意识。

（4）能认识到自己有能力掌控自己当前所做的行为活动。

（5）会出现暂时性体验失真。

（6）活动体验本身成为活动内在动机，通常情况下完成活动就是进行活动的最好理由。

（7）具有直接的即时反馈，活动的每个环节都是对上一活动环节的反馈。

（8）个体所感知到的活动挑战性和自身的技能水平间具有平衡性。

（9）有明确的活动目标。

以上这九条特征合在一起，那就是福乐状态了。

3. 福乐状态产生的条件

个体想要拥有福乐，必须要具备以下三个条件。

（1）挑战与才能相互平衡

要想达到福乐状态，挑战与才能之间的相互平衡是必不可少的。所谓挑战就是指本人通过一定的努力，并克服一定的困难，能完成的一种任务和能胜任的一种活动，所谓才能是指与从事的活动相匹配的技能、技巧等。当挑战与才能之间达到一个平衡位置时，个体才会拥有福乐体验。换句话说，当个体经过一定的努力后可以完成相应的挑战，福乐状态才会产生，例如，骑自行车，当个体经过一定的努力学会骑自行车时，就会有福乐状态的产生。

需要指出的是，由于挑战与才能之间并不是总是处于平衡中，因此，福乐状态也是在不断地变化的，例如，没有学会骑自行车的人学会了骑自行车时，会产生福乐状态，但是当他已经学会了骑自行车之后，再进行骑自行车的活动不可以使我们以一种方法来永远获得福乐体验。事实上，福乐是推动人不断发展和进化的一种原动力，人类总在福乐的伴随过程中获得进步，又在福乐的失去过程中寻找新的挑战。在一些活动中，我们之所以不能体验到福乐或者体验到较短暂的福乐，是因为活动本身存在不同的挑战度。所谓挑战度就是在活动者才能所及的范围内，活动本身的挑战性（难度）与从事活动的人的才能之间的梯度，梯度越大则挑战度就越大，反之则越小。但并非是挑战难度越大，福乐的体验就越大。如果一个活动的难度远远超过一个人的能力范围，则活动本身就会变得不可能进行，自然也就不会产生福乐体验。因此，在挑战与才能之间需要寻找到一个平衡点才能够产生福乐。

（2）从事的活动要具有一定的结构性特征

并不是所有具有合适挑战性的活动都能让人产生福乐的，一个活动，要想让人产生福乐，还必须具备结构性的特征。所谓结构性特征，就是指一个活动，应该具有确定的目标、明确的规则和相应的评价标准，也就是说活动要具有可操作性和可评判性。一些活动，例如体育活动、艺术活动、国际象棋比赛和围棋比赛等活动，就都具有这一特征，因而也最容易产生福乐体验。

（3）个体具有自带目的性人格

从对福乐的研究结果来看活动本身的结构性特征，并不完全决定了个体福乐的产生，它还需要个体具有自带目的性人格。当一个个体具有自带目的性人格时，他所做的任何事情总的来说是因为自我的原因，而不是为了获得任何其他的外在目的，另外具有自带目的性人格的个体常常会对生活充满好奇和兴趣，在生活中也显现出具有耐心性和坚持性，能更多地从内在动机方面对自己的行为做出自我奖赏，从而更容易产生福乐。

### （二）主观幸福感

幸福定义为使人心情愉快舒畅的生活状态。也就是说，幸福是一种主观精神层面的情绪体验，一种称心如意的主观体验，是每个人根据自己的标准对自己的生活质量进行评价后的主观体验。

**1. 主观幸福感的概念**

积极心理学认为主观幸福感指主体主观上觉得自己已有的生活状态与心目中理想的生活状态比较相符合，从而产生的一种肯定的态度和感受。也就是说，主观幸福感既是一个人对自我的生活状态、周围环境和相关事件的满意的认知和评价，也是一个人在情绪体验上对这些方面的主观认同。积极心理学认为，主观幸福感是一个人积极体验的核心，也是其生活的最高目标。

**2. 主观幸福感的特点**

（1）主观性

个人的主观幸福感存在于个体的经验之中，依赖于个体内定的标准，而不是他人或外界的准则。每个人都可能具有同等程度的幸福，但它们的实际标准却是不一样的。在此意义上，尽管健康、金钱等客观条件会对幸福感产生影响，但它们并不是幸福感的内在和必不可少的部分。

（2）两维性

个人的主观幸福感的一个维度是积极情感体验，另一个维度是消极情感体验。过去人们以为，积极情感越多的人，消极情感就会越少，反之亦然。近来的科学研究却发现事实并非如此。人们的消极情感和积极情感是两个不同的维度，既可能一个高一个低，也可能两个都高或都低。

（3）整体性

个人的主观幸福感不是源自个体对某个生活领域的狭隘评估，而是包括个体对其生活状态的整体评价。成年人的生活内容，包括家庭生活、职业生活、社会生活等多个领域，幸福感不是由某一领域决定的，而是由个体对多个领域的整体生活感受决定的。

**3. 主观幸福感的影响因素**

虽然每个人对幸福的理解各不相同，幸福感又属于个人主观的体验，但心理学研究仍然发现了一些影响主观幸福感的重要生活因素，这些因素主要包括以下几方面。

（1）家庭因素

在个体的生活领域中，家庭是最稳定且互动最为频繁的一部分，所以对个体的主观幸福感有重要影响。在家庭因素中，夫妻关系、子女关系、家庭事件等都对个人的主观幸福感有重要影响。

（2）工作因素

现代社会中，工作是人们生活中一项非常重要的内容，成年人的工作时间每天至少有 8 小时，因此，工作因素对个体的主观幸福感同样具有重要的影响。

（3）交往因素

生活在社会中的每个人都要和其他人发生交往，因此，交往也是影响个体主观幸福感的重要因素。正常交往形成的友谊能够让人在悲伤时获得安慰，在困难中获得帮助，在休闲时获得愉快。孤僻的人难以在交往中获得幸福感，但广交朋友者也不一定在交往中获得幸福感。只有个体获得了稳定而深厚的友谊，并且这种友谊萌生出的归属感和团结的精神才会让人感到幸福。

4. 主观幸福感的培养

（1）保持乐观自信的心态

拥有乐观而自信的心态是每个人持久快乐的重要基础，如果一个人在内心里对自己持否定的态度，认为自己不好，那么即使他有金钱和地位，也没有办法得到真正的快乐和幸福。相反，如果一个人肯定自己、相信自己，拥有乐观而自信的心态，那么他在任何情况下都不会对自己丧失信心，也根本不会对自己的生活不满意，这样的人自然就会有比较强的主观幸福感。

（2）做一个健康的人

做一个健康的人是个体获得主观幸福感的主要条件。选择一种健康生活方式，做一个健康的人，比请一名私人医生的作用更大，要想做一个健康的人，就必须要做到善待自己的身体，养成良好的生活方式；做到每周保证有一天能够完全抛开工作，让自己彻底放松下来；做到保持合理的膳食结构，为身体提供足够的营养；做到尽量远离烟酒这类公认的对健康不益的物品；做到定期参加体育锻炼。

（3）积极改善人际关系

斯多葛哲学认为，通过客观和理性可以达到幸福，高质量的人际关系，跟个人的主观幸福感息息相关。我们可以通过以下几种方法来改善自己的人际关系。

①培养自己良好的内在品质和品性。社会心理学家建议，要想维持和提高自己的持久吸引力，培养自己的良好品质和品性是一个非常重要的条件。

②积极增加社会交往，与他人更多地进行信息交流和情感沟通。在沟通过程中，尽可能采用积极的方式，如提供信息、面带笑容等，减少消极方式的使用，这样才能提高交往的有效性。

（4）有一定的爱好

个体只有拥有一定的爱好，精神才会有所寄托，心灵才有所附着。我们身边常常会有这样的人，他们在工作之余便无所事事，要么对着电脑枯坐一整晚也不知道自己干了什么，要么就在麻将桌上消磨空闲时间，但其实他们自己也觉得打麻将很无趣。于是他们经常诉说生活的苦闷和烦恼，大呼生活无聊又无趣。由此可见，如果心灵毫无寄托，就难免深感寂寞，也无法避免忧闷，幸福感自然也就消失不见了。

**（三）生活满意度**

就个体的生活体验来说，除了新生儿之外，每个人都有自己的过去，对于自己的过去，每个人都具有一定的满意度。满意度是建立在回忆的基础上的，是现在对过去的解释。我们需要正确地理解过去，获得对过去生活的满意度。

一个人生活满意的基准线就是所谓的生活满意点，这个概念最早是由美国心理学家布里克曼和坎贝尔提出的。有些人的生活满意基准线很低，基准线包含的范围相对就很窄，那么这些人对生活的要求就非常苛刻，对什么都不满意；而有些人的生活满意基准线很高，也就是这条线包含的范围很广，那么这样的人对自己的大部分生活都感到满意。也有人把生活满意点称为生活满意的回归线，这就是说，当一个人经历一件消极事件之后，他在短时期内可能会感到沮丧，但过了一段时间后，他的心理状态又会回到原来这条基准线附近。反之，当一个人经历了一件快乐的事后，他在短时间内也会处于非常快乐的心理状态，但一段时间之后，他的心理状态也会回复到这条基准线附近。

个体过去的生活经历与其先天的某些生物特性相结合构成一个人的生活满意点，不同的生活满意点对我们的现在和将来都发挥重要作用。不同的人之所以有不同的生活满意点，主要有以下两个原因。

（1）各自先天的生物因素不同，这一因素是我们祖先早就为我们预先分配好的，我们也许能对其施加一定的影响，但在我们的有生之年肯定不能对其进行大的改变。

（2）我们过去经历过的生活经验，这些生活经验也会以某种方式被我们整合到生活满意点中。

但需要注意的一点是，生活事件本身的性质并不能直接影响我们的生活满意点，只有当某一生活事件被我们大脑进行加工时，伴随着加工过程我们会产生相应的情绪体验，这一情绪体验才会影响到我们的生活满意点。人的情绪体验具有主观性，也就是说，我们可以以自己的方式感受一定的外在事件，如我们既可以用积极的态度也可以用消极的态度对待外界的同一事件。当然，这一过程要排除那些丧偶、失业等极端的事件，这些事件可以不经过大脑有意识的加工就直接影响到我们的生活满意点，因为这些事件与我们的原始情绪相关，直接关系到我们的生存，所以它们几乎是自动地使人产生相应的情绪。

个体的生活满意点会随着个体生活体验（一定是长期的）的不同而发生一定的变化。例如，当个体长期处于满意或不满意的状态时，就会对满意或不满意的状态视而不见，无动于衷，不再表现出原来的满意或不满意体验。也就是说，即使再有原来相同的事件出现，个体也已开始不再产生原来的那种满意感或不满意感。

## 二、积极体验重要意义

苏霍姆林斯基在他的著作中多次提到体验的作用，如"只有那体验到成功的欢乐的人，他才有希望成为一个更好的人"。积极的体验可以缓解学生的心理压力，使学生的幸福感更强烈。在课堂中，得到欢乐，可以让孩子积极参与。积极体验还可以满足学生的心理需要。人本主义心理学家马斯洛认为，人有七种基本需要，即生理需要、安全需要、归属和爱的需要、尊重需要、认识和了解的需要、美的需要以及自我实现需要。现代大多数学生都已经满足了的两种基本需要：生理需要和安全需要。而较高层次的需要却得不到满足，甚至被忽视。积极体验可以让学生拥有良好的情绪，让学生在积极体验中学习，使学生的归属和爱的需要、尊重需要、认识和了解等需要在积极体验过程中得到满足。

"积极教育认为增进学生的积极体验是发展学生积极品质的一条最有效途径。"受教育者出现积极体验（主要是心理享受）之后，就会对自己提出更高的成就动机和发展要求，而这种要求因为来自受教育者自身，与自己有着天然的亲和力，也更容易为自己所接纳、发展、内化、稳定，从而形成某种人格类型特征。

1. 积极情绪体验能促进个体良好道德品质的培养

在道德知识的传递与接受过程中，如果个体没有产生对于道德知识、道德原则与规范的认同、相信、赞赏等积极的情绪体验，那么这些知识只能是外在的东西，只有当个体产生了积极的情绪体验，他才能理解和感悟这些知识的价值与意义，并将之内化为自己的行为准则。在道德动机的激发与培养过程中，如果个体通过切身情绪体验感受到相关道德原则与规范的积极意义，或通过切身的情绪体验感受到道德行为的享受价值，那么个体才能真正确定道德的必要性，认同道德原则和道德规范。

在实践道德原则与规范的过程中，如果个体的某种"困难"是在伴随着积极情绪体验的活动中产生的，那么他通常会将之看作一种有益的挑战，看作一种促使自己不断发展、不断提高的契机，因而形成积极道德意志品质。

在道德行为的自律方面，情绪心理学关于情绪充予的研究，解释了积极情绪促进个体道德自律的心理机制。自律行为的产生，是由于特定行为经常导致某种情绪性的结果或经常引发某种性质的情绪体验，因而该行为与相应情绪体验之间形成了一种稳定的条件性联系，具体表现为该行为被充予了情绪或被情绪所定性，乃至其再现时可以引发相应的情绪体验及其反馈结果，并对人的行为产生内在的调节和强化作用。因此，如果个体的某种行为经常受到他人的赞赏、好评或奖励，并因而产生幸福、愉快、满足、自尊、骄傲等情绪体验，就会将这些情绪注入该行为之中，对其产生积极的情绪充予；如果个体的某种行为经常受到他人的指责、批评或惩罚，就会将这些情绪注入该行为中，对之产生消极的情绪充予。某一行为一旦被情绪所充予，不仅会使个体再从事该行为时产生与原来相同的情绪体验和相应的情绪性联想，而且会使个体通过行为的情绪性后果，亲身体验到为什么要这样做或不要这样做的原因或道理。"激发相应的情绪体验是道德教育获得实效的心理基础，而且在通常情况下，只有先'动之以情'，才能更好地'晓之以理'。"

根据情绪充予的原理机制，个体总是尽可能从事伴随积极情绪充予的行为，尽可能避免伴随消极情绪充予的行为，从而表现出道德行为上的自律。但是，消极的情绪体验虽然可以限制个体的不良道德行为及习惯的形成，有助于个体的道德自律，但却无益于积极道德行为和品质的培养。因为消极道德品质的抑制并不等于积极道德品质的形成，要培养积极的道德品质，还需要积极情绪体验对积极道德行为的情绪充予。积极道德品质的形成与培养，离不开积极的情绪体验。

2. 积极情绪体验有利于积极人格的形成与培养

美国密歇根大学的积极心理学家弗雷德里克森（B. L. Fredrickson）提出"积极情绪扩建理论"。对积极情绪体验的作用机制做了充分的实证研究与理论解释。她认为，积极情绪能扩展个人的即时思维——行动范畴，为个体提供了建设可持续的个人资源的机会，反过来通过产生积极的或称适应性的"情绪—认知—行为"为个人的成长和发展提供潜能，某些表面上看起来分散的积极体验，比如欣赏、满足、感兴趣和爱他人等，都能有助于支配一个人在某一时刻进行思想和活动的指令系统得到增强和扩张，也就是使指令系统变得更具有积极的特性，因此，这些分散情感能帮助个体建构起作用于人思想和行为的个人长久资源——从身体和智力资源到社会和心理资源，形成一种积极人格。

3. 积极体验中的心理享受与积极品德的培养关系更为密切

积极心理学认为，与感官愉悦相比，心理享受更有利于个体成长和积极品德的培养，因而成为促进个体积极品德形成和核心要素的培养。

感官愉悦与心理享受同属积极体验，彼此之间既密切关联也有所差别。感官愉悦与心理享受常常同时发生，彼此相互促进，心理享受可以使人体会到更多的感官愉悦，而感官愉悦的增多也能有利于心理享受的形成。感官愉悦是由外在刺激引发的一种直接感官反应，属感觉类的心理现象，没有认知评价（即外在刺激是否满足主体需要因而决定是否产生积极情绪）的这一环节，而心理享受的产生必须有主体的认知评价为先导，属知觉类的心理现象；一般来说，感官愉悦持续时间较短，会随着外在刺激的消失而消失、变化而变化，而心理享受持续的时间较长，并能迁移到学习、工作、生活等其他方面。这也就意味着心理享受依赖个体的主观需求与认知评价，有着比感官愉悦更为复杂的心理机制，因而与更多心理因素相关。这也表明了个体对于自身与他人道德言行、道德品质的感动、欣慰、赞赏、成就、快乐、幸福等心理享受十分有利于他们积极道德品质的培养，因此积极道德教育主张采用积极、正面的道德教育方法，激发受教育者积极的情绪体验，特别是激发其积极体验中的心理享受。

# 第二节 职业学校积极体验的实践探索

## 一、职业学校学生积极体验现状与分析

根据研究发现，职业学校学生的积极体验存在诸多问题。整体来说，造成这些问题的原因可以从内部和外部两方面来分析。从内部来看，学生

的人格特质、自我效能感、归因方式、价值观等都是造成他们产生心理问题的原因；从外部原因来看，家庭的经济情况、父母的教养方式和他们的人际关系处理能力都是影响心理发展的原因。根据调查，我们发现，影响职业学校学生积极体验的问题主要有以下方面。

### 1. 男生的积极体验低于女生

总体来说，男生的积极体验低于女生。在整体生活满意度，男生的积极体验低于女生。这主要在于男生在社会上和家庭中需要承担的角色与女生的不同。男生被公认为是社会的栋梁、家庭的靠山。在传统思想中，男生需要为家族光宗耀祖，传宗接代，在现实生活中，男生需要承担的社会角色也非常重要，在大部分重要岗位中男性的作用远远大于女性。在家庭里，男生要担起养家糊口的任务。因此，男生对现状的危机感要大于女生。社会和家庭对男生的高期待也成为一个主要原因。大部分男生在家里是独生子，从小娇生惯养，缺乏抗击打能力，缺少挫折教育，所以一旦遇到困难，他们就会陷入困境，不知如何解决，可男子汉的自尊心又使他们低不下头，不认输却也找不到解决问题的办法，所以他们会有很多苦恼，于是影响积极体验。

### 2. 性格内向学生的积极体验低于性格外向的学生

职业学校学生积极体验在性格变量上存在显著差异。总体来看，性格内向的学生积极体验较少，性格外向的学生积极体验较多。性格外向的学生在表达和沟通方面一般都有比较强的能力，因此更能够在必要的时候缓解和抒发自己的压力。性格内向的学生不善于表达自己的内心的情感，缺乏与老师、同学、家长的交流和沟通，遇到不开心的事通常会压抑自己的情绪，即使是最要好的朋友也不愿互相倾诉，所以一般来说，更容易在心理上产生抑郁等现象，也会非常大程度上地影响到积极体验。

### 3. 低年级学生的积极体验少于高年级学生

职业学校学生积极体验在年级变量上存在显著差异。总体来看，高年级学生积极体验较多，低年级学生积极体验较少。究其原因，主要是因为高年级的学生在经历和经验方面较丰富，几年的职业学校生活也在很大程度锤炼和磨砺了他们，再加上马上面临毕业，学校管理和学习对他们造成的约束和压力都要告一段落，身份马上就要从学生变成社会人，工资的诱惑和身份的变化会使他对新的生活环境充满期待和好奇。而很多低年级学生刚刚脱离了父母，由走读变成寄宿，进入了一个新的学习和生活环境，一切都很陌生，有很大的不确定性和不适应性，所以他们必须有一个比较长的适应期。在这个适应期里，与同学之间，与老师之间，与家长之间都会有摩擦和矛盾，这种不适应会极大地影响他们积极体验。

4. 一般学生的积极体验少于担任班干部的学生

担任班委（团支部）干部的学生积极体验较多，一般学生积极体验较少。担任班委的学生被老师给予重任，他们拥有了一定的权利，角色发生了变化，心理上就会有满足感，觉得自己的能力得到了肯定，自信心很足，头上的光环也使他们处处"高高在上"，优越感十足，所以他们通常能在管理的过程中找到自信和权威，因此，能够在一定程度上增加积极体验感。普通同学处于被管理的群体，在被管理过程中，被否定，甚至被误会，被压制，产生自卑感的可能性很大。另外，由于普通同学展示自己的机会很少，所以会经常产生自我否认感，因此其积极体验较少。

5. 未获得奖励学生的积极体验小于获得过奖励的学生

校级及以上优秀学生积极体验较多，从未被评为优秀的学生积极体验较少。获得奖励虽然不能对物质和精神生活造成决定性的改变，但是却能给予学生被认可的满足感。这种满足感能够让学生在以后的学习和工作中认可自己，相信自己，建立自信。不能得奖的学生通常不能有被认同的感觉，他们觉得自己的成绩不被肯定，从面子上过不去，因此个人的自信心和满足感等积极体验都极度不足。

6. 没有爱好特长学生的积极体验少于有爱好特长的学生

没有爱好特长学生的积极体验显著少于有体育、音乐及其他爱好特长学生。总体来看，爱好特长从变量上学生积极体验由多到少依次是体育、音乐、美术、其他、没有。从学生素质上来说，特长爱好是一种可以提高个人素质、修养和品味的途径，而且还可以变相地提高他们在学校的名声，使自己拥有一种成就感。而且，在从事特长爱好的过程中，还能够缓解压力，提高个人积极体验。特别是在各种比赛中，他们会有机会展示自己的特长，较好的名次也会得到老师的表扬和学生的羡慕，从而提升自己的积极体验。

7. 不经常参加身体锻炼学生的积极体验少于经常参加身体锻炼的学生

锻炼时间不同，学生积极体验由多到少依次是 60 分钟以上、31~45 分钟、16~30 分钟、15 分钟及以内、46~60 分钟。职业学校学生正处于青春成长期，适当时间的锻炼，可以增强体质，而且，职业学校学生在平时的生活和学习中会遇到很多不顺心的事情，从而增加心里的压力，适当的身体锻炼还可以愉悦心情，释放心中的压力，从而增加学生的积极体验。不锻炼形成的慵懒，过度锻炼产生的劳累，都会影响到积极体验。

8. 人际关系差的学生的积极体验少于人际关系好的学生

总体来看，人际关系很好的学生积极体验较多，人际关系较差的学生积极体验较少。同学关系是学生在学校中最基本的人际关系，同学关系好与坏可能直接影响到学生的情绪，进而影响他们的积极体验。能搞好同学关系，就会有很好的朋友圈，就会很有人缘，相处融洽，矛盾减少，就会每天有好心情，从而增加他们的幸福感。而同学关系差的人，缺乏沟通和交流，会产生自卑感，从而降低了幸福指数。班主任和任课教师与学生关系的好坏也影响他们的情绪稳定和自我满足感。和班主任沟通好的同学，会得到班主任的理解和肯定，在学习和生活上能更好地得到班主任的指导，从而积极体验会较高。而学习成绩差的职业学校学生在语言沟通和交流上存在很大问题，有问题就自己解决，甚至采取不正确的方式，久而久之，学生就失去了与老师交流的欲望，积极体验就会偏低。而良好的家风也是影响学生积极体验的重要因素，家庭和睦、关系融洽，孩子的积极体验就会强。相反，父母经常争吵的、嗜好赌博的、离异等，孩子缺少父母的关爱，孩子的积极体验就会低。

9. 学习成绩差的学生的积极体验少于学习成绩好的学生

学习成绩越好，积极体验越高。从整体生活满意度来看，学习成绩好的学生积极体验最高。成绩差的同学积极体验相对比较低，因为在职业学校，学生的学习成绩与老师和同学对其的态度及今后就业的前景有很大的关系。相对来说，提高学生的学习成绩并不是最重要的，因为职业学校学生面临的不是学业而是就业。能够在岗位上实现自己的价值才是最重要的。必须帮助学生在保证学习成绩的同时，增加各项能力。例如，与人沟通的能力、团队协作能力、吃苦耐劳的能力和开拓创新的能力。这些能力的获得不能从书本上来，应当从实践中获得。因此，在学校的课程设置方面，应当多注重实践方面和能力培养方面的环节，避免单纯的理论、学术性教学。

## 二、职业学校学生积极体验的实践探索

积极心理学认为积极体验是可控的，它主要需要依靠个体发掘、辨别、培育和运用自身的优势和美德来实现，同时也需要外在环境构建积极的组织系统来实现。社会存在决定社会意识，生活在大的社会时代背景下职业学校学生群体身上同样带着深刻的时代烙印，这是无法改变的，也是作用空间很小的影响因素之一。因此，培育职业学校学生的积极体验，则需要后主体自身的努力和学校及家庭组织系统的积极干预来实现。此外，职业学校学生的积极体验有其自身的独特性，因此提升职业学校学生的积极体验必须要有群体针对性。职业学校学生的积极体验与家的联系更加紧密，良好的家庭环境能够给他们带来积极体验，和睦的家庭也能培养更高的积极体验感受能力；身心健康已经成为当代职业学校学生身上不可忽视的问题，身体和心理健康是积极体验的重要基础，起着为幸福保驾护航的作用；职业学校学生的积极体验得靠个人去争取，自身价值的体现不失为一种创造积极体验的重要途径；有了能力、有了基础、有了途径，还需要对职业学校学生的积极体验所处的校园环境进行优化，为职业学校学生的积极体验营造良好的校园环境同样必要，最后从反馈的角度对职业学校学生的情绪进行管理和引导，则为积极体验的持续发展创造了条件。如此层层保障，则能在一定程度上促进职业学校学生的积极体验提升的可行性和可持续性。

1. 保持健康身心状态，夯实基本保障

对于现代人来说，健康的意义除了身体健康外，更重要的是心理健康，以及过着有意义、有质量的生活。世界卫生组织宪章宣言指出，健康

是一种身体上、精神上以及社会关系上的全面良好状态，而不仅仅是没有疾病或不虚弱。对于职业学校学生来说，不管是他们的身体素质还是心理健康状况在一定程度上都是令人担忧的。据国家体育总局、教育部颁布的国民体质监测结果表明，职业学校学生身体素质近年来一直在下降。至于职业学校学生的心理危机状况也是比较严峻的。目前职业学校学生的整体心理素质不高，已经成为发生心理问题的高危群体。因此，关注职业学校学生身心健康成为每所学校和整个社会不可忽视的问题。另外，在调查中发现，职业学校学生的生命活力维度指标相比于其他维度指标来说是偏低的，不良的生活娱乐模式对他们的身心健康有着重要的影响，直接影响他们对人生意义的感悟和生活的质量。因此，加强学生的身心健康，引导他们树立科学、有意义的生活模式有着重要的意义。

此外，研究表明，当前学校心理教育在价值取向上偏离了心理健康的积极心理学取向，而陷入一种心理疾病预防和治疗的病态心理学取向。心理健康教育的培养目标要回归本原，实现自身重要的育人价值与人性意义，必须"以积极心理学引领学校心理健康教育的价值取向"。提高学生的身体和心理素质，并引导他们过着积极健康的生活，学校需要做到以下几点：加强学生的体质锻炼，坚持体育与美育、智育、德育的统一发展，增强学生的身体锻炼意识；普及心理健康常识教育，通过形式多样和学生喜闻乐见的心理健康教育提高学生心理健康水平以及有效帮助他人培养健康发展的能力；规范学生的健康观念，引导学生过有规律的、健康的生活娱乐模式，以及提高他们对生命的热爱和关注。对于职业学校学生本人来说，他们除了加强自我的身体锻炼外，需要有意识地提高自己的心理健康水平，具体需要做到以下几点：一是对自我和现实有正确的认识，客观地看待问题；二是提高自我调控能力，调节自己的情绪与行为；三是培养与他人建立亲密关系的能力；四是提高学习效率，培养生活热情，追求高质量的生活。

2. 提供自我展现舞台，丰富获取途径

提供自我展现的舞台本质上是为职业学校学生提供自我价值实现的机会，提供舞台还包括提供更多的奖励机会。通过各种各样的舞台，充分挖掘职业学校学生的各个方面的能力，使每个学生都能展现自己不错的一面，从而最终实现通过挖掘和培育学生本身的能力和美德来创造积极体验。活动载体是有效开展思想政治教育工作的重要途径。它有利于教育内容的"活化"，使学生在潜移默化的过程中接受教育，同时它可以是学生主体化，以一种主人翁的态度参与实践活动，在实践过程中学会正确接纳自己以及更加理性、成熟地应对面临的问题，实现教育与自我教育的有机统一。积极的活动载体，则通过先进的理念和科学的方法不断开发学生的潜能与学习的动力，使他们在实践过程中获得多方面的发展。

对于学校来说，除了不断拓展积极实践活动的内容和优化积极实践活动途径外，更需要做到以下几点：①树立"积极教育"理念，一切以发挥学生的自身优势和培育他们的积极品质为宗旨，为最终实现学生的幸福而服务；②活动的设计需要"三贴近"，即贴近学生的生活、贴近他们的学习和贴近学生的实际。具体来说要把握学生的思想行为特点以及他们的生活学习实际，在内容和方法途径上选择学生乐于接受和容易接受的；③在效果上增强学生的积极体验，让他们在实践中切实体会到幸福，同时学校开展的积极实践活动要有连贯性，成体系化，注意强化实践效果。

在具体实践工作中，学校需要做以下方面的工作：①积极引导学生做好人生和职业方面的规划，并对他们进行相关的指导和心理辅导，使学生对自己未来的方向和道路有清醒的认识；②督促学生在自我规划情况下有意识地锻炼自己相关方面的能力，提高创造积极体验的能力；③平衡学生的心态，引导学生正确处理好现在与未来的关系，使他们在珍惜现在的同时，积极为实现未来的幸福而努力。

3. 创造良好家庭环境，提升感悟能力

可以说家庭是积极体验的重要起源地和保障。职业学校学生的积极体验很大程度上来自和谐美满的家庭环境。家庭的温暖是积极体验的源泉。因此，这也是为什么绝大多数职业学校学生把家庭因素放在重要位置的原因。学校生活构成学生生活的大部分，是学生知识需求得到满足、自我得到成长与肯定、休闲娱乐得到满足的主要场所，而家庭的作用，则在学生求学期间一直起着潜在的和重大的影响，家庭关系是否和睦、完满直接影响学生对现实积极的感悟和自己的婚恋观。另外，对学生经济的保障情况一定时候也影响他们的积极体验。学校和家庭的力量需要有机统一起来，构建积极的相互支持的系统，而不能出现脱节现象。对于家庭来说，首先，家庭要保证学生的基本经济需求，避免在学习过程中不必要的生活困扰。其次，家庭需要构建和睦、民主的家庭氛围，给予学生学习生活一定的关心，支持孩子的想法及他们的努力付出，让家庭的动力也成为他们精神生活支柱的一部分，减少他们在校期间不必要的担忧与牵挂。

家庭环境氛围包括物质环境和精神环境。家庭的物质环境和精神环境是职业学校学生积极体验提高的重要基础。物质环境主要是家庭的家居环境，精神环境主要是父母与子女之间的关系类型。安全、清洁和友好的家居环境十分重要，影响学生看待世界的角度。和谐民主的家庭关系则能使学生具有更高的积极体验，也具有更高的发现美、创造幸福的能力。处在职业学校中的学生群体，其表现出来的积极体验和看待幸福的角度实际上就是一种积极体验感悟能力，这种能力大多跟家庭环境影响有重大关系。如果说学校培养了学生学习知识的能力，那么家庭则熏陶了职业学校学生感悟幸福的能力。为此，提升学生的积极体验，家庭环境十分重要。

因此，每个家庭除了在经济方面能够保证学生的基本生活保障外，同时注意通过一定的家庭情感构建和谐积极的氛围影响孩子，培育孩子正确的人生观和价值观，必要的时候加强与学校组织系统的联系合作，从而共同在培育孩子积极体验能力方面做出努力。具体来说，作为孩子"第一任教师"的父母，首先，应转变教育观念，重视孩子积极人格品质的培养，提高他们的生存能力。其次，要规范自身行为，树立科学的价值观念，以积极的力量教育影响孩子。另外，学校也需要主动加强与家庭之间的联系，特别是关注经济困难和家庭变故的学生的心理问题，必要时对某些家长进行必要的引导和帮助。学生一般受教育水平比父母稍高，而且很多父母为满足生存问题而忽视学生情感和家庭其他因素的考虑。因此，学生自己也需要明确求学期间的主要任务，以学习上的成就实现精神上的幸福，树立正确的消费观，并通过相关的实践活动在锻炼自己的同时获得相应的物质保障。同时也要注意对长辈的理解，并为家庭和谐做出自己的贡献，在理解和付出中感悟积极体验。

4. 营造积极人际氛围，改善生活条件

人际关系是影响职业学校学生积极体验的重要因素，而学生的人际交往却是离不开社会的。在社会上，积极体验是个体对自己与他人、集体、社会之间的关系以及对生活环境和社会功能的自我评估。其定义为个体对社会的整合感、对他人的认同感、与社会的和谐一致感、对社会的贡献感，以及对社会实现潜能与发展的信任感。虽然影响职业学校学生积极体验的只要是他们所处的社会大背景，但我们不可否认与学生有密切关系的校园环境对他们社会体验的重要影响。生活在象牙塔里的学生，他们除了通过网络及一些兼职活动了解社会外，实际上校园就是他们的微型社会。而这个微型社会环境的建设不仅影响他们的积极体验，相比大的社会时代背景，它们在一定程度上是可控的。相比其他群体，职业学校学生的生活基本上在学校这个微型社会中度过。因此，提升学生的积极体验，就需要构建积极的校园文化环境，在学生与学校的协同感、归属感、作为学校一分子的价值感、对学校是否能实现他们的潜能发挥的信任感方面做出努力。每所不同学校的文化精神都会培养出不同的人，这实际上一定程度上也为学生的良好人际关系的建立塑造良好的环境氛围。而校园文化主要包括两种类型：一种是学校内的学生文化，以学生的闲暇生活为背景，主要是学生组织社团活动；另一种是校园生活的多种内容，主要是由学校、师生、后勤等各成员共同主导的物质、制度、精神方面的生活内容。具体来说，校园文化的结构包括文化活动、校园精神和文化环境。因此，构建积极的校园文化环境需要学校各部门从这三方面进行积极贯彻，树立学校积极向上的一种具有蓬勃活力的校园环境氛围，让学生在和谐的校园环境中增添对学校的归属感和信任感，以及对未来生活的期盼。目前出现心理障碍的学生其困扰主要表现在学习问题、人际关系问题、恋爱与性问题以及求职与择业问题，其中情感问题和人际关系问题尤为突出。对于学校来说，学校需要树立积极的教育理念传统，通过积极心理健康课、积极团体心理辅导和个案咨询等积极心理辅导活动方式来培育学生的优秀品质和美德，使他们通过自身的优势和力量抵抗现实的种种压力与困扰，在面对生活以及实现自我成长的过程中，获得积极体验。具体来说，学校需要通过有效的积极心理学辅导练习培育学生的感恩品质，挖掘学生的突出优势，以及他们的积极主动式回应思维与行为等，使他们自身长期具备实现幸福生活的能力。同样，面对目前各职业学校学生心理危机严重的事实，学校更要做好积极心理预防工作，使学生对什么是心理危机、心理危机的症状表现、如何进行自助和他助等问题有清晰的认识。学生自己要树立为构建积极校园环境做出贡献的意识，同时培养自己建立良好人际关系的能力，并勇于和积极参与学校组织的积极心理辅导活动，在活动中获得成长。

5. 建立情绪疏通机制，实现持续发展

正向情绪和负向情绪是学生积极体验的外在表现，良好和稳定的情绪一方面折射出优质的积极体验状态；另一方面良好的情绪也能增长和强化积极体验。中国微笑协会的诞生和微笑活动的蔓延说明良好的情绪是可以带动人们走向幸福的。同样消解负向情绪是减少获得积极体验障碍的重要方法。每个人都有一颗追求幸福的心，但是很多人在弥漫的负向情绪中把积极体验感消磨殆尽，有的人不懂得正向情绪积攒的重要性，良好的积极体验难以延续，得不到质的提升。职业学校学生长期待在校园中，情绪极易受到学业成绩、情感问题、人际关系和社会因素的影响而出现波动。很多人不懂得如何正确处理而消磨了积极体验，因此要建立情绪疏通机制是非常必要的。情绪疏通机制包括两个角度、两个层面。两个角度分别是正向情绪积攒角度和负面情绪疏通角度；两个层面分别是学校层面和学生层面。首先，在学校层面，很多学校都设置心理辅导机构，但是问题在于这种机构职能在学生问题发生之后才做善后工作，效果不好，而且针对面狭窄。情绪疏通机制要求学校层面建立普及面广的正向情绪积攒机制和负向情绪疏通机制。正向情绪积攒机制主要通过提供学生正向情绪体验活动、学会微笑课程等方式实现，负向情绪疏通机制包括心理辅导机构外，还应该建立情绪发泄空间等。在广大中国职业学校中缺乏激烈的正向和负向情绪表达场所，情绪疏通通道太少、太单一。其次，是在学生层面，应当建立积攒正向情绪和疏通负向情绪的意识，了解两者对于幸福感的重要性。

在正向情绪的积攒方面，应当向积累游戏币一样，越多越好，这也是积攒大家常说的"正能量"；而在负向情绪的疏通方面，则要自动寻找发泄的途径，男生通过运动、游戏，女生通过逛街、倾诉，方式越多样越有利于积极体验的持续。中国的职业学校学生比较内敛，过于压抑是重症。如何让职业学校学生敞开心扉、自由表达是职业学校建立情绪疏通机制的重要切入点，也是职业学校学生自己走向幸福需要攻克的重要堡垒。总地来说，提升职业学校学生的积极体验，需要从影响职业学校学生不一样的因素上着手。对于职业学校学生来说，他们首先需要注重知识文化素养的培养，克服自身的一些缺陷，树立科学的价值观念。其次是积极主动去应对挑战，在实践中锻炼自己优秀的品质和人际交往能力，以及保持健康生活和情绪疏通机制模式，展现职业学校学生应有的蓬勃的生命活力；对于学校来说，学校教育都是在为成年人以后的工作铺平道路，职业学校学生主要在学校中实现社会化过程的转化。首先，学校要树立积极的教育理念，塑造积极的教育文化氛围，要求以一种积极的眼光来发现和培育学生的积极品质，训练学生积极乐观的思维，让学生在积极投入学习、享受学习乐趣过程中实现幸福。其次，通过把握学生的思想行为特点，让所做的工作积极融入职业学校学生的生活实际中，并以多样化的形式手段对他们的价值观进行引导，增强学生的学习的主动性，另外，学校要加强学生人生观、价值观的引导，培养学生树立正确科学的幸福观。最后，通过多种形式加强对职业学校学生的积极心理辅导，培育他们创造和持续积极体验的能力；对于家庭来说，家庭在提升职业学校学生幸福感过程中发挥着重要的支持作用，作为孩子"第一任教师"的父母，应转变传统的教育观念，重视孩子积极人格品质的培养，提高他们的生存能力和感悟积极体验的能力。另外，要规范自身行为，树立科学的价值观念，以积极的力量教育影响孩子。

# 第三节　积极体验典型案例

## 案例一：基于积极教育理念下的社团工作

### 一、实施背景

学生社团是由学生自愿参与、自主活动、满足社团成员兴趣爱好需求的专业性学生组织。学生社团在丰富学生课余生活，促进学生身心健康发展，发挥学生个性特长等方面发挥重要作用。为响应我校"积极教育"的理念，江苏省江阴中等学校校团委在整合全校资源后开办各级各类社团，通过开展思想性、知识性和趣味性的社团活动，丰富学生课余生活，陶冶学生情操，培养创新精神和实践能力，提高学生的综合素质，培养具有"现代班组长"潜质的高素质劳动者和技术技能人才。

### 二、主要目标

领会共青团十七大及习总书记重要讲话精神，结合"积极教育"理念中"学生管理、社团活动、创业教育、顶岗实习"的"积极实践"体系培养一个或多个同学们终身受益的兴趣爱好、行为习惯和职业素养。同时密切联系学生，时刻关注学生，充分了解学生，建设扎实的组织基础，搭建完善的阵地平台，不断扩大"积极德育"理念的影响，提升学生的活力，为共青团和学校的发展做出积极贡献。

### 三、实施途径

1. 修订各社团章程

社团总章程由校团委修订。社团的一切活动要在社团总章程规定的范围内进行，不得违背《中学生日常行为规范》，为做好社团组建启动工作，特制定《江苏省江阴中等专业学校学生社团管理办法（试行）》。具体社团组织机构内部职能以及各社团章程由负责该社团的处室参考总社团章程详细修订。

2. 成立社团管理机构

根据学校社团开展的实际情况和现有学生的基本素质，学生社团总体工作由校团委进行规划其工作职责如下。

在校党委的领导下，根据广大学生的要求和实际需要审批确认组建各类学生社团组织。

负责社团的全面工作，主持召开有关会议，负责审查各社团的工作计划和工作总结。帮助、指导各学生社团制定正确章程、宗旨和发展方向。

负责制定各类申请表、登记表、社团成员汇总表等表格。

加强学生社团建设，负责为校级精品社团聘请指导教师，在指导教师的指导下开展工作。

及时协调完成学校交办的各项工作任务。

负责社团经费的审批、使用监督和管理。

结合学校社团开展的实际情况，校团委成立了社团联合会，社联会的职责是每周检查各社团开展活动情况，做好记录并及时汇总通报，对各级各类社团进行有效的监督和管理，确保每个社团能够常态化地开展活动。

3. 完善社团组织机构

学校正处于历史发展的关键时期，全体师生紧紧围绕"积极教育，幸福人生"这一宗旨，历经两个学期的磨合已经进入正常化轨道，受到了社会各界的好评。为了体现"积极德育"这一理念，丰富学生课余生活，促进学生身心健康发展，发挥学生个性特长，准确把握主流文化的发展方向，引导社团发展，学校把各个学生社团分为两大类。（1）校级精品社团，如九狮社、V－MAN男子群舞社、威风锣鼓社、梦影摄影社、礼仪社、话剧社等。主要由校团委进行管理和过程监督。（2）系部自主社团。学校四系部共有四十余个系部自主社团，在校学生参与社团的比例达到了75%，由各相关系部进行自主管理和过程监督。

4. 搭建宣传阵地

在每学期期初，通过校园网、校内板报、校园广播站、校团委微信公众号宣传已有的各类社团，进行各类社团招新活动。由班主任老师根据学生的个人素质具体指导学生参加社团，各已有社团根据自身情况吸纳更多的爱好者参与，逐步充实完善已有的社团组织。

### 5. 社团申办流程

| 社团类型 | 主要做法及成效 |
| --- | --- |
| 校级精品社团 | 学生发起社团成立申请——校团委讨论表决——校团委完善社团机构、制度、章程——校长室审核——学校统一规划活动 |
| 系部自主社团 | 学生发起社团成立申请——指导教师审核确定社团性质——指导教师申报社团——校团委审核——指导教师制订相关社团的活动计划、目标——相关系部完善社团机构、制度、章程——校长室审核——学校统一规划活动 |

### 6. 评价考核体系

| 考核对象 | 主要做法及成效 |
| --- | --- |
| 社团考核 | 每周量化考核，并在期末要进行社团成果展示，由校团委具体负责组织评比，对并评比结果为优秀的社团进行表彰 |
| 指导教师考核 | 指导教师根据以下内容进行考核<br>（1）工作量，根据社团组织开展活动的次数和时间进行衡量；<br>（2）考勤，每周固定活动地点和时间进行考勤；<br>（3）评议，评议根据社团成果展示，参考学生评议和家长意见反馈；<br>（4）学校安排的演出、比赛等获奖情况 |

## 四、条件保障

（1）经费保障：将社团的经费预算纳入学校全年预算中去，结合专项经费及定向赞助，保障社团活动经费较充裕。

（2）时间保障：确保系部自主社团每周活动一次，时间为每天下午三四节课时，校级精品社团每周至少活动两次。

（3）政策保障：聘任相关指导教师，并在期末发放聘书。校内指导教师的课时金被纳入学校奖励性绩效工资方案中。

## 五、实践成效

通过强化制度建设，搭建良好平台，顺应了我校"积极实践绘人生"的理念，不仅丰富了学生的课余生活，也使学生的职业素养和价值观得到了改善。让学生在接受专业教育的同时，发现并拓展自己至少有一个方面的长处，并不断追求自身内在的兴趣。

### 1. 学生素质不断提高

思想理论类、文学艺术类、体育健身类社团的大量涌现，使更多青年学生的理论水平、思想觉悟、文学艺术修养、身体素质等将会有较大提高。通过参加这样的社团活动，不仅使参加者学到了知识，锻炼了才能，掌握了本领，还在不知不觉、潜移默化中，使学生的素质得到了提高，增强了学生自身的修养，陶冶了情操，提高了觉悟。

2. 校园活力逐步提升

随着基础制度的强化，有效平台的搭建，各项社团活动的有序开展，校园的活力逐步提升。学校每学期定期开展社团培训，社团成果展示，无论是校级精品社团还是系部自主社团都能够常态化的组织开展活动。让大多数师生都能根据自身的特点来发展自己的兴趣爱好，在活动中展示自我，提高自我。校园活力得到了进一步改善。

3. 学校知名度不断扩大

通过学校各项社团活动的开展，造就了一批高质量的队伍和品牌化的活动。学校九狮社团被团中央编入全国优秀社团案例集，被评为江苏省优秀社团，江苏省非物质文化遗产项目，多次参加市级运动会开幕式，大型文艺晚会；礼仪社团多次参加市级活动，磨刀队社团多次被评为无锡市先进志愿服务集体。该校还积极与校外单位共建合作，2015年，江阴市文化馆与我校签订了合作共建协议，不仅可以吸收校外更精华的资源，也给学生搭建了更好的校外参与活动的平台。

**六、体会与思考**

1. 进一步保障社团活动场所

虽然学校现在搭建好了比较完善的社团活动平台，校系两级社团也能够正常开展活动，但是由于社团比较多，校园基建建设还没有完善，所以部分社团活动的场地得不到很好的保证。今后要进一步加强社团的基础设施建设，更加有力地推动社团活动的发展。

2. 进一步提高社团校内指导教师的师资力量

学生社团对丰富学生业余生活，提高学生综合素质发挥了积极作用，在社团活动中指导教师起着至关重要的作用。今后要努力丰富校内指导教师的课余生活，鼓励多参加社会上各级各类的技能培训，从而进一步提升自己的素养，在社团活动中能够更好地指导学生，使学生能够在社团活动中学习到更多的知识。

### 案例二:"双轨并行·三层递进·四项结合"创业教育模式

在国家"大众创业,万众创新"政策的指引下,全国上下迅速掀起一股创新创业浪潮,各层次的创业教育也得到了蓬勃开展。学校创业教育也进入了"快车道"。尤其普通高校的创业教育发展较快,基本形成了自身的创业教育模式,而中等职业学校由于受到理念、师资、资金和场地等因素的限制,创业教育基本停滞不前,问题较为突出,主要表现在两个方面。

(1)当前中职学校的创业教育没有进行一体化设计,缺乏系统的创业教学内容,还有受资金、场地等因素限制,缺少稳定的创业实践基地,学生创业实践机会少。

(2)当前中职学校大多建起了学生创业园,开展了一些创业活动,但多数创业项目缺乏系统指导,可持续发展能力较弱,创业者自身学习和应对困难的能力较差。

从 2008 年开始,江阴中等专业学校面向学生开展创业教育,经过多年的探索实践,逐步构建了"双轨并行·三层递进·四项结合"中职学校创业教育模式(如图 6-1 所示),培养学生的创业意识、创业技能,同时十分注重学生的创业实践活动,不断锤炼学生的创业心理素质,积累创业经验,解决学生在创业实践过程碰到的各种问题,有效提高了学生创业成功率,使学生确立了积极的就业观。

### 一、"政、校、企"三方共建,搭建一体化服务平台

江阴市政府制定了一系列政策支持鼓励学生创业,为学生提供开业补贴、免息小额贷款、税收优惠等政策,提供资金支持。

学校根据不同创业阶段的学生开设不同的创业课程,为每个班级设立了创业基金,为创业学生创建创业园、创业孵化园、众创空间等不同层次的创业实践场所,经常性开展创业大赛、项目路演、沙龙讲座、创业论坛等活动,不断提升创业项目的品质和可持续发展。另外,还制定了各项规章制度,规范学生的创业行为。

学校积极与国家级众创空间——江阴市三牛众创空间合作,借鉴他们

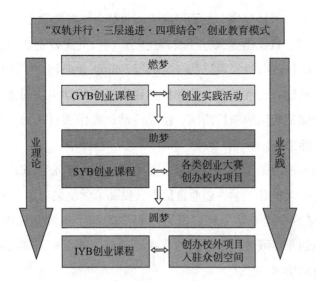

**图6-1　"双轨并行·三层递进·四项结合"创业教育模式**

的运营模式，借力他们的导师团队，为学生成长提供保障。学校与江阴市高新技术创业投资有限公司合作，为入驻雏鹰梦工场众创空间的学生创业团队提供资金支持，帮助学生能更规范地经营企业，使学生成长得更快，创业项目发展得更好。

**二、构建了"双轨并行·三层递进·四项结合"创业教育模式**

"双轨并行"指学校在开展创业教育的过程中，始终抓住"创业理论"与"创业实践"这两条主线，持续提高学生的创业心理素质。

"三层递进"指在学生创业教育的三个不同阶段分层推进，不断提高学生的创业自信力和创业综合能力。

（1）燃梦：GYB 创业课程（培养意识）与创业开放活动有效结合

将 GYB 创业课程（培养意识）嵌入实施性教学计划，唤醒学生的创业意识，指导学生筛选项目。同时学校每月组织创业开放活动，为各班设立 600 元启动资金，鼓励学生大胆实践、练摊、练胆，在实践中体验创业。

（2）助梦：SYB 创业课程（产生项目）与各级创业大赛相结合

学校针对有强烈创业意愿的学生，开展 SYB 创业课程，指导学生撰写创业计划书，组织参加创业能力大赛，请专家评估项目的可行性及风险。

学校为有需求的项目提供 1 万元以内的创业基金，鼓励学生校内创办企业。

（3）圆梦：IYB 创业课程（改善企业）与校外经营企业相结合

学校组织校内项目经营好的学生进行 IYB 创业课程，了解改善企业的各种路径。鼓励有志继续创业的在校生和刚毕业的学生注册企业，入驻众创空间。空间定期组织项目路演、沙龙活动，确保项目活力，提升企业的可持续发展能力。

理论和实践两条主线齐头并进，夯实了学生创业心理素质，三个层次的逐层推进持续提升了学生创业自信力，提高了学生创业综合能力。

"四项结合"是在学生创业教育过程中的四个不同角度的有机结合，解决学生在创业实践过程中出现的营销、渠道、资金等方面的问题，有效提高了创业成功率。

1. 校内与校外相结合

校内实体店的主要客户是校内师生，受假期的影响较大，为解决这个问题，学校建立了一批规模不大但复制存活率高的校外创业实践基地，鼓励学生节假日到校外基地参加创业实践。校内外创业实践的有机结合满足了学生创业实践的需求。

2. 线下与线上相结合

学校聘请了网络创业指导老师，指导实体店的学生同时开设网店、微店，运用互联网工具多元化经营，力争走出校园。学校成立网络创业工作室，与江阴本地传统企业合作，帮助他们互联网转型，为企业运营淘宝天猫店和京东店。

3. 创业与创新相结合

创新是创业的原动力，学校创新氛围浓烈，每年有多项发明专利注册并在各级创新大赛中获奖。学校鼓励获得发明专利的师生入驻众创空间，帮助他们进行成果转化，实现创业梦想。

4. 孵化与投资相结合

学校创建了众创空间，为学生免费提供创业场所，学校设立创业基金。空间为入驻项目争取政府免息贷款，同时与江阴市高新技术创业投资公司建立合作关系，为处在不同阶段的创业者提供资金支持。

"四项结合"全面激发了学生的创业热情，提高了学生的创业能力，为学生创业提供了全面的服务支持，有力地保障了学生创业梦想的实现。

该校的"双轨并行·三层递进·四项结合"创业教育模式，从顶层设计入手，在"政、企、校"三方的各种优惠政策和制度保障下，各个层面工作的有序推进下，最终实现了创业教育预期目标，并取得了丰硕硕果。

### 三、创业教育成效显著

1. 成功创业者层出不穷

学校众创空间为入驻学生创业团队提供创业培训、创业指导、创业孵化、投融资一体化服务。2009年以来，学校已成功孵化出吴越文化传媒有限公司、尚诺电子商务技术服务有限公司等注册企业55家，其中无锡涉猎电子商务有限公司等3家企业年销售额超千万元，玖零餐饮管理有限公司等10家企业年销售额超百万元。孔诗扬、尹建荣2位毕业生在2011年被评为江阴市"创业之星"。朱柯凡、刘楠、范文丽3位同学的创业故事被收录在江苏省联合职业技术学院编撰的创业典型案例集中。

2. 创业大赛屡获佳绩

近几年学校在各级创业能力大赛中成绩斐然。创业项目"智享电子商务技术服务有限公司"参加职业学校创新创业创效大赛获得江苏省特等奖、全国二等奖，刘毅参加职业学校创业能力大赛获江苏省一等奖，学生参加无锡市、江阴市创业能力大赛获得20多个奖项。学校多次被评为无锡市级优秀组织奖。

3. 示范辐射作用明显

学校"双轨并行·三层递进·四项结合"的创业教育模式吸引了扬州市教育局、扬州高职、武进中专、广西武鸣职校等省内外40多批次兄弟院校带队来校考察交流。中国教育报、中国职业技术教育杂志、江苏教育、江阴日报、江阴电视台、江阴教育信息网等新闻媒体对学校创业教育模式进行了十余次宣传报道。

4. 理论研究硕果累累

在学校"双轨并行·三层递进·四项结合"的创业教育模式创新实践过程中，创业指导老师不断加强理论学习和实践探索，教研成果明显。课题《创业模式形式的毕业设计研究》被无锡市教育科学研究院评为一等奖，课题《职业学校学生创业教育实践研究》被列为无锡市科学教育"十二五"规划课题；公开发表《职业学校创业教育中的创新实践》《创业教育特色项目建设的探索》等论文多篇；编写的创业读本《放飞梦想》《淘宝开店一册通》《创业典型案例集》在江阴职业类学校中得到推广和使用。

# 积极团队：积极德育的推进力量

教师是人才培养质量保障体系中的第一要素。在时代高速发展的今天，没有高水平的教师队伍，就不可能培养出高素质的创新人才。而要适应社会经济的需要，就必须要强调教师的集体发展，即打造教师团队。教师团队是以学生为服务对象，以一些技能互补而又相互协作、沟通的教师为主体，以教学内容和教学方法的改革为主要途径，以系列课程和专业建设为平台，以提高教师教学水平、提高教育质量为目标而组成的一种创新型的基本组织形式。

在积极教育的大环境下，职业教育需要一些具有共同目标、为夯实教师知识功底、提升教师理论水平和业务能力、提升教师德育管理水平，同时注重自身精神成长、更好地服务学生、服务教育的集体发展的积极教师团队。

积极的教师团队不是简单的 1＋1＝2 的个体组合，而是 1＋1＞2 的能量加油站，是个人专业成长的平台和精神成长的摇篮。因为，人终究是属于群体的，需要在自己的团队群体中实现自我的价值，如果这是一个积极的团队，具有高度的核心力、凝聚力，自然就会心甘情愿地为其付出，同时也能够提高工作效率，提升学生的管理水平，真正做到"心往一处想，劲往一处使"。

# 第一节 积极教育呼唤积极教师

## 一、积极的教师团队可以促进教师的专业成长

积极的教师团队，是群体的智慧凝聚。其每一次活动都是教育思想的碰撞和启发，团体所获的信息量往往是个人的几倍甚至是几十倍，丰富的信息量对于个人专业成长影响的重要意义是不言而喻的。积极的教师团队是且行且思的实践智慧，教师可以更理性地看待日常工作，更理性地对待教育对象。在团队中，教师带着问题工作，在研究中工作、反思和学习，在团队中成长。在团队中，教师关注研究、关注教学方式、关注学生，教师的职业情感得以提升；积极的教师团队，有着优秀教师的示范引领。在团队中，省特级教师、正高级教师、专业带头人、国家 333 青年工程培养对象等，充分发挥示范辐射作用，他们在教育教学科研中，挑重担、想办法、出点子，带领整个团队追求共同价值观，坚持共同发展、共同成功，实现整个团队的共同价值追求。

## 二、积极的教师团队可以促进教师的精神成长

教师的成长应该包括两个方面：专业成长和精神成长。专业成长是教师的教育理念、知识结构及技能方法等，而精神成长则是指教师的理想信念、心灵体验及精神海拔等，这是一个较为稳固，需要渐进提炼和沉淀才能改变的内质。积极的教师团队恰好给了教师精神以肥沃的土壤、温暖的阳光、丰沛的雨露，给了教师以自主向上的生长力量。在积极的教师团队中，导师制度、带头人制度是"以老带新，以新促老"的帮扶模式，经验丰富的学科带头人、德育带头人可以在教育教学的过程中传递很多有益的信息，促使青年教师快速成长。同时，青年教师身上独具的活力与激情也会逐渐感染老教师。在这种互助发展的共生模式中，无论是青年教师还是经验丰富的老教师都会找到新的内容，收获新的喜悦，进一步提升教师的

幸福感，进而促进教师的精神成长。积极的教师团队，可以造就一支团队，以点带线、以点带面、以点带片，乃至整个学校都汇成一个充满生机的整体，促进教师的专业与身心的成长。

学校教育重要的不仅是要让师生成为某种人才，更重要的是使他们成为积极的生活者、幸福的引领者。学校非常重要的职责就是帮助师生确立健康、文明的生活观念和态度，因为它是影响生命素质和社会文明的重要因素，也是对学生进行教育的基石。学校是文化传承与重建的地方，所以我们应该学会用共同的愿景凝聚人心，用人本的管理彰显人性。建立积极的教师团队，为自己以及学生的幸福人生奠基、为企业发展添力。

# 第二节 积极教师应具有的品质

## 一、积极的情感素质

心理学认为，人的情感素质包括对价值的情感反映、情感记忆、情感应变、情感敏锐以及情感的理性思维等方面的能力等。而关于教师情感素质内涵的理论假设，朱小蔓教授将其划分为伦理精神、思维方式、情感能力、教学风格四个主要成分。并指出在教学教育的过程中，教师的情感素质显得尤为重要，"离开情感层面，不能铸造人的精神世界"。●

人总是具有一定的情绪色彩，这种色彩表现为积极的情绪色彩或者消极的情绪色彩，它可能是愉快、满意、振奋的，也或许是不愉快的、不满意和压抑消极的。教师教学教育管理过程中，如果人的情感处于积极状态，就能极大地激活人的活动能力；反之，则会抑制人的活动能力。作为积极教师必备的品质，教师积极的情感素质是培养学生良好情绪和情感不可或缺的部分。教师积极的情感素质对学生心灵所产生的影响是"任何教科书、任何道德箴言、任何惩罚和奖励制度都不能替代的一种教育力

---

● 周远清. 中国大学人文启思路［M］. 武汉：华中理工大学出版社，1990：150.

量"❶。因此,我们更应着眼于教师积极的情感素质。

1. 具有积极良好的职业情感

积极良好的职业情感是树立教师正确的职业认识和工作态度、坚定职业信仰的基础,也是稳定教师队伍、提高教育质量的重要因素。积极良好的职业情感包括四个方面的要求。一是要求充分认识教育的意义和价值,对教育事业有着深厚、真挚的情感。热爱教育事业,恪尽职守,无私奉献,并且敬畏教育,这是强烈的责任感和事业心。能奉献于教育事业,深刻理解和领会教育工作的乐趣。二是有着深厚的师爱,这是教师职业情感的核心,也是教育的力量和源泉,是教育成功的保障。教育是一场心与心、灵魂与灵魂的交流,若没有爱的基础,就不能成为成功的教育。爱是教育的方式,又是鉴别教育的尺度。三是履职的责任意识。教师承担着为国家和社会培养人才、发展科学、传播文明的神圣使命,承担重要的社会职责。因此,在履行这一职责时必须倾注情感、投入情感,为人师表,以高尚的道德和渊博的知识传道授业解惑。四是有职业成就感。能建立在教育事业的深刻理解和自身价值充分肯定的基础上,对自己的职业有成就感,这也是教师保持优秀品格和高尚行为的一种内驱力。

2. 积极健康的情绪表现

现代教育发展要求教师不仅仅是人类文化的传递者,也应当是学生心灵的塑造者、学生心理健康的维护者。作为一名教育工作者,能否以良好、健康的情绪带动学生的健康成长,将对教育工作的成败有决定性的作用。只有学会控制与调节自己的情绪,才能对工作充满热情、对生活充满自信,做事有效率并可以通过自己的智慧取得一个又一个成功。此外,在掌控自己情绪的同时,也应学会调适他人的情绪。只有这样才会在轻松中完成任务,在快乐中创造和谐。

教师在教育教学活动中表现出来的喜、怒、哀、乐、忧、惧等情绪,以及由这些情绪造成的心理氛围,必然会对教育教学的效果以及学生的身心健康产生或积极或消极的影响。教师如果热爱教育事业,就应该热爱学

---

❶ 朱小蔓. 情感教育论纲 [M]. 南京:南京出版社,1963:63.

生，胸怀开阔，兴趣广泛，为人友善，心态自然平和。而课堂上声情并茂、和颜悦色，学生也会充满兴趣，更加集中注意力去听讲。大量事实表明，板着面孔的教师是不受学生欢迎的，也是令学生讨厌的。在教育教学活动中，如果教师以微笑面对学生，学生就会感觉教师容易接近，很亲切。学生情绪高涨，敢想、敢说、敢做，并愉快地接受教师的引导，"亲其师，信其道"，师生关系和谐，沟通良好，会收到意想不到的教育效果，"爱笑的教师人气高"。

3. 具有包容尊重的积极心态

教师的教育在心理上从来不是单向流动的，在这个流动过程中，教师的教育态度一经转化为学生的情感体验，学生对待教师的态度就会产生相应的改变。一旦作为教育者的教师与受教育者的学生之间有了情感的沟通，学生就会信任教师，这就为接受教育打下了基础。而包容心能够在教育者与受教育者之间架起情感沟通的桥梁。法国文学大师维克多·雨果曾说过这样的一句话："世界上最宽阔的是海洋，比海洋宽阔的是天空，比天空更宽阔的是人的胸怀。"

美国教育家爱默生曾经说过，教育的秘诀是尊重学生。现代教育中，教师积极的情感素质更要求教师在与学生的交流中推崇尊重，强调民主与平等。每个学生的学习能力都会存在个体差异，但人的尊重需求，是与生俱来的。我们要及时了解并尊重学生的个体差异，教学中要尊重学生在解决问题过程所表现出的不同水平。问题情境的设计，教学过程的导入、展开，练习的设计等要尽可能地让所有学生都能主动参与，提出各自解决问题的策略，并引导学生在与他人的交流中选择合适的方法，提高思维水平。在学习过程中要创设条件让他们全面地表现自己并及时地肯定他们点滴进步，不断激发上进的心理。

## 二、积极的教育期望

对于"期望"一词的理解，现代汉语词典释义：对人或者事物的未来有所等待和希望。教师的教育期望，即教师对学生的未来有所等待和希望。对于教育期望效应的研究始于 1968 年的罗森塔尔实验，实验者随机抽取一部分学生并告诉教师这些学生智力超群。一段时间后，发现这些学生果然在学业和智商上都提高很快。[1] 后来，又有布罗菲和伊夫特森等人进行了实验，大量的研究实验表明了教师的期望对学生的发展起着举足轻重的作用。教师期望效应的实质是对所有学生怀有积极的期望，为所有学生提供均等的教育机会，发挥每个学生的潜能，促进所有学生在其原有水平上的发展。因此，教师在教育过程中应该对学生有着合理适度的、积极的、高度尊重的期望，相信每一个学生都在精神、道德、学业上全面发展。正像罗森塔尔实验中所采用的信息——"相信学生学得更好"的信念，应是教师必须具备的教育观。

1. 积极的教育期望需要更多地关注学生

心理学家威廉·詹姆斯说过："人性最深刻的原则，就是恳求别人对自己的关注。"[2] 每一位学生都是生动的、发展的人，每一位学生都应该是教师关注的对象。关注的实质就是尊重与理解、关心与牵挂。不仅关注学生的身体情况与现实表现，更从精神层面去关照每一位学生，关注他们的情绪生活和情感体验，关注学生的道德生活和人格养成。以"移情"的心理设身处地站在学生的角度去理解学生，倾听他们的心声并及时提供情感反馈及信息反馈，不冷漠、歧视、放弃"后进生"，亲近、关爱他们，挖掘他们身上的"闪光点"，与他们进行长期"磨合"，唤起他们的自尊心、进取心和自信心。

2. 积极的教育期望需要更多地赏识学生

林肯曾经说过，每个人都希望受到赞美。积极的教育期望就是欣赏学生，对于学生每个健康特长予以肯定，帮助其发展；能用辩证的观点全方位、多角度去欣赏学生，赏识学生的个性差异，使学生的个性得到舒展；热忱发现学生身上被缺点湮没的闪光点，发现他们身上发展的不平衡点，打破思维定势，允许失败和错误的存在。自觉不自觉地流露出对学生夸奖、赞扬、肯定的语言和行为，从进取心、坚持性、不屈不挠、不自卑等

---

❶ Rosenthal, R. & Jacobson, L. Pygmalion in the classroom: Teacher expectation and student intellectual development [M]. New York: Holt, Rinehart& Winston, 1968: 85.

❷ [美] 奥格·曼狄诺. 羊皮卷 [M]. 阿峰, 译. 武汉：长江文艺出版社, 2009.

非智力因素上入手，消除非智力因素上的不良品质，使他们固有的优势得以发展，从而达到教育与被教育的目的。

3. 积极的教育期望需要更多地激励学生。

我国赏识教育家周弘曾说："天赋差异有限，生命潜能无限。"❶ 积极的教育期望不仅要赏识学生，还要更多地激发学生的潜能。心理学研究表明，受到鼓励和赞美是人的高级需要，一个经常受到肯定和鼓励的人，其自尊心会增强，其潜能会被充分发挥，就会积极、愉快、高效地学习和工作，不断取得成功。教师能用一分为二的辩证观点去认识学生，激励其长，规避其短，控制浮躁的情绪，呵护脆弱的心灵，激发内在的潜质，使其才能得到充分的发展，或许还能获得意外的奇迹，从而实现师生互动共进的双赢局面。

当然，学生和教师之间还需建立民主平等的师生关系。教师消除由于身份、年龄、知识和传统等因素生成的文化霸权，树立以人为本的教育理念，以真诚、理解和尊重为原则，摒弃权威，放下架子，变传统的"家长式"师生关系为"师友式"师生关系，才能营建一种相互肯定、相互悦纳，共同发展的学习氛围。教育期望作为一种情感与态度，其形成、传递和生效都涉及师生双方的心理和情感因素的变化和发展。它不是单向流动的，当教师以积极热情的态度对待高期望学生的时候，学生能够感受到教师殷切期望与亲切关怀，因而对课堂表现出专注与兴趣。这些非语言暗示又会强化教师原有期望，激励教师以更大的热情对待他们，从而增强了师生情感交融，调动师生积极性。

从社会大趋势来看，职校学校教育的最终目标即为学生能够获得主动内化教育要求、自我学习、自我教育、不断完善自我的能力，离开学校后，获得终身学习、终身发展的意识、愿望与能力。因此，教师的期望最后应发展为学生的自我期望。教师要调动学生的内部动力系统，形成学生的自我期望，以强化期望效应。

---

❶ 周弘. 赏识你的孩子［M］. 广州：广东科技出版社，2010.

## 三、积极的语言风格

著名的捷克教育学家夸美纽斯曾经打过一个生动的比方："教师的嘴就像一个源泉，从那里可以流出知识的溪流。"❶ 教师积极的语言不仅以知识滋润学生的心田，更灌溉其精神的沃野，使其知书达理、健康成长。学生在校接受教育的过程最重要的是心智和情感的健全发展和成长成熟，教师的语言应激发符合这一年龄段学生的相应认知能力和情感，教师语言的教育功能也就主要体现于此，因此教师有着积极的语言风格显得尤为重要。

所谓"语言风格"，社会语言学家高名凯指出"在某种社会交际场合中，为了达到特殊的交际目的，完成特殊的交际人物，表达特殊的交际内容而运用特殊语言手段所形成的言语气氛或格调及其表达手段"。积极的教师语言风格则是教师在教育教学和管理过程中所运用的积极语言表达手段而形成的语言特点，即积极的语言氛围和言语格调。

一个教师积极的语言风格其实很简单，主要就是两方面："内存的厚度与外化的力度。所谓'内存的厚度'就是知识积累的多寡与厚薄，即深入的专业知识和广博的人文知识。所谓'外化的力度'，就是教师的内存向外转化能力的强力与效度，就是具有过硬的教育教学能力。"❷ 从学生最喜爱、最受欢迎老师的评选活动调查结果显示，那些具有较高的人格魅力、态度认真、循循善诱的老师，那些能旁征博引、幽默风趣、见解独到的老师，往往成为学生崇拜、模仿及学习的对象，而这些皆外化为教师的语言风格。综上所述，积极的语言风格，大致可以归纳为以下要素。

1. 讲求严谨

言为心声，思想是语言的灵魂，语言是思想的载体。诸子百家之言之所以流芳千古，是因为其精辟的见解、丰富的哲理。教师的思想丰富，语言必会富有内涵；教师的思维缜密，语言必不会有失偏颇。教师若在语言

---

❶ ［捷克］夸美纽斯. 大教学论［M］. 傅任敢，译. 北京：科学教育出版社，2014.

❷ 王桂波. 论教师语言风格及其对教师专业成长的达成价值［J］. 吉林师范大学学报. 2013，41（1）：97.

上追求准确、科学、规范、精练，具有逻辑性和系统性，拥有扎实的专业功底，透彻理解专业知识，遵循学生认知规律，其语言必会"像敲钉子——声声入耳"，也会像鲁迅先生所说的那样，"用最简练的语言表现最丰富的内容"。

2. 注重平等

学生是教育教学的主体，其主体地位需要得到教师的充分肯定。在教育教学工程中，如果常用平等的交流语气、商量性的教学语言风格，更有效建立平等和谐的师生关系，更有利于平等的学习氛围的建立。平等的语言风格不仅是师生间的问答，也是师生间相互包容、共同参与、共同分享的过程，可以促进师生双方的积极思考，达成师生心理资源的互补和共享。

3. 追求灵动

教育心理学告诉我们，凡能引起强烈兴趣与浓厚情感的事物，都能在人的大脑皮层上产生极大兴趣，并牢固地刻下记忆痕迹。教师语言若表现出灵动、机智、幽默的特点，在突发、偶发事件面前，能审时度势、随机应变，恰恰能起到加深学生记忆、启发学生思维的作用。教师若能围绕教育教学的主题，运用灵动有趣、诙谐幽默的语言，运用熟知的生动事例，将抽象的概念具体化，定能事半功倍，起到潜移默化、春风化雨的功效。

4. 善于启发

第斯多惠说："教学的艺术不在于传授的本领与知识，而在于激励、唤醒与鼓舞。"❶ 教育工作也是如此，形式是多样的，但最直接、最普遍的方式莫过于言语的启发。积极的语言应善于激发学生的学习思维，开启学生想象的大门，点亮学生的心灯，激发学生的求知欲，唤起学生学习的热情，更能启发学生学习的潜力。启发式的语言风格能够使学生思维一直处于活跃状态，使其发挥主观能动性，积极参与教育教学活动，大大提高效率。

风格独具的教师语言是人类最美的语言。"抑扬顿挫是教师语言的节

---

❶ ［德］第斯多惠. 德国教师培养指南［M］. 袁一安，译. 北京：人民教育出版社，2001.

奏美，诙谐幽默是教师语言的机智美，声情并茂是教师语言的情感美，逻辑严密是教师语言的理性美，启迪心灵是教师语言的道德美。语气平和说明了教师的稳重，语气温和表现了教师的耐心，语气坚定反映了教师的信念；语气连贯表明了教师对内容的熟练，语句清晰反映出教师对内容的准确，语句完整体现了教师思维的缜密，语句优美彰显出教师扎实的功力。"❶

## 四、积极的评价态度

教师的评价体现在学生生活学习的方方面面。作业批语是评价，考试批改的分数是评价，学习评语是评价，参加集体活动的小结是评价，家访也是评价，甚至连个人谈话也是对学生的一次评价。如何有效利用这一教育方式，参与学生的学习、成长、成熟过程，并起到积极有效的作用，需要教师有着积极的评价态度。

### 1. 要拥有发展的眼光

一切事物都是发展的，这是辩证唯物主义的思想，学生的成长也不例外。因此，教师积极的评价态度也应采取发展的眼光。学生不是静止不动的，每一分每一秒都在成长中，不能用一成不变的眼光去看待学生，更不能把他们"看死了"。因为学生成长过程中，在某个阶段表现出特别优异的仅仅是少数人，我们不能从现在状态中去静态看人，更不能预言其在未来事业中的成就。积极的评价态度是随时关注学生的发展变化，肯定他的每一点进步，给予他信心和动力，让评价发挥其应有的正能量。

### 2. 要坚持多元的原则

职业学校的学生，大部分是应试教育的失败者，是中考和高考的失利者，常常是被忽略的对象。面对这样一个群体，教师更应该以多元化的角度来评价学生。教师要评价他们在活动中的情感、态度和价值观。学生的自主学习能力、与他人合作交往能力、观察分析能力、语言表达能力、实践创新能力、个人兴趣爱好、组织协作能力、交流沟通能力和未来的期望

---

❶ 郭元祥. 教师的语言［J］. 教育科学论坛，2006（3）：1.

等，这些都可以生成评价，评价无处不在，无时不有。在每日的交流中，全面化的评价对学生产生影响，不仅关注学习成绩，更从思想、心理、技能、审美等各方面评价学生的素质，促进学生全面发展。

3. 要体现客观公正的原则

教师的积极评价态度要尊重学生之间的差异，体现公正客观的原则。学生的发展成长及个性特点都存在较大的个体差异，他们之间均有着不同的发展需要、意愿、倾向、优势和可能性，在各个领域、方面、阶段都有不同的发展水平。在同一活动中，不同个体所呈现的状态也是不尽相同的，甚至同一个体在同一活动的不同阶段也呈现出不同状态。教师评价应因人而异，因时施评，不能一刀切，充分考虑评价内容、评价方法、评价标准，使每个学生都从评价中得到提高。

4. 要激发主体发展的意识

教师的积极评价态度要多角度收集评价信息，对学生过去和现在做全面分析，根据他们过去的基础和现在的表现，预测学生未来发展的目标，激发他们通过自主发展，缩小与未来目标的差距。通过肯定性的评价，引导学生了解自身的长处与优势，发挥自身的优点与能力。同时，在宽松和谐的环境之下，给学生以弹性化、人性化的发展空间，通过评价，促进学生主动自觉地发展。

苏霍姆林斯基曾说，"每一个孩子都是独一无二的"，教师需要运用好教育评价这根魔术棒，大胆地创设情境，充分调动一切能动因素，用欣赏的眼光去发现学生的闪光点，给予学生客观、全面、合理的评价，最大可能地发挥评价的导向和激励功能，让每一个学生都成为懂得生活、学会学习、全面发展的人。

# 第三节 积极教师队伍建设策略

## 一、坚持"三个统一"，加强师德师风建设

教师职业是用心灵浇灌心灵的特殊职业，教育工作是塑造完善个性的

工作，教育工作的特殊性决定了教师素养的重要性。要让学生具有良好的道德素养，首先教师要有良好的道德素养。道德素养良好的教师，会凭自己的语言行为和情绪，潜移默化地感染学生，促使学生积极主动地投入学习。学生在教师的感召下会表现出强烈的求知欲，体验到愉悦、满足的情感。教师的教育具有长期性、系统性、科学性。无论是德育内容、德育方法，甚至德育手段等都长期而系统地对学生产生影响。人生最初的二十几年决定和影响着人的一生的发展，是道德观念、行为习惯形成的关键期，而教师是影响的关键因素。因此，建设积极教师团队，首先要抓好教师的师德师风建设。师德师风是建设高素质教师队伍的内在要求和重要保证，教师要以德立身、以德立学、以德施教，为学校建设发展和学生成长成才贡献智慧和力量。

1. 坚持教书和育人相统一

习近平总书记在北京师范大学考察时强调，教师重要，就在于教师的工作是塑造灵魂、塑造生命、塑造人的工作。一个人遇到好老师是人生的幸运，一个学校拥有好老师是学校的光荣，一个民族源源不断涌现出一批又一批好老师则是民族的希望。由此可以看出，教书和育人紧密联系、相互促进。教师不仅承担着向学生传授知识、培养学生能力素质的职责，而且肩负着帮助学生树立正确人生观、价值观和培养高尚情操的重任；只有坚持教书和育人相统一，自觉当好学生正确政治方向的引导者和高尚品质的塑造者，才不愧为一名合格的人类灵魂工程师。教师不能只顾教书、不管育人，教师不能作为单向传授知识的"教书匠"。教书为育人服务，立德树人是教育的中心，贯穿于教育的全过程。

2. 坚持言传和身教相统一

教师教学不仅有知识的传授，但更重要的是方向引领和价值塑造。教师教给学生的知识，多年以后可能会过时，可能会遗忘，但教给学生为人处世的道理是学生一生的财富，养成的世界观、人生观和价值观，会影响学生的一生。教师对学生的影响，不仅在课堂上怎么说，更在课堂外怎么做。教师要把知识讲授和价值观教育有机结合，既要有言传，更要注重身教，教师要成为学生做人的镜子，以身作则，率先垂范，以高尚的人格魅力赢得学生尊重和爱戴。

教师教学有突出的教育性，是教育的示范，学生模仿的对象，教师的道德修养是学生的表率和榜样。原苏联教育家苏霍姆林斯基说过："理想、原则、信念、兴致、趣味、好恶、伦理、道德等方面的准则在教师言行上取得一致、和谐，这就是吸引青少年心灵中的火花。"❶ 教师作为教书育人的主体，教师的一言一行对学生的影响最直接、最深刻、最持久，教师的师德价值观对学生的人格塑造、精神培育、价值观培养至关重要。因此，教师的道德素养能潜移默化地影响学生，教师必须不断提高自身的道德修养。陶行知先生说过："要人敬的必先自敬，重师首在自重。"❷ 因此，教师不仅要善于言传，而且要善于身教，让学生眼见为实，激起思想共鸣，进而促进对教师言传的认同和接受，最终实现对学生心灵和人格的塑造。

3. 坚持潜心问道和立德树人相统一

习近平总书记强调，"教师是人类灵魂的工程师，承担着神圣使命。传道者自己首先要明道、信道。高校教师要坚持教育者先受教育，努力成为先进思想文化的传播者、党执政的坚定支持者，更好担起学生健康成长指导者和引路人的责任"。❸ 作为一名教师，要通过学科教学，温润生命，提升境界，在教学中融入道德、担当、良心和责任。

教师第一位的要求就是在政治信仰上要旗帜鲜明，要坚定共产主义远大理想和中国特色社会主义共同理想，坚定中国特色社会主义道路自信、理论自信、制度自信、文化自信。如果教师自己在理想信念上含糊其词、模棱两可，自然无法使学生树立共产主义远大理想和中国特色社会主义共同理想。这就要求教师必须认真学习马克思主义基本理论，不断提高中国特色社会主义理论水平，坚持科学与信仰的统一，在真学、真懂、真信、真用上下功夫。坚定的理想信念来自对科学理论的认知，理论上清醒，政

---

❶ ［苏］苏霍姆林斯基. 苏霍姆林斯基选集（五卷本·第5卷）［M］. 北京：教育科学出版社，2001.

❷ 陶行知. 陶行知全集第8卷［M］. 成都：四川教育科学出版社，2005.

❸ 张烁：把思想政治工作贯穿教育教学全过程开创我国高等教育事业发展新局面［N］. 人民日报，2016－12－09（1）.

治上才能坚定。教师要不断提升自我修养，做到明道、信道，才能更好担起学生健康成长指导者和引路人的责任，才能"为学生点亮理想的明灯"，成为社会主义核心价值观的"坚定信仰者、积极传播者、模范践行者"。

## 二、强化"两种意识"，提升教师专业素养

教师是人类文明的传播者和智力资源的开发者，是塑造未来一代的灵魂工程师，是传播科学知识的艺术家。17世纪捷克教育家夸美纽斯有句名言："太阳底下没有比教师这项工作更高尚的了。"我国古代韩愈认为教师的职能在于"传道、授业、解惑"。这些至理名言，不仅说明了教师职业之伟大和高尚，同时也展示了教师所担任的社会责任之重大。教师的劳动，是维护人类生存和推动社会前进的特殊劳动。办有灵魂的教育，育有思想的教师，树有底气的新人——这已成为学校发展的共同愿景，而愿景的实现必须仰赖于教师的专业素养，仰赖于教师的成长自觉，仰赖于教师有将自我锻铸成器的觉醒。因此，积极的教师团队，要重视教师专业素质的提升。教师要重视锤炼和提升自身的职业素养，不断充实自己的专业底气。英国著名的哲学家培根曾说过：每个人都是自己命运的建筑师。作为教师，我们要在学思行中不断提升，用专业素养来建筑自己。

1. 学习意识，在理性认识中丰富自己

时代在变，不断的培训学习是人类生存和发展的重要手段，也是当代教师自身发展和适应职业的必由之路。教师只有不断地培训学习才能不断完善自己和丰富人性、充实文化底蕴和生活情趣、体验幸福人生。培训学习虽不直接指向教学工作，但却有助于塑造教师新形象，有助于教师用更广阔的视野来思考和践行新的教育理念，用更为厚实的文化底蕴来支撑教育教学，用更完善的人格魅力去熏陶和感染下一代。不断地培训学习，也是提高教师队伍整体素质的需要，是学校教师梯队建设的重要途径。马卡连柯告诉我们，教师的技巧，并不是一门需要天才的艺术，但它是一门需要学习才能掌握的专业。学习是发展之本、进步之源。作为一名教师，不管是智慧、能力的增长，还是精神的愉悦、身心的健康、专业素养的提升，都离不开学习，学习是教师发展进步的第一要务。随着现代社会的发

展，教育理念不断更新，现代教育装备随着信息技术的发展不断改进，学生获取知识的渠道远远不止课堂教学一种形式，学生的道德观和价值观也日趋多元化，教师要想维护其在知识上的权威地位，并在世界观、人生观、价值观的形成方面正确引导学生，教师拥有"一桶水"已远远不够了，教师应该是"一条奔腾不息的河流"。所以，教师要学为人先，与时俱进，生命不息，学习不止，做适应时代要求的学习型教师。

2. 反思意识，在总结经验中提升自己

进入 21 世纪，教师的职业形象和角色意识均发生了很大变化。新的形势要求教师不仅要有课堂教学专业知识、技能技巧，更要具有反思意识，即反思自己的教学理念和行为，对自身的教学活动、决策及教学效果进行正确的审视和分析；不断自我批判、自我调整、自我构建，从而获得持续的专业发展。反思对教师的专业发展起着举足轻重的作用，是教师专业发展的应有之举。

反思是以自己的职业活动作为思考对象，对自己在职业中所做出的行为以及由此所产生的结果进行审视和分析的过程。反思是教师获取实践性知识、增强教育能力、生成教育智慧的有效途径。反思不只是对已经发生的事件或活动的简单回顾和再思考，而且是一个用新的理论重新认识自己的过程，是一个用社会的、他人的认识与自己的认识和行为做比较的过程，是一个不断寻求他人对自己认识、评价的过程，是一个站在他人的角度反过来认识分析自己的过程，是一个在解构之后又重构的过程，是一个在重构的基础上进行更高水平的行动的过程。教师通过反思，能够不断丰富实践知识，增长教学智慧，因此，教师要通过撰写反思札记、分析课堂教学实录、教学观摩、调查、听课、说课、评课和开展教师行动研究等主客观方式由教师自己观察、内省和反思课堂教学活动，去发现问题并及时采取行动解决问题。

## 三、着力"四大举措"，提升教师职业幸福

教育学家马卡连柯就曾说过："我确信，我们的教育目的并不是仅仅在于培养能最有效地来参加国家建设的那种具有创造性的公民，我们还要

把所有受教育的人一定变成幸福的人。"幸福是人生所追求的终极目的，只有老师幸福，才可能培养学生的幸福能力。实践证明，一个没有幸福感，没有积极向上心态的教师，不仅不利于其自身的身心健康，而且也不可能培养出具有积极心态的阳光学生。要让教师做一名引领学生成为幸福生活的创造者，首先要让教师充分体验教师职业的幸福感，因此积极的教师团队要提升教师的职业幸福感。

1. 管理民主

校长是学校的领头羊，是一校之魂。人们常说一个好的校长能够带起一所好学校，能够带出一批好的教师。民主管理是构建和谐校园的支撑和动力，是充分调动和保护教职工的积极性和创造性的重要举措。因此，积极教师团队建设，要加强民主管理，提升教师的幸福感。加强管理这就要坚持校务公开制度，强化教职工的知情权；要充分发挥教代会的作用，发挥教职工参与民主决策、民主管理、民主监督的作用；要坚持民主评议、采用校长信箱等方式，及时了解教职工对学校各方面意见、建议。

2. 制度公平

"没有规矩，不成方圆"。要保证学校教育教学活动的正常进行，实现可持续发展，就必须有明确的制度，制度是学校规范管理重要保证。公平公正的制度，有利于提升教师的幸福感，激发教师的积极性。因此，在学校管理上，学校领导要秉公用权，廉洁从政，引领学校形成一个风清气正的良好局面；要平等地对待每一位职工，公正地处理每一件事情，避免因情感因素导致管理行为不公正；对职称评审、岗位聘任、评优表彰、奖金发放等事关教师切身利益的问题，要坚持阳光操作，做到政策公开、办事流程公开、规范运行，充分体现学校制度面前人人平等。

3. 激励有效

激励能激发人的正确行为动机，调动人的积极性和创造性，充分发挥人的智力，做出最大成绩。在学校管理中，要充分发掘教师的工作潜力，提高其工作动力，就必须丰富其期望感，提高其期望值。因此，学校要开展形式多样的活动，积极为教师搭建展示其才能和价值的舞台，如：开展可以开展新教师基本功比赛、青年教师教学大比武、校级名教师选拔、校优质课教学评比等活动，也可以开展我们身边的好老师、最美教师、功勋班主任、优秀教育工作者等评比活动，让教师在活动中让教师感受成功的喜悦，提升职业幸福的指数。

### 4. 尊重关爱

我国近代教育家夏丏尊先生在《爱的教育》中说过："教育之没有情感，没有爱，如同池塘没有水一样。没有水，就不成池塘，没有爱就没有教育。"[1] 在学校管理工作中，要激发教师的教育热情，提升教师的幸福感，还需要我们尊重关爱教师。每一个教师都是有血有肉的个体，只有尊重教师、关爱教师，在工作中才能得到有力支持。学校领导要善于以平等的姿态对待教师，善于挖掘教师的闪光点，用人之长，容人之长；善于倾听，尤其要善于倾听不同的声音，密切与群众的关系，增强凝聚力；要关注教师的职业感受，关心教师疾苦，关心教师生活，注重情感投入。

## 第四节　积极教师队伍建设案例：多措并举，精心打造"积极教育"教师团队

### 一、实施背景

积极教育是在积极心理学的启发下，反思教育现实和传统观念的基础上构想的一种教育理念和方式。积极教育主张以积极的态度重新解读教育，形成积极的教育理念，采取积极的教育行动，激发和引导学生积极求知并获得积极的情感体验，培养学生积极的人格品质与人生态度。在我国大力推进经济发展方式转变、加快发展现代职业教育，建设创新型国家的战略机遇期，我校提出了基于"积极教育"的班组长型人才培养模式的改革。教育大计，教师为本。有一流的教师，才能创造一流的教育。"积极教育"的班组长型人才培养模式的改革，需要一支具有积极的情感素质、积极的教育期望、积极的语言风格、积极的评价态度等特质的教师队伍。

---

[1]　[意] 亚米契斯. 爱的教育 [M]. 夏丏尊，译. 北京：中国书籍出版社，2009：312.

因此，积极教育教师团队的建设是积极教育人才培养模式改革的重点和关键，是提升学校核心竞争力的关键，是提高学校教育教学质量的核心。

我校一直以来十分重视师资队伍建设，经过几年的努力，我校师资队伍建设取得了一定的成效，教师队伍的年龄结构、学历结构、学缘结构等逐步得到改善；学科带头人和骨干教师队伍建设不断加强，教师队伍整体素质显著改善，教师队伍比较稳定。但是，现有师资队伍与现代职业教育发展的要求和趋势相比还存在明显的不足：硕士学位教师比例偏低，高学历、高职称比例在专业群之间分布不均衡；各专业普遍缺乏高水平的专业带头人和专业教学骨干，一些专业没有形成良好的学科专业梯队、教学团队，教育教学管理队伍有待进一步加强，教师的教科研能力与服务地方经济社会的能力有待进一步提高，核心专业"双师型"教师比例偏低，因此，打造一支积极的教师团队刻不容缓。

## 二、主要目标

紧密围绕学校整体发展目标，为学校班组长型人才培养目标服务，建成一支师德高尚、业务精湛、理念先进、结构优化，积极进取的教师队伍，汇聚一批在省市级有一定影响力的教学名师、专业带头人，培养和建设一批优秀教育教学团队，打造一支基本素养高、业务能力强、具有较强服务意识的干部队伍，为学校事业发展提供坚实的人才保障和智力支持。

## 三、工作过程

### 1. 目标引领，激励教师前行

积极心理学认为：希望是个体对于一事的渴求与坚持，并且设法达到目标的行动过程。一个对学校对自我充满希望的教师，会对学校对自己充满信心，其工作热情和工作积极性会极大地提高。因此，作为学校管理者所需要关注的问题是确立明确的发展目标，使教师充满希望。基于此，我校一直重视目标对教师的引领作用，并利用教师大会不断地向教师宣传学校的目标，促使教师认同学校发展目标并内化为内心坚持的追求。2012 年我校成功申报了第三批中等职业学校改革发展示范校，在两年示范学校建设的基础上，我校以邓小平理论和"三个代表"重要思想为指导，深入贯彻落实科学发展观，以《国家中长期教育改革和发展规划纲要（2010—2020 年)》《江苏省中长期教育改革和发展规划纲要（2010—2020 年)》、国务院《关于加快发展现代职业教育的决定》、教育部等六部门《现代职业教育体系建设规划（2014—2020 年)》、江苏省《省政府关于加快推进现代职业教育体系建设的实施意见》和《无锡市关于加快发展现代职业教育的意见》《无锡市现代职业教育规划（2015—2020 年)》等文件精神为指导，以江苏省高水平现代化职业学校和江苏省高水平示范性学校为建设标准，坚持"以德立校，以法治校，质量强校，特色兴校"的办学方针，遵循"为幸福人生奠基，为企业发展添力"的办学宗旨，确立了学校发展目标定位：高质量通过江苏省高水平现代化学校的创建与验收，努力申报并创建江苏省高水平示范性学校；逐步提升高职办学理念，积极申报江苏联合职业技术学院分院。经过五年的努力，把江阴中专建设成为"省内一流、特色鲜明的高水平现代化高等职业学校"，学校明确的发展目标鼓舞了教师士气，激励了教师的行动。

2. 完善制度，激发内在动力

教师是学校发展的原动力，只有充分调动教师的积极性，教师素质才会不断提升，工作效率才能高效，学校力量发展才会强劲。教育要以教师为魂，要注重激发教师内在的积极性和创造力，使他们快乐地工作、幸福地生活。为此，我校坚持物质、精神两手抓，以激发教师动力为根本。

一方面，以人为本，抓物质需求。

马斯洛需要层次理论认为：人类有五个层次的需要，按先后次序可以分为五个等级，即生理需要、安全需要、归属和爱的需要、自尊需要、自我实现需要。各层次的关系表现为：这五种需要像阶梯一样由低到高，一个层次的需要相对地满足了，就会向高一层次发展。需要是同人的活动联系在一起的，需要是个体积极性的源泉，是人的活动的基本动力。我校首先以满足教师从事教育教学工作基本需要的衣、食、住、行，作为调动教师积极性的无可非议的客观动力。近几年来，我校在市委、市政府的大力支持下，投资 3.5 亿元对校舍进行了全面的加固改造，同时，对学校的整体布局、道路规划进行了调整，对学校的校园文化进行了设计改造，教师办公设备、办公条件也得到了全面改善，为教师创造了愉悦的工作环境和舒心的生活环境。同时，学校加强教工食堂管理，采取有力措施改善教职工伙食，提高了教职工生活幸福指数。学校关心教师的生活，每年定期为教师安排体检，为他们安心工作扫除身体健康顾虑，学校实行人性化管理，对距离退休年龄不足三年的老教师实行弹性坐班制，对年满55周岁的男教师、年满50周岁的女教师及处在孕期或哺乳期的女教师在班主任聘任上给予适度照顾等，极大地调动了教师积极性的首要环节。同时，我校改革了学校原有的薪酬制度，出台了向一线教师倾斜的《教师奖励性绩效考核方案》，鼓励教师能者多劳、多劳多得、优质多酬。改革后的《教师奖励性绩效考核方案》打破了大锅饭，极大地减少了共享总额，除课时津贴之外，对教科研有突出贡献的教师专门设立了教科研成果奖，同时，鼓励有一技之长的教师积极参加各类教育教学、技能大赛，学校专门设立了教学教育成果奖、技能大赛奖励等，让工作积极，教育教学成绩显著的老师享受成功的果实，全校上下形成了良好的学优、创优风气。

另一方面，成就动机，抓精神激励。

不可否认，丰厚的薪酬和巨额的奖金能够激励教师，调动教师的积极性，但当教师的物质需求达到一定层次以后，教师需要尊重、信任、表扬、荣誉、成就和自我价值的实现等高层次精神上的需求。因此，我校抓好教师物质需求的同时，更注重精神上的激励。在我校无论是教师职称评审、还是岗位聘任、教师评优考核、出国培训均打破了论资排辈的局面，我校专门出台了《校专业技术人员职称申报办法》《专业技术人员岗位聘任评分细则》《校评优考核管理办法》《出国进修管理办法》《学校专业带头人和名师工作室遴选及管理办法》等，每个项目都与教师的工作业绩挂钩，强化客观硬件、弱化主观色彩，且自下而上、公开透明，每一个老师公平竞争，机会均等。这些做法无疑是一种精神源泉，有序的竞争给广大教师创造了一个良好的工作气氛和精神环境，激励着他们为学校同时也为自己的进步和成长而努力工作。

3. 四位一体，提升教师育人能力

教师是人类灵魂的工程师，担负着教书育人、传播人类文明、培养合格人才的重任。教师不仅要会教书，更重要的要会育人。职业学校的教师其教书育人能力决定着学校的办学公信度和学生的素质，影响着职校生的就业前途。优秀的教师队伍是学校发展的基石，是学校全员育人的关键。因此，职业学校要重视职教教师教书育人能力的提高。我校的做法如下。

（1）强化师德，培养积极德育全员育人理念

我校高度重视师德教育，学校专门出台了《师德建设方案》，坚持"师德考核一票否决制"，将教书育人状况纳入教师考评奖惩制度，让广大教师充分认识教书育人是教师的天职，切实增强使命感和责任心。要求教师在教育教学过程中不断提升自己的思想道德素养，以良好的思想、道德、品质和人格给学生以潜移默化的影响。学校坚持全员育人制度，提出了积极德育全员育人理念，学校建立了校长室—学工处、团委—系部—班主任四位一体的德育管理网络，专门出台了《班主任竞聘方案》，要求满足条件的教师人人申请班主任，设立了楼层负责人，形成了全校任课教师，人人参与班级管理，人人都是学生思想发展的引路人。

（2）项目引领，精心培育积极德育管理队伍

马卡连柯指出："教育者的技巧，并不是一门什么需要天才的艺术，但它是一门需要学习才能掌握的专业"。❶ 班主任需要经过专门的培养，才能成为具有专业知识、技能与道德的专业工作者。为有效提升我校班主任工作的业务能力，提高德育管理实效，我校与清华大学合作，成功申报了清华大学幸福教育试点学校、亲爱小屋工程实验学校、浙江信息工程学校德育专家邹六根名师工作室项目学校，以此为契机，我校开展了班会课程化课题研究，选派了一批有思想、有理念、有行动的教师担任幸福教育课程讲师，培育了一支具有先进理念的班主任队伍，提升了学校的核心发展力。

❶ [苏] 马卡连柯. 马卡连柯教育文集 [M]. 吴式颖，等，编译. 北京：人民教育出版社，2005.

（3）深化课改，培养一批理念先行的积极教学一线教师

苏霍姆林斯基说过："如果你想让教师的劳动能够给教师带来乐趣，使天天上课不至于变成一种单调乏味的义务，那你就应当引导每一位教师走上从事研究的这条幸福的道路上来。"❶ 近年来，我校不断深化课程教学改革，学校教务处开展了说课程、说专业等教学研究活动，要求教师在积极教育的理念下，依据学校人才培养目标，重构课程、开发课程。同时，学校鼓励教师在课程活动中要学会自由地表达自身，不应该做课程的"守望者"，鼓励教师积极参与校本课程开发，编写校本教材，学校大胆实施了选修课课程改革，开设选修课。这些活动为教师的专业发展提供了广阔的空间，教师在跌宕起伏的改革中接受了新教育观念的震撼，提升了教育教学的艺能，激活了专业发展的愿望。

（4）丰富社团，构造特色详明的社团辅导队伍

课堂内的各种文化基础课程和专业课程教育与教学，对提高职校学生德、智、体、美诸方面的知识与技能是十分重要和必要的。同时我们发现灵活多样、丰富多彩、亲历其中的社团活动是培养学生兴趣爱好，张扬个性，扩大求知领域，陶冶思想情操，展示才华、智慧的广阔舞台。为此，我校拓展了第二课活动，让志向、兴趣、爱好相同的学生聚集在一起，组建了十大学生团队，聘请校内外有一技之长的教师担任社团指导老师，丰富的社团活动，对促进学生健康成长和全面推进素质教育具有十分重要的现实意义。这是培养个性鲜明、特色突显的职校学生的重要途径。

4. 内培外训，促进教师专业成长

教育是一个使教育者和受教育者都变得更完善的职业。教育的进步使社会对教师的要求越来越高，积极教育需要我们教育工作者，改变传统的以问题为中心、以纠错为目的的病理教育理念，代之以关注学生幸福和发展、挖掘学生潜能的积极的教育理念，这就需要我们教师更新理念，变革教育模式，用积极教育的理念指导教学，因此我校积极拓展校本培训，不断提升业务水平。具体做法如下。

---

❶ ［苏］苏霍姆林斯基. 给教师的建议 ［M］. 杜殿坤，译. 北京：教育科学出版社，1984.

（1）制度规范，保障经费

校本培训是教师成长的一叶方舟，是教师素质提升的一把钥匙，是学校发展的必由之路。我校高度重视教师培训工作，把教师培训作为促进教师专业化发展的最有力、有效的手段，在实践中不断完善学校培训制度。我校明确规定，校长是校本培训的领导者、指导者、参与者，各条线业务培训分管校长亲自把关审核，学校专门出台了《教师培训经费报销办法》《教师培训管理办法》，明确了学校各类培训经费报销办法。为了提高我校校本培训的实效性，学校建立了校本培训的层级管理制度（校长室—组织人事处—系部），经费、职责责任到系部，具体培训项目由系部直接提出，组织人事处审核，校长室审批，各系部需在每年年末根据系部教学实际和专业建设发展要求做好下年度的培训计划上报组织人事处，每年年初组织人事处根据市财政核拨的教师专项培训经费总额按照人均 1000 元的标准，依据各系部定位人数将年度培训经费指标核算到系部，然后各系部按照计划，依据上级规定和学校相关规定开展校本培训。学校还广开渠道，鼓励各系部创建精品课程、品牌专业、各级实训基地等项目的建设，创建成功的项目专项资金，允许各系提取一定比例用于教师培训。另外学校每年从公用资金中拨出 10 万元作为教师培训经费，充足的培训经费，有力地保障了我校教师的培训，近几年，我校累计培训人次年均 500 多人次。

（2）有的放矢，名家讲授

培训教师是否达到预期的培训效果，取决于多种因素，其中能否满足教师需求，讲授者讲得如何则起着至关重要的作用。为此，我校在培训上进行了大胆改革，除了上级规定的指令性培训之外，各系部、行政处室可以根据部门实际工作需求，教师发展情况、学校专业建设要求、学校发展方向等对培训内容提出要求。我校多次与清华大学、江苏大学、江苏理工学院、常熟理工学院等高校合作，委托高校为我校量身定制专题培训，如管理人员能力提升培训，骨干教师教科研水平和能力提升培训，德育管理人员能力提升培训，幸福教师团队培训等。同时，学校经常邀请国内知名专家来校讲座。如，我校邀请了厦门大学教育学博士，中央教育科学研究所研究员、《教育研究》杂志主编、中央教育科学研究所报刊中心常务副主任，博士生导师——高宝立教授开设了"职业教育教科研方法论文写作技巧"的讲座，邀请了国际积极心理学会（International Positive Psychology）理事、中国理论心理学会理事、浙江师范大学教育学院教授、教师教育学院副院长、心理学博士任俊来校做了关于积极心理学的讲座，邀请了上海市心理协会基础教育专业委员会秘书长、陈默教授来校做了"关注学生心灵发展，关注教师心理健康"讲座，教育部教育管理信息中心特聘专家、华南师范大学教育信息技术学院的汪晓东博士为全体教师做了题为"遇见更好的课堂——微课的制作和设计"的专题培训讲座，等等。

（3）拓宽渠道，创新形式

著名心理学家马斯洛认为："最迫切的需要才是组织成员为之奋斗的目标，这才是产生激励效用的原动力。"❶我校力求从学校发展和教师发展的实际需要出发，拓宽渠道，开展多种形式的培训活动，学校积极创造机会让教师"走出去"，每年学校会选派一定数量的教师参加上级主管部门组织的国培、省培、市级培训以及出国培训；同时，我校鼓励教师外出观摩听课、考察学习，走出去向名师名校取经。让教师通过生动的实例，切实了解国内外先进的教育理论、教育思想、教育方法、教学手段和职业技能，了解学科教育发展的新动态、新知识，拓宽视野，掌握先进的理论和方法。几年来我校委派骨干教师、青年教师等各类教师赴北京、上海、杭州、西安、厦门、广州、重庆等教育发达地区学习培训达 300 多人次。

5. 名师示范，引领共同成长

一流的名师支撑起一流的名校，一流的教育呼唤着名师辈出。名师荟萃，有利于学校教育教学质量的提高。名师是学校的形象，名师可以造就名校，名师是学校发展的坚实基础。我校一直以来十分重视名师的引领示范作用，具体表现在以下几方面。

（1）建立名师管理机制，调动教师成长积极性

学校专门出台了校级《专业带头人和名师工作室导师选拔办法》《名

---

❶ ［美］亚伯拉罕·马斯洛. 动机与人格［M］. 许金声，等，译. 北京：中国人民大学出版社，2007.

特优教师奖励办法》，以此规范各类名师的培养、选拔和管理工作，确保竞争在制度的约束下进行。使人人都明白"我应干什么，我该怎么干"，充分调动"我要成长"的积极性。同时，学校建立了名师培养体系，按"教学新秀—教学能手—学科带头人—名教师—特级教师"五层目标的培养方向，推进名师工程建设。开展特级教师后备对象的选拔培养活动，指导学校各层级的名特优教师，对照条件，制订个性化成长方案和年度计划，让每个层次的教师都目标明确，举措有效。

（2）有效开展名师示范，发挥名师的个人能力

为充分发挥我校名师在课堂教学、教学科研方面的示范辐射作用，使每一位老师近距离感受名师风采，零距离接受名师指导，开展好教学互动活动，提高教师整体教学水平。我校积极开展名师示范活动，学校规定无锡市级学科带头人及以上名师要完成"四个一"，即建好一个资源库，每年上好一节示范课，开设一次名师讲堂，带好一名徒弟，使他们在引领别人进步的同时，促进自身的发展，实现教学相长。

（3）开展名师结对活动，展现名师的个人创造力

为加快青年教师的培养和专业化成长，优化学科师资队伍结构，我校充分利用名特优教师资源，发挥名特优教师的领头作用，开展了名特优教师结对活动，每位名特优教师帮教1~2位青年教师，名特优教师对青年教师要做好"传、帮、带"工作，明确规定名特优教师首先要做到：言传身教，率先垂范，在教学上，在师德上，在业务技能上，在班主任工作上都要做出表率作用。将自己多年的工作经验和教学经验毫无保留地传给新教师，在年轻教师遇到困难时一定给予真诚的关心与帮助，扶持他们走出困境。同时，学校进一步完善了青年教师"导师工程"，开展了高级职称教师与初中级教师结对活动；对1~3年的新教师实行青蓝结对工程，全面开展了以老带新活动。导师与青年教师自愿结对，签订结对协议，定时定额完成结对任务，每月一次互听互评课、一次班级管理指导、一个活动设计、一篇随笔；每学年一篇论文撰写的指导。做到有帮扶有记录，有落实有实效。

（4）成立名师工作室——拓宽名师培养途径

名师工作室是名师破茧成蝶的场所，是名师的充电器、加油站；是教师成长的孵化器，是教师成长的摇篮；是教学思想的集散场地、教学方法的交流场所、教学资源的快递中心；是教研与教学的结合体，是教学改革的试验田。为充分发挥我校省市各级名教师的示范、引领、指导和辐射作用，使之不仅要做好本职工作，同时承担起推动课程改革、专业建设、培养青年教师等工作，为我校青年教师的成长创设良好的载体和平台，建设高素质专业化教师队伍，我校开展了首批校级名师工作室评选活动，建设了 10 个校级名师工作室。规定每个名师工作室成员中，初中级专业技术职称比例不低于 60%（至少一名初级职称），35 岁以下青年教师比例不低于 50%。名师工作室导师要通过师德建设、教学引领、课题研究、辐射带动、资源共享、教师培养六个方面助推青年教师成长。

6. 强化督导，传递正向能量

新形势下学校所担负的责任，就是全面贯彻党的教育方针，实施以德育为核心，以培养学生的创新精神和实践能力为重点的素质教育。为全面提高教育管理水平和教学水平，我校专门成立了督导室，提出了"以教定督，顺教而导"的积极督导理念。具体做法如下。

（1）深入一线，竭诚服务

"以教定督，顺教而导"的突出理念，是强调督导者在教师发展过程中的服务性职能。因此我校要求作为学校督导人员要胸怀全校、通观全局，督导室组织校专兼职督导队伍每周巡视，每月召开一次学生信息员会议，进行各种类型的教师座谈会，检查教师教案、授课计划、作业试卷等，不断深入教学一线，了解教师工作情感与需求，发现短板，竭诚服务，及时与教师真诚沟通，积极探讨解决教学中存在的问题与困惑，做到收放自如。

（2）搭建平台，巧妙切入

"以教定督，顺教而导"的能力目标，要求督导者根据各位教师的特点，用分层定向的方式进行引导，多元化的评价教师，全面促进教师综合素质的提升。学校的教师处于不同层次，追求的目标也有所不同。基于此，督导室创设教师成长的平台，设计了培优课、选拔课、成长课、创新课等多种形式与不同层次的课型，不同类型的课按不同的标准与要求实施督导，并以不同方式提供个性化服务。

（3）聚焦问题，合作研讨

"以教定督，顺教而导"是针对不同层次、不同教学思考的教师，使督导的督与教师的教相结合，用现代教育理念服务课堂教学，"轻督重导"，用人性化的方式，以发展的眼光开展督导，切实提升全体督导者的工作效能，使被服务者主动了解自己或感受他人的积极教学效果，总结经验，从而提高课堂积极教学的质量。在督导中，我们要求督导者思维敏锐，善于梳理教师专业发展的问题，在教师教学的众多问题中，什么是关键问题，哪些是急需解决的，凸显出问题的焦点，并帮助教师寻找解决问题的途径。

（4）同课异构，各扬其长

"以教定督，顺教而导"要求用人性化发展的眼光对待教师的课堂教学工作，用欣赏的眼光看待教师的专业成长，关注教师的点滴进步，充分肯定，使教师乐教，学生乐学。督导室在全校范围内广泛开展"同课异构"教学活动，搭建"相互学习、相互交流、共同提高"的平台，鼓励教师各尽其长，进行"新角色、新教案、新手段"的研究。

## 四、条件保障

### 1. 加强领导，落实责任

建立由校长、分管校长、有关职能科室领导和教师代表组成的师资队伍建设小组，领导、协调及监督学校队伍建设与管理的有关事项，将师资队伍建设工作纳入学校工作的重要议事日程，切实做到师资队伍建设规范化、制度化。师资队伍建设指标实行责任分解，各系部要切实担负起二级管理的职责，根据学校师资队伍建设目标与发展规划，制定本系部的师资建设目标与规划，并制订详细可操作的年度计划，有计划、有步骤地推进师资队伍建设。

### 2. 深化改革，完善机制

以科学发展观和人才观为指导，坚持"德才兼备，注重实绩"的原则，结合学校事业发展目标和专业建设需要，进一步完善学校岗位聘任方案，探索并建立有利于激发教师积极性的评价体系。同时，规范专业技术职务申报制度，对于高一级专业技术职务的申报要从地方经济产业发展、学校长远发展目标出发，综合考虑学校专业发展差别、学科发展差别，从原有的职数管理向结构比例宏观指导转变，建立围绕学校专业建设、学科建设和人才培养需要的动态化专业技术职务申报管理制度。

### 3. 校本培训，制度完善

我校校本培训坚持"三性一化"，即"计划性、实效性、针对性、信息化"。各系部要紧紧围绕市场需求、产业发展、区域经济规划、专业调整、学校发展，制订好部门培训计划，加强校本培训的计划性；以部门全员培训为龙头，有序、有效地进行教师的基础性培训，务实高效，固本强基，提高校本培训的实效性；摸清本部门各类人员特质，了解教师发展潜质，结合教师成长规划，做好出国培训、国培、省培、青年教师培训等各类人才选拔性培训，提高教师培训工作的针对性。同时，要进一步加强教师的信息技术的应用研究和培训，学习各种现代教学技能，充分利用现代信息资源，加强信息技术对课堂教学的支撑作用，提高教师信息化素养。

### 4. 加大投入，保障经费

加大经费支持力度。根据学校师资队伍建设情况加大经费投入力度，设置大师工作室专项项目经费、专业带头人专项奖励经费、名特优教师专项奖励、教师培训专项经费、兼职教师经费等师资队伍建设专项经费，在上级核拨经费的情况下，学校同时提供相应的配套经费，保障充足的经费来源。切实加强经费的监督与管理，将学校支持师资队伍建设的项目和投入统筹起来，提高经费使用效益。

## 五、实践成效

学校现有专任教师390名，硕士以上学位92名，占23.58%；高级职称教师172名，占45.3%，其中正高职称3名，教授1名；"双师型"教师187名，占专任专业教师81.3%，其中142名专业课教师具有技师以上职业资格。近年来，学校涌现了全国职教名师1名，江苏省特级教师3名，江苏省职业教育领军人才培养对象1名，江苏省突出贡献技师1名，学校现有各级、各类名师近100名。教师的专业能力、实践技能得到了极大提升，9名教师在全省"五课教研两课评比中"获得了"研究课"，学生在省市各类会考中成绩名列前茅，技能竞赛、创新大赛、全国文明风采大赛等方面不断摘金夺银。

## 六、体会与思考

1. 按照结构合理、人员稳定、业务素质高、服务意识强的要求，打造一支精干高效的管理队伍。

2. 科学谋划、合理布局，加强课程与专业教学团队，促进团队教师快速成长。

以团队建设为载体，充分挖掘现有人员的优势与特长，广泛吸纳行业企业、兄弟院校优秀人才加盟，紧紧围绕区域经济社会发展对人才与技术的需求，积极组织开展人才培养工作；努力争取各方支持，加大政策扶持力度，完善团队建设与考核机制，激发团队人员的主动性与积极性，遴选好团队带头人，鼓励和支持团队开展国内外交流与合作，促进团队快速成长。

# 积极文化：积极德育的育人环境

苏联著名教育家苏霍姆林斯基，在其著作《帕夫雷什中学》中说："用环境，用学生自己创造的周围情景，用丰富集体精神生活的一切东西进行教育，这是教育过程中一个最微妙的领域之一。"❶ 校园文化就是这样一个微妙的领域。中等职业学校校园文化建设对于发挥和激励广大师生的积极性，提高学校的办学质量具有极大的推动作用。2010 年教育部《关于加强中等职业学校校园文化建设的意见》中提出，校园文化是社会主义和谐文化的重要组成部分，是学校精神、学校秩序、学校环境和学校形象的集中体现，具有重要的育人功能。党的十九大报告再次提出要把"立德树人作为教育的根本任务"，校园文化建设作为中等职业学校德育工作的重要载体的地位不断显示出来。现阶段，加强中等职业学校校园文化建设，对于贯彻落实党的教育方针，优化育人环境，促进中等职业学校学生的人文素养和全面发展具有十分重要的意义。

---

❶ ［苏］苏霍姆林斯基. 帕夫雷什中学 ［M］. 赵玮，译. 北京：教育科学出版社，1983：145.

# 第一节 职业教育德育管理与校园文化的关系

## 一、职业教育德育与校园文化的关系

### 1. 职业教育德育内涵

习近平总书记在党的十九大报告中指出"要全面贯彻党的教育方针，落实立德树人根本任务，发展素质教育，推进教育公平，培养德智体美全面发展的社会主义建设者和接班人"❶。"立德树人""素质教育"等关键词体现了德育是学校实施素质教育的重要组成部分，贯穿于学校教育教学的全过程和学生日常生活的各个方面，渗透在智育、体育、美育中。

我国一直重视中等职业学校的德育工作，随着职业教育发展，中职德育更加引起国家高度关注，从 1985 年至 1999 年相关教育文件中由"重视""注意加强"到"加强"，其主线始终贯穿职业道德教育。1993 年、2001 年、2008 年，先后进行中职德育课程改革，形成独特课程体系。1996 年《职业教育法》确定了对受教育者进行思想政治教育和职业道德教育，传授职业知识，培养职业技能，进行职业指导，全面提高受教育者的素质。21 世纪以来，中职德育由"爱岗敬业、诚实守信、办事公道、服务群众、奉献社会"拓展至在此基础上突出"诚信、敬业"，把职业素养、岗位胜任力作为衡量职业教育质量标准，强调职业指导和创业创新教育。2010 年对中职学校德育管理工作提出具体要求，德育全方位融入学校各方面，对校园文化建设及班主任队伍建设给予专门强调，思想政治教育、职业道德教育、心理健康教育，进行职业指导、加强创业创新教育成为中职德育关键词，在传授职业知识，培养职业技能的同时要求全面提升学生职业素养。

《国家中长期教育改革和发展规划纲要（2010—2020 年)》指出，大

---

❶ 习近平. 决胜全面建成小康社会夺取新时代中国特色社会主义伟大胜利 [M]. 北京：人民出版社，2017：45.

力发展职业教育，坚持德育为先，把提高质量作为重点。因时变革，与时俱进。教育根植于社会，在我国不同时期的德育目标都强调德智体美全面发展，强调有理想、有道德、有文化、有纪律，体现了人本德育思想。从德育政策上看，我国中职学校德育内涵基本在与普通教育一致的前提下又有所侧重，突出职业教育特点，并在不同时期有不同表述，内容由思想政治到职业道德、就业指导、心理健康等，重点强调职业教育的就业导向，强调结合行业特点，强调职业道德教育，职业道德、职业理想、创业教育、创新精神教育是中职德育主旋律。2014 年修订的《中职学校德育大纲》指出，中职德育要贴近实际、贴近生活、贴近学生大纲从德育目标、内容、方法、原则、要求等方面均有详细描述，从涉及德育实效性的德育课程、学科德育渗透、教学计划制订、学校师德建设、育人环境建设、共青团建设、班主任队伍建设等形成一整套德育政策，所有政策均强调德育首位问题、强调学生主体问题、强调德育实践性问题，注重现代教育手段在教学中的运用，要"把学生培养成为爱党爱国、拥有梦想、遵纪守法、具有良好道德品质和文明行为习惯的社会主义合格公民，成为敬业爱岗、诚信友善，具有社会责任感、创新精神和实践能力的高素质劳动者和技术技能人才，成为中国特色社会主义事业合格建设者和可靠接班人"。由此可见，职业教育德育，是对学生进行思想、政治、道德、法律和心理健康的教育，内容包括民族精神和时代精神教育、理想理念教育、道德和法制教育、热爱劳动，崇尚实践和奉献社会教育、心理健康教育、珍爱生命和健全人格教育等。

2. 职业教育德育与校园文化的关系

德育管理是根据学校德育的目标和任务以及学校教育和学校管理的总体要求，提出学校德育管理目标，建立德育管理机构，建设德育工作队伍，制定德育管理制度，并且通过以教育实施过程的组织协调和对德育工作的质量评估来确定学校德育目标的实现和德育任务的完成。

校园文化是社会文化的一种亚文化系统，与社会文化协调并存、相互补充，促进教育的发展，在培养全面素质的人才方面发挥着"独特"的功效。"校园文化的育人功能是多方面的，关涉学生的思想道德、科学文化、身体心理的各种素质的培养。"职业教育校园文化以其所蕴含的精神因素、信念因素、道德风尚等，作为一种文化氛围而弥漫于师生之间，对校园师生具有强大的感染力和内驱力，潜移默化又细致持久地影响着校园师生的思想观念、行为方式、价值取向。

良好的校园文化在教育、引导、激励学生方面发挥着不可替代的作用，因此校园文化已成为学校德育的重要载体。职业教育德育与校园文化的关系密不可分，相辅相成。从育人功能来讲，两者是一致的。一是范畴一致。校园文化是学校德育管理的一部分，从属于德育管理。二是主体一致。学生德育管理是学校管理者对学生的管理，学生是主体之一；而校园文化建设的主体是师生，学生是主体之一。加强学生德育管理、提升学生德育管理水平会促进和影响校园文化建设。同时校园文化又作用、影响学生，为中职学生成为合格的职业劳动者创设了良好的氛围、环境，促进他们的成长。加强学生德育管理有助于建设职业中学校园制度文化、物质文化、精神文化、行为文化。同时良好的校园文化也促进学生的品德成长，校园文化的影响是全方位的，多方面的，而且这种熏陶、感染作用和影响是深远的、长久的，是对学生基础性的、一生的影响。

## 二、职业教育校园文化的育人功能

高雅的、和谐的、生动活泼的、健康纯洁的校园文化往往能在潜移默化中培养学生形成良好的情操，促进其综合素质的全面提升，从学校角度而言，构筑高雅和谐的校园文化不但能形成独特的办学特色，而且还能进一步提升教学质量。江苏第二师范学院程振响教授说过：现代学校发展是一个由凭借"校长能力与魅力"到依靠"学校管理制度与机制"并"建立规范"，再到通过"学习文化与价值追求"的"超越规范"的发展过程。经济学家于光远也表示："关于发展，三流企业靠生产，二流企业靠营销，一流企业靠文化。"可见，不管在学校还是在企业，文化建设正越来越受到有识之士的关注和认可，文化管理已是管理的最高境界，是学校和企业生存、发展的真谛。

职业教育校园文化主要有四大育人功能：导向功能、激励功能、陶冶功能和凝聚功能❶。

### 1. 导向功能

校园文化的导向功能是通过对职业学校学生思想观念和价值取向的引导，帮助他们形成正确的人生观、价值观和科学的世界观，引导他们选择合适的、健康的、积极的生活态度和行为方式。然而，作为职业学校校园文化的营造主体之一的学生，有着不同于普高学生的特点，他们中大部分学生是因为没有考取普高而就读于职业学校，有很大的失落感，不像其他学校的学生具有成就感。同时，目前社会上还存在低视职业教育的意识，因此职业学校并非他们向往的学校。但为了继续升学，他们心不甘情不愿地开始了职业学校的学习生活。一些职业学校学生表现出学习目标不明确，组织纪律观念较弱，对人生信心不足，缺乏对未来的憧憬，偏向崇尚享乐，缺乏积极进取和对理想信念的追求。但是他们内心深处却希望自己能改变现状，希望能像其他同学一样拥有快乐而充实的校园生活。因此，如果职业学校校园文化的建设者们能较多地关注学生的生活需求和他们对生活目标和人生价值的渴望，就能聚焦学生，吸引广大学生参与校园文化的建设，在引导他们树立正确的人生观、价值观，坚定自己的理想信念和端正自身的学习态度方面产生积极的导向作用。由此可见，良好的文化氛围会激发学生向上进取，帮助职校生建立起符合时代要求的思想理论观念和社会价值观。相反，庸俗低级的文化环境则会引发各种消极的思想价值观念，甚至把他们引导到与社会相对抗的方向中去。一个刚刚步入职业学校的新生，进入一所校风优良的学校，他的思想和精神风貌很快就会被新学校的优良校风所影响和感染，由于人天生的从众心理会让他尝试着去了解和学校所倡导的校风学风，认知引导着校园师生的主流思想和价值观念，感受身边和谐的氛围，在逐步认识过程中，他希望自身能融入这种共同的文化氛围中去，便开始反省自身的思维方式和价值取向，从而调整和改变原来的思想观念，进而适应新环境的要求。

同普高的教育目标相比，职业学校的教育目标具有鲜明的职业定向

---

❶ 朱冰.论高职院校校园文化的德育功能 [D]，长沙：湖南师范大学，2007：17.

性。所谓职业定向性是指职业教育就是培养能够掌握从事某种社会职业必备的基础文化知识、专业知识和技能的应用型人才❶。而职业学校校园文化作为职业学校教育的必然产物，在其形成和发展的过程中必将带有职业性的特点，从而要求职业学校校园文化需要不断关注企业文化，使企业文化中的职业道德、团队意识、激励手段、主人翁意识和质量意识等有效地融合到校园文化中来，从而更好地促进学生的社会化进程，帮助学生走上职业岗位后，能较快地融入企业的管理中去。校企合作，产教融合是职业学校实现职业教育目的的重要途径，而这种形式又能够有效促进校园文化与企业文化的融合，引导学生在实践中强化品德的形成。校企融合不但为学生提供专业学习和技能训练的机会，也以其自身有形和无形的德育资源为学生道德品质的形成和发展提供了条件。优秀的企业本身所具有的融政治、经济、科技、文化、爱国主义和集体主义等教育因素于一体，这本身就是一个良好的德育基地。同时，企业拥有的现代化管理人员队伍和高素质的专业技术人员队伍，当中更有杰出的大国工匠，他们是企业稳固和发展的"脊梁"，他们是学生学习的生动教材，是"活"的榜样。而任何一个企业在创业建设生产发展过程中都留下了一部艰苦奋斗的创业史，其中每一篇、每一页都书写着企业建设者、劳动者的高尚情操，展示着他们的聪明才智和无私奉献的精神。这些都体现一种无穷的人格魅力和无限的精神力量，成为企业文化的精髓，而这一切对深入其中参与实训实习的学生都会起到潜移默化的引导和熏陶作用。诚然，每一所职业学校都有其明确的培养目标、严谨的校风和严格的规章制度，以及富有专业特色的校园文化，这影响和制约着学生的一言一行。同时，对于未来从事的职业所需的职业素养和道德标准只有在实践过程中、在亲身参与活动和工作中、在与企业及社会的互动中才能得以检验，学生本人才能亲身体验到"利"与"弊"的关系，从而修正自己的行为，提高自己的道德修养。所以，杜威说"最好的和最深刻的道德训练，恰恰是人们在工作和思想的统一中跟别

---

❶ 刘合群．职业教育学［M］．广州：广东高等教育出版社，2004：7.

人发生适当的关系而来的"❶。在企业见习、实习过程中，学生在各种活动、实践、交往中，深受企业中有形和无形的德育资源的感染，从而更深刻地了解企业文化的内涵，明确作为合格的企业人所需要的道德品质和行为规范，随之审视自身已有的道德标准和行为习惯，并予以不断地调整和修正，最终符合社会的需求。由此可见，校园文化的导向功能十分重要，我们应主动地把握并正确地利用。

2. 激励功能

教育是一个外因通过内因起作用的过程，教育的成效在很大程度上取决于受教育者自身。因此，职业学校校园文化很重要的任务就是调动广大学生的参与热情，激发广大学生的学习兴趣，唤起广大学生的成才欲望，促使他们自觉努力，这正是校园文化所体现出来的独特的激励功能。

激励，是以人和人的群体为主体对象，涉及对人的思想、心理、行为的鼓励和导引，旨在导向性地、最大限度地激发、调动人的积极性、主动性和创造性。职业学校校园文化所创造出的良好的文化氛围，往往能产生一种激励作用。而激励作用的本质特征，是把社会对人的要求，变为个体的自我需要，潜移默化地使他们形成奋发向上、争创一流的稳定心态，熔铸成一种伟大的民族精神。

因中考失利而进入职业学校的学生，他们常常表现出自卑，人际关系冷漠，对生活缺乏热情，对外界评论格外敏感，然而他们内心深处却渴望得到认同和鼓励。良好的校园文化会让学生试着重新认识无奈中选择的学校，假如发现这里有自己意想不到的干净、整洁、幽静的校园环境，学长们的平凡而光荣的成长历程，不曾知晓的感人至深的校园故事，未曾预料的琅琅读书声，真诚友善、备感亲切的老师和同学，同时有着梦寐以求的丰富多彩的课余活动，整齐划一体现专业特色的各类仪器设备和实习基地，井然有序的教学秩序，优良的传统和氛围，这一切让他们感受到一种积极向上和催人奋进的氛围。慢慢地这种良好的校园文化感染和熏陶着学生，他们内心深处的那种不甘落后、敢为人先的愿望被重新唤起，从而激

---

❶ 赵祥麟，王承绪. 杜威教育论著选 ［M］. 上海：华东师范大学出版社.，1981：5.

励他们把自己的真诚、热情和智慧投入到学习、生活和工作中去。校园文化通过这种外界的刺激和影响，能够把社会所期望的良好思想、内容转化为学生的思想和自觉的行动。久而久之，他们在内心深处逐渐地认同和接纳选择的学校，思想上由最初的那种无奈逐步转向积极地面对学习和生活，重新燃起拼搏、奋斗的渴望。思想是行动的指南，因此他们将不再浑浑噩噩地消耗青春，而是希望自己在这样环境中成人、成才、成功。而当他们的付出获得鲜花与掌声时，他们将找回曾经失去的自信，并不断激励自己争取一次又一次的成功，树立起为实现自身价值而刻苦学习、不断进取，乐于奉献的价值观念。校园文化的这种正面激励，有鲜明的褒义色彩，它符合个人好胜、向上、乐观的本性，对富有朝气、生机勃勃的职校生来说，无疑更适合其年龄特征。

校园文化正是以其精神振奋、朝气蓬勃、开拓进取的良好风气，激发每个学生的学习积极性和创造力，从而形成一种你追我赶的激励环境，将学生的被动学习转化为自觉行为，化外部动力为内在激情。

3. 陶冶功能

陶冶功能是职业学校校园文化培养职校生思想品德的重要功能之一。所谓陶冶功能是指职业学校校园内通过创设和利用有教育意义的环境和氛围，对学生进行潜移默化的影响，使受教育者在道德情感方面受到感染和熏陶。陶冶是一种形象比喻，即把教育人的过程理解为把陶器放在窑中烘烤一样加以培养和锻炼，职校校园文化对学生思想品德的陶冶功能可分为审美陶冶、情感陶冶和氛围陶冶。

（1）审美陶冶

"审美教育指运用艺术美、自然美和社会生活美培养受教育者正确的审美观点和感受美、鉴赏美、创造美的能力的教育。"❶

职业学校校园文化对学生的审美陶冶，首先表现在职业学校校园环境美对学生的陶冶。"优美的环境可以丰富学生的感官刺激，提高他们的审美感受力。赏心悦目的环境也可以使学生的身心获得松弛与安逸，学习生

---

❶ 王道俊，王汉澜. 教育学［M］. 北京：人民教育出版社，1989：414.

活更有活力。"❶ 如校园中间有一条纵深中轴线的布局会给学生以对称美，陶冶学生的严谨感和秩序感，而自由式布局则能给学生以自由美，能陶冶学生浪漫的情调，校园的雕塑、石刻、警句等景观能引起学生对美的向往和追求；干净整洁、摆放整齐、布局合理的实验、实习场所则能激发学生的职业使命感，而优美的校园绿化不仅能满足学生的审美需要，还能起到冶情养性、抚慰心灵的作用；同时教室内的桌椅、光线、色彩和装饰能给学生以美的享受，对学生的心理和行为都有影响。心理学家曾做过一个有趣的实验"在以庄重淡雅的房间里贴着几张微笑的人像，播放着轻柔的音乐，另一房间则凌乱不堪，色彩刺目，贴着几张盛怒的人像，播放着躁动不安的音乐，当被试者在第一个房间待上一会儿后，主持人向被试者提出一个具有挑衅性的问题时，被测试者表现比较理智，甚至用幽默来回敬对方。而当被试者在第二个房间里待上一会儿后，主持人提出具有挑衅性问题时，被测试者控制不住地破口大骂起来"❷。这说明室内环境的美丑不仅能陶冶人的心理情感，而且可通过情感控制人的道德行为。

诚然，职业学校良好的校风学风、优良的文化传统，和谐的人际关系以及体现民主、公平的规章制度都会让学生感受到一种舒适、轻松、愉快和平等，使他们在很大程度上获得心灵上的审美需求，这一切都将帮助学生培养正确的审美情趣，并在今后工作学习生活中不断感受美和创造美。同样各类定期举办的文化艺术活动都能以其具体、生动的美感形象激发学生的审美情趣，依靠感染，而不是靠说教，培养和发展学生正确的审美观、审美理想和感受美、表现美、创造美的能力，进而美化学生的主观世界和客观世界。

（2）情感陶冶

"道德情感是在道德认识基础上形成的，是人们运用一定的道德准则、规范来评价自己与他人的品行或某种事物而产生的一种内心体验。"❸ 情感

---

❶ 杜卫. 美育论 ［M］. 北京：教育科学出版社，2000：357.

❷ 鲁洁. 德育社会学 ［M］. 福州：福建教育出版社，1998：317.

❸ 潘素菊. 略论学校教育环境的德育功能 ［J］. 承德民族师专学报增刊，1995（S1）：52 - 53.

在人的道德认识和道德行为中发挥着重要的动力作用，道德情感的培养不能靠单纯的灌输，而是需要在一定的情境中进行熏陶。情感的培养既要靠正面引导，也要靠文化环境进行感染陶冶。校园文化中丰富的内容对学生情感陶冶具有得天独厚的优势。职业学校中师生交往、同学交往具有交流情感、沟通思想、互相学习、互相影响、协调行动、提高人际交往能力和促进成长的作用。这种交往中的情感交流，会形成学校特有的人际情感氛围。教师对学生的关怀、期待、爱心，很容易感染学生，引起情感共鸣，产生积极的体验。职业学校校园文化的主要组织者对学生的情感集中体现在他们对学生的爱。这种爱不是通过说理和要求教育学生来传递，而是以自己高尚的品德、人格及对学生的深切期望和真诚的信赖来触动、感化学生，他们充满爱、充满理解、充满信任的语言好似熊熊烈火发出光和热，而听到这些话语的学生，心中倍感温暖，更唤起了他们对生活的热情和对未来的憧憬。相反，缺乏爱的语言，也会把颠扑不破的真理变成冷酷的、僵死的训诫，俗话说野蛮产生野蛮，仁爱产生仁爱，这是生活中不变的真理。思想教育工作者与学生相处的时间相对较多，他们的情感之所以能陶冶学生的品质，是因为在特定情境下表现出的积极情感能引起学生的共鸣，满足学生的心理需求，从而在他们心里产生积极的情感体验，有了这种体验，就会增强学生对这种情感的需要，加强情感动机。同时，同学间的友谊、帮助、关心、支持可以使学生直接感受生活中的真善美，可以领悟到人与人之间的真诚、友爱和理解的可贵。这样师生共同形成校园特有的人际情感氛围，对学生具有强烈的感染力。在职业学校校园文化中，除了和谐的人际关系具有明显的情感陶冶功能，其中还包括整洁文明的校容、校貌，生机盎然的学习环境，积极向上的校风、班风和丰富多彩的艺术活动，都是陶冶学生情感、净化学生心灵、培养学生情操的重要环境因素。

教育因爱而生动，教育一刻也离不开情感，正如加里宁所说"教育是对于受教育者心理上施行一种确定的有目的和有系统的感化作用，以便在受教育者身心上，养成教育者所希望的品质"。

（3）氛围陶冶

其实"氛围是一种心理气氛，也是一种文化氛围，它是在特定的时空内的某一文化单元的各要素构成的一种文化效应场"❶。人置身于或观察这一效应场时，就会与之发生感应关系，从而不自觉地获得某种特殊情感，感悟某种文化精神。良好的校园文化氛围使置身其中的学生无形中受到感染，学生如沐春风，陶冶着自己的性情，净化着自己的心灵，历练着自己的意志，培养着自己的情操。如绿地、鲜花，这一切自然美使学生产生健康的审美愉悦，寓教于乐的文化艺术节让学生在活动中接受思想教育、艺术修养和科学知识，良好的校风学风刺激着学生对知识的渴望和对梦想的追求，整洁干净的生活环境和民主平等的师生关系更能唤起积极乐观的生活态度，塑造健康人格。

4. 凝聚功能

所谓凝聚功能指职业学校校园文化中的各要素通过相互作用，把校园内的成员吸引在自己的群体内。中华民族绵延数千年，无论经历多少冲突，始终能保持国家的统一和不断发展，很重要的原因就是中华文化具有的强大的凝聚力，把天下的炎黄子孙维系在一起。从这里我们就可以看出，文化是一种凝聚力量，校园文化作为亚文化，同样是一种心灵的黏合剂，它把各个方面、各个层次的人都团结在校园文化的旗帜下，使师生员工对学校产生一种心理归属感和认同感，从而形成巨大的向心力和凝聚力。校园文化建设旨在形成一种内求团结、外求发展的精神风貌。良好的校园文化环境使身居校园的人，体验到同学之间团结友爱、互相鼓励、互相关怀，师生之间，学生尊敬师长，老师爱护学生。这种氛围使人人感到心情舒畅，处处感到集体的温暖，时时感受到家的温馨。同时良好的校风、学风和班风，舒适优美的校园环境，学校建设发展中的先进模范人物，都会让学生在心中对学校产生一种认同感和自豪感，这份和谐与光荣，就像是一种无形的力量对校园中的每一个师生产生强大的吸引力，把师生员工紧紧团结和凝聚起来。

在职业学校，文化的继承、传播与发展往往通过组织各种丰富多彩的文体活动得以实现。职业学校的文化传统尚处在一个形成的过程中，同时

---

❶ 鲁洁. 德育社会学 [M]. 福州：福建教育出版社，1998：319.

各种制度也还不够健全和完善，在师生中还没有完全形成共识，因此很难做到只以简单的说教和灌输的教育方式达到凝聚学生的目的。作为青年学生，正处在人生的黄金时代，他们精力充沛，洋溢着青春的活力，对一切新鲜事物都表现出强烈的好奇感，对一切展示自己才能的机会都显得格外地渴望，同时他们个性张扬，不喜欢被约束和管制，对那些说教之词和命令之语，表现出反感和排斥。而校园中的各种文化活动，则能有效地为他们提供广阔的发展自我、展示自我的舞台，培养他们的兴趣爱好，扩大他们的人际交往圈，增长他们的见识，开阔他们的眼界，因此受到学生的青睐。而正是在这样的集体活动中，他们彼此相互认识、了解、支持和帮助，无形中增强了他们的群体归属感，进而培养主人翁意识，形成文化认同感和共同的价值取向、道德标准和整体信念。同时把学校所倡导的人文精神、宣传的正确舆论导向以及各类规章制度融入活动中，使学生在寓教于乐的过程中潜移默化地接受教育。

校园文化所产生的凝聚力，形成了学生对人生目标、价值观念、行为标准、道德规范产生认同感和自豪感，从而激发学生的主观能动性，更好地学习和工作，这为学生今后的发展奠定了坚实的基础。应该指出，职业学校校园文化的上述德育功能并非截然分开的。校园文化对学生品德形成和发展的影响是全面、复杂而又微妙的，随着人们对职业学校校园文化德育功能的认识越来越深刻，校园文化对学生品德发展的影响将会发挥日益积极而重大的作用。

### 三、职业教育校园文化育人的特点

1. 润物无声：校园文化育人是一个无意识的过程

个体在有意识接受外部信息的过程中总会存在一种心理定式，即心理上的准备状态。作为职业学校的学生，他们中很大一部分学生由于缺乏学习的积极性和对未来人生规划的淡漠性，从而表现出一种相对自由散漫的心理状态，他们对于老师的思想教育和严格的纪律约束，常常表现出排斥和逆反的心理。而校园文化的德育过程可贵之处就在于它最大程度地消除了这种不利心理，它通过有效的方式把各种规章制度和人文精神贯穿于优美校园环境的创建，良好和谐的校园文化氛围的营造，学生喜闻乐见的文体活动的举办的过程中，使受教育者在无任何心理抵触中接受教育。由于受教育者的心理防御功能被克服，因而这种教育的产生是一种无意识接受行为，更自然和谐。

校园文化的这种德育功能不同于"教师教、学生学"的课堂教学仅以单向灌输为主的教育功能。它也不是以强制性的手段来使学生接受教育，而是通过非强制性的手段，在耳濡目染、潜移默化之中感染学生。这是校园文化的重要特点。校园文化之一的环境文化，它的主要德育作用在于创造一种文化氛围，去感染、陶冶师生。生活在校园之中的人会在不知不觉中接受教育，并内化成信念、觉悟、习惯，从而带上特定校园文化的烙印。由于校园文化的德育功能在于熏陶，因而能避免单纯的正面教育所引起的逆反心理，收到正面教育所不能收到的效果。

2. 由外而内：校园文化育人是学生心理内化的过程

所谓内化，就是受德育者将外在的社会道德要求，通过个体内隐性的转化行为，实现从外部调节到内心自觉、从他律到自律的反复深化过程，也就是将外在于主体的行为要求转化为主体内在的行为需要的过程。从根本上说，这个转化只能在学生与外在社会相互作用的活动中实现，而不可能在他们处于静态中进行，而道德活动则是促进德育影响转化为学生品德的基础。职业学校校园文化在德育过程中最终就是通过各种构成要素的合力，使校园文化所倡导的道德规范、道德要求、价值观念和行为方式内化成学生自身的品质。这样便构成了德育过程的基本矛盾，即社会通过教师向学生提出的道德要求与学生已有的道德的水平之间的矛盾。这个矛盾的解决需要向学生传授一定的社会思想和道德规范，引导他们进行道德实践，把他们从原有的品德水平提高到社会所要求的新的品德水平上来。但如果只是教师的长篇道德说教，不仅缺乏使学生深感兴趣的外部教育活动，而且必将导致窒息学生内部的思想情感活动。学生对教师的说教不但毫无积极性，甚至可能产生抵触情绪。在这种情况下，学生即使被迫顺从教师要求，其行为也不能持久，更不可能把道德要求转化为个人的品德。相反，若能通过组织和引导学生能动地参与各种活动，激发学生的兴趣、爱好与追求，让同学们在活动中认识和趋向正确的思想，从内心开始接受，就将形成相应的品德。因此，在个体品德内化的过程中，心理认同是核心。而良好的校园文化为学生创造良好的校园物质生活环境，营造健康和谐的文化氛围，提供施展自我、完善自我的平台，打造丰富多彩的校园文化生活，让学生有认识自我、表现自我、教育自我、提升自我和检验自我的机会，在一次次实践中获取成功、体验失败，在感受掌声与鲜花、汗水与泪水的同时，他们逐渐明白了为人处世的道理，提高了独立自主的能力，树立了换位思考的意识，培养了团结合作的精神。这样的过程实际上就是把德育付诸实践并内化为个人品格的过程，从中可以使优良的品质得到肯定、强化、巩固和发展，使不良的习惯被否定、弱化、矫正和改进，并从实践中体悟校园文化中所传达倡导的各种道德规范、道德要求、价值观念和行为方式，从而产生新的道德认识、道德情感和道德行为。因此，可以说没有道德自觉整合的内化，也就没有真正意义上品德的形成。校园文化氛围正是通过它潜移默化的导向功能，催人奋进的激励功能，强有力的凝聚功能和耳濡目染的陶冶功能，有组织、有计划、有目的、有控制的教育影响，对学生的思想、品格、文化、心理、行为施加积极的影响，最终培养学生良好的道德品质。

3. 曲线上升：校园文化育人是一个渐进的过程

学生在接受品德教育时，他的思想品德的发展不可能成直线上升。任何人品德的形成和人格的完善，需要多次的反复，长期的培育，无数次的实践、认识，再实践、再认识，只有在这一个渐进的过程中，不断加深体验，反复深化，才能达到较高的境界。职业学校校园文化正是以感染、熏陶为主要育人方式，这就决定了个体在内化的过程中需要一段时间，其实也正是这一点才体现出校园文化润物细无声的特点，其效果则是深刻的、富有顽强生命力的、久远的。正如教学中体现的一丝不苟的治学态度，交流中构建的民主平等和谐的师生关系，相处中形成的明理诚信、精诚合作、遵纪守法，以及活动中培养的竞争意识，提倡的价值取向等，这样一些在校园中倡导的人文精神在很大程度上对学生产生潜移默化的教育作用，使师生员工很明显地接受正确、健康、向上的精神文化的深刻熏陶、影响和教育，从而把外在的要求内化为校园文化主体的自我要求，激发他们的求知欲望，逐步建立起正确的人生观、世界观，塑造优良的个性品格。

# 第二节　职业学校校园文化顶层设计

## 一、职业学校校园文化的内涵

### 1. 文化

文化，是一个内涵和外延都十分丰富的名词，可以从不同层面、不同角度去界定和研究，是最难准确下定义的词汇之一。"文化"一词源于拉丁语，原意是指对土壤、土地的耕耘、加工和改良，后来古罗马政治家西赛罗把"文化"称为"耕耘的智慧"。著名学者郑金洲在其《教育文化学》一书中，搜集到的关于文化的定义有 310 多种。❶ 可见其内涵之丰富。《辞海》一书中是这样解释的，广义的文化指人类社会历史实践过程中所创造的物质财富与精神财富的总和。狭义的文化指社会的意识形态，以及与之相适应的制度和组织机构。❷ 本书研究的校园文化为广义的文化概念。

### 2. 校园文化

校园文化是学校所具有特定的精神环境和文化气氛，是学校师生共同创造和享受的学校各种文化形态的总和。物质文化是校园文化的基础载体，精神文化建设是校园文化的核心和灵魂，制度文化是维系学校正常秩序必不可少的保障机制，行为文化是推进校园文化的良好载体。物质文化和制度文化由校方着手狠抓落实，管理者和学生协同营造的文化，精神文化和行为文化是管理者倡导、教师主导、学生主体实施共同形成的文化。

校园文化是为实现学校的培养目标，通过教育、学习、科研、管理和生活等各个领域的活动所创造出来的一种与社会、时代密切相关而又有校

---

❶ 郑金洲．教育文化学［M］．北京：人民教育出版社，2000：2.

❷ 夏征农，陈至立．《辞海》（缩印本）［M］．上海：上海辞书出版社，1989：1731.

园特色的人文氛围、校园精神和生存环境。校园文化是学校赖以生存和发展的根基和血脉，是教育的精髓和灵魂，是构成一所学校办学实力、活力和竞争力的重要因素，是社会文化在学校的一种反映。

3. 职业学校校园文化

职业学校校园文化是人们为了保证职业学校教育活动顺利进行而创立和形成的一种特有的文化形态。它是学校在自身发展过程中有意无意形成的融入企业文化元素的独特的文化形态。

校园文化是一种教育文化，包含既有明显差异又有机统一的教师文化和学生文化，教风是教师文化的内核，学风则是学生文化的核心，教风和学风的有机统一构成校风。职业学校校园文化体系从外延形态看，大致包括专业文化、物质文化、精神文化、制度文化和行为文化❶。

（1）专业文化

指培养什么样人，怎样培养人的规范化文化。它是实现培养目标的蓝图。职业学校课程体系（人才培养方案）的典型特征就是以就业为导向，以项目化教材为主要内容，通过校企合作，理实一体化教学，使学生获得必需的知识、掌握职业技能、培养职业素养等。专业文化建设是职业学校文化建设的特质。

（2）物质文化

是一种直观文化，展现学校的办学规模、办学水平和风格品位，是影响师生学习、工作、生活的物质环境。包括校舍布局和规划、基础建设的风格、教学设施的数量和质量，环境卫生、绿化、美化的程度，以及师生员工生活、学习、工作保证设施等。苏霍姆林斯基说过：我们的教育应当使每一面墙都说话。校园环境建设是校园物质文化建设的重要组成部分，校园环境是体现校园文化的必然载体，是校园文化内涵的直接外在表现❷。

（3）精神文化

精神文化多以"潜在"的隐性形态表现，具体体现在办学理念、学校

---

❶ 都玉洞. 职业教育校园文化建设与学生管理［M］. 北京：中国轻工业出版社，2013：1，17.

❷ 姚延明. 中等职业学校校园文化建设研究［D］. 河北师范大学，2009：3.

精神、学校核心价值观和价值取向、理想信念等观念形态，是校园文化的核心内容、深层次的结构要素，能够具体地反映一个学校的本质、特点、办学质量效益和特殊风格。精神文化决定师生员工的价值取向和思维方式，是广大的师生员工文明行为的起搏器，是文化管理期望达到的理想境界。

（4）制度文化

由学校的规章制度承载、表述、衍生和推动的文化，包括职教相关的法律法规、学校的规章制度、管理体制、机构设置、工作程序和人员的岗位责任等。

（5）行为文化

行为文化是学校师生员工的各种行为活动和习惯表现。学校所有的活动过程都是师生员工行为表现的平台，所有的行为都是师生道德品质、价值观念、理想信念等精神世界内在综合素质的外在表现。表现在各种"规范"中，指的是校风、教风、学风、工作作风的执行和落实。

这五种具体的文化相互依存又相互独立，共同发挥着校园文化的功能，其中，专业文化是提升师生职业素质的核心和载体；物质文化是提升师生人文素质的基础和保障；精神文化是提升师生人文素质的灵魂和支柱；制度文化是提升师生人文素质的保证和后盾；行为文化是提升师生人文素质的根本和归宿。校园文化建设需要全面推进，需要五个部分共同发挥整体功能，任何一部分被忽视或发展不充分，都会削弱整体功能，产生"木桶效应"。

4. 职业教育校园文化的特点

职业教育校园文化是人们为了保证职业学校教育活动顺利进行而创立和形成的一种特有的文化形态。除具有和其他中小学、高校校园文化的一般特质外，职业学校校园文化更具有自身的特点。这是学校在自身发展过程中有意无意形成的融入企业文化元素的独特的文化形态，它具有互动性、渗透性、传承性。企业文化指的是企业领导者及其成员在长期的生产经营实践中逐步形成的价值观念、行为准则、行为方式及其物质表现的总和。它表现为企业精神、企业形象、企业制度、企业成员的行为习惯等，其核心是以关注服务对象（顾客）为焦点的产品竞争、创新、质量、效益的文化。企业文化大致可以分为物质层、理念层、制度层、行为层。

将企业主流优秀文化的核心内容有机吸纳到校园文化的形成过程中，通过学科课程、活动课程、环境课程等方式，在精神、制度、管理、环境、教学、活动等领域实现校园文化的形式、内容有明显的企业主流优秀文化的元素，以更好地实现职业教育的办学目标和办学方向。使学生在学习期间能从思想上、心理上接触接受企业文化，行为上适应企业文化，将职业素养培育贯穿于人才培养工作的全过程。因此，职业教育校园文化的特点有：职业本位的专业文化、企业仿真的实训文化、就业导向的质量文化和特色导向的校本文化❶。

（1）专业本位的职业文化

职业学校的专业主要按职业分工或职业岗位群来设置，行业、职业需求和标准是职业学校教育关注的焦点，因此，"职业文化"也就成为职业学校校园文化建设的重点。开展的一切校园文化活动要彰显出职业性的特点。不同职业、行业对人才的素质要求差别很大，因此培养不同专业人才的校园文化也应给人一种差异化的感觉，工科类专业和文科类专业的校园文化建设就应该体现差异性，这样的文化氛围才能培养对应的专业人才。

（2）企业仿真的实训文化

职业学校为了提升学生的实践动手能力，训练学生的专业技能，与其他学校相比，一个最大的特点就是必须注重实训课程的比例和质量。强化实训理念与加强实训课程建设，可以说是职业教育特有的一种校园文化。这种文化是由职业学校教育的就业导向和实践属性所决定的。要形成特色鲜明的实训文化，必须有实训的硬件配备和软件支撑。硬件主要是实训基地和实训设备，软件主要是要有"双师型"教师和配套良好的实训环境制度。

（3）就业导向的质量文化

就业导向是职业学校教育的重要属性，在职业学校教育教学活动的各个环节中都要以就业为导向。这种就业导向最终要落实到人才的培养质量

---

❶ 周志国. 职业学校校园文化建设研究［D］. 河北科技师范学院，2013：3.

上，在学校的教育教学质量活动中，应该信奉和贯彻一种就业导向的质量观念，形成一种就业导向的质量文化。为此，学校要重视人才培养质量，注重教学质量，使学生在学校期间真正学有所长、学有所用，毕业时能够高水平、高质量就业。

(4) 特色导向的校本文化

校园文化是一所学校特殊的风格，不同类型的学校有不同的校园文化的主旨要求。从整体结构内容上看，各个职业学校虽有共性，但由于学校的历史、办学道路、办学条件、专业设置、办学经验和设施设备的不同而校园文化也不尽相同。特别是由于职业学校教育主要是服务于地方经济发展的，由于地域经济状况不同，劳动岗位职业技能要求的不同而形成各自个性特色的校园文化。这种个性特色就是校本文化。因此，职业学校在推进校园文化建设中要特别注重总结本校的特点、业绩和优势，学习兄弟学校的经验主要是启发思路，绝对不能生搬硬套，要构建属于自己学校的校本文化。

## 二、"金字塔"式职业学校校园文化创新设计

上文提到，职业教育校园文化从内容结构上大致可分为五类，即专业文化、制度文化、物质文化、精神文化、行为文化。如校园的制度文化是校园公共规范文化。主要指学校的各类规章制度，包括管理规范、人才培养模式、改革措施、校规校纪等，制度文化被认为是校园文化的保障系统；校园的物质文化亦称文化载体，主要包括校园主体建筑、教学设施设备、宣传设施和附设的雕塑、题字、风景点等人文景观及校园的绿化、美化、亮化等，物质文化被认为是校园文化的载体和支撑；精神文化是一个学校本质、个性、精神面貌的集中反映，其核心是师生的世界观、价值观以及对社会发展的影响力，主要包含学校的历史传统、办学理念、治校方针、人才培养目标、校风、教风、学风等。精神文化被认为是校园文化的灵魂。

上述对校园文化的分类是教育实践者经过长期实践总结出来的结论，无可厚非，但上述分类方法是从"文化"本身出发，也就是从校园文化的

内容构成归纳出来的，其弊端是忽视了"文化"的服务对象，校园文化是通过潜移默化的方式来达到育人的目的，本书以江苏省江阴中等专业学校（以下简称江阴中专）为例，通过近几年的研究和实践，研究者们试图改变这一分类的不足，确立了两大理念：一是进行校园文化建设必须有企业参与，校企共建，不能闭门造车；二是进行校园文化重构，以人为本，从育人的角度出发，"贴近社会，贴近职业，贴近学生"，重构校园文化的体系。

若从育人的逻辑流程来看，学生的成长需要经过"成人、成才、成功"三个发展阶段，校园文化是为学生的成长服务的，校园文化体系也应该遵循学生的成长规律来构建。江阴中专的研究团队创新构建了三层次"金字塔"式的校园文化体系结构，打破了传统的分类方法，体现了"以人为本"建设校园文化的原则。三个层次依次为：基础文化平台→专业文化平台→特色文化平台。基础文化平台主要进行传统文化教育，包含社会主义核心价值观教育，温良恭俭让，仁义礼智信，勤孝等祖国传统文化，诚信、团结协作、勤奋刻苦等日常行为规范养成教育，为学生成人夯实基础；专业文化平台是以工匠精神为核心的融企业文化于一体校园文化建设，专业文化主张校企共建，通过校园环境布置、实训室场景布置、企业文化进校园的方式使学生精专业，如安全、质量、效益、成本观念的培养，成就高素质技术技能人才；特色文化平台是以挖掘学生潜能、培育学生个性发展、打造大国工匠精神为内容的文化建设，如精品社团、创新、创业能力培养及其文化氛围的营造，培养学生潜质，向成功迈进。三个层次的关系不是并列的，而是层层推进，呈螺旋上升的金字塔型结构体系。基础文化平台是指培养"做人"的文化，是每一个公民都必须具备的，是具有共性的文化平台，是文化结构的底层和基石，是校园文化体系的第一个层次；专业文化平台是指具有职业学校特色的文化，是培养"做技能型人才"的文化，是与专业及岗位紧密结合的文化，是校园文化体系的第二个层次；特色文化平台是指在前两者的基础上进一步升华，在文化建设的某一方面做到"极致"，令人仰视，具有校本特色，形成达到培养特色人才和精英人才的文化高度，是校园文化的第三个层次，如图8-1所示。

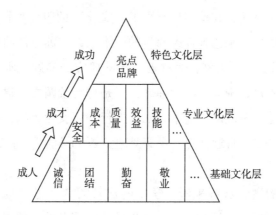

**图 8 – 1　校企共建"金字塔"式校园文化体系**

# 第三节　积极教育理念下校园文化建设案例——以江苏省江阴中等专业学校为例

## 一、背景：校企共建职业学校校园文化的必要性

### 1. 学生自我发展的需要

2010 年，教育部、人力资源和社会保障部在《关于加强中等职业学校校园文化建设的意见》中明确指出，校园文化建设要坚持育人为本的原则。校园文化建设要以育人为目标，充分发挥校园文化的导向、陶冶、凝聚、约束的教育作用。职业学校校园文化应以企业需求为目的，以培养生产一线的技术人员为目标，以学生成人成才为宗旨，要使自己培养的学生在市场中受欢迎，在社会上受欢迎，就要提供给他们良好的氛围，让他们提前熟悉自己将来的角色——优秀的企业职工，这就要求实现校园文化和企业文化之间的无缝对接，紧密融合，企业招录职校毕业生要求能迅速适应企业的管理环境，达到其用人的基本要求。实际有些职校毕业生上岗以后不适应企业管理环境而被企业淘汰，不一定是没有胜任企业岗位的知识和能力，而是由于缺乏适应企业管理和人际关系的能力素质，校园文化中缺少企业文化元素所致。

### 2. 地方经济发展的需要

职业学校的教育教学质量直接决定着未来的企业员工、干部的知识水平与劳动态度。职业学校学生接受文化熏陶所取得的成效，对于企业的发展，具有深远的、战略性的意义。因为，学校的教育理念、教学内容、教育方法与手段、管理水平等，都决定未来的企业职工的知识、能力和素质。企业也迫切需要把企业精神和文化引入校园，实现校企共建，校企共建校园文化是创建现代学习型企业、实现企业学习化的有效途径。企业在与学校密切交流的过程中，企业员工耳濡目染，文化素质、专业技能、品格修养等都得到全面提高，这些对于提高企业的整体素质和综合竞争力将发挥重要的作用。

### 3. 建设特色职校的需要

校企共建校园文化，两种文化互渗互融是教育创新服务经济建设大局的现实需要，是职业教育快速、健康发展的必由之路。体现了"以服务为宗旨，以能力为本位"的思想，必将提高生产力，在获得广泛社会效益的同时提高学校的办学声誉。

共建校园文化，突出职教特色，丰富了培养高素质实用人才的内涵。实现学生毕业"零滞留"、技能接轨"零距离"、实训基地"少投入"、师资水平"有储备"、校企合作更紧密。

## 二、路径：职业学校校园文化建设的思路、流程

### 1. 职业学校校园文化建设的思路

江阴中专重视校园文化建设，将其视作学校的内核和灵魂。长期以来，学校宿舍文化、社团活动文化、德育管理文化驰名省内外，吸引了一拨又一拨参观、考察团队，校园文化建设成果树立了学校的外部形象，凸显了学校的竞争力和内涵，更惠及了地方千万学子，影响并改变着他们的职场人生。特别是最近几年来，学校加强与企业的合作，初步形成了校企共建校园文化的模式，共同开发了校园文化建设体系。试图将企业主流优秀文化的核心内容有机渗透校园文化的形成过程中，通过学科课程、活动课程、环境课程等方式，在精神、制度、管理、环境、教学、活动等领域

实现校园文化的形式、内容有明显的企业主流优秀文化的元素，以更好地实现职业教育的办学目标和办学方向。使学生在学习期间能从思想上、心理上接触、接受企业文化，行为上适应企业文化，将职业素养培育贯穿于人才培养工作的全过程。校企共建校园文化主要按照以下思路操作。

成立机构（学校、企业共同参与）→理论学习→走访调查（学生、企业）→形成调查报告→校企共建校园文化的内容、体系构建→研究实验→形成系列成果→成果推广使用。

2. 职业学校校园文化建设的流程

企业文化与校园文化虽然都是社会文化的组成部分，有很多共性，但企业文化属于企业范畴，它的主要创建者和学习者是企业员工，校园文化的主要创建者和学习者是教师和学生，二者的主体不同，对象不同，因此在表现形式和表现内容等方面也有很大的不同，借鉴企业文化不能照搬照抄，而要采取"扬弃"的方法，江阴中专校企共建校园文化的流程分五步走：精心筛选→巧妙改造→科学整合→有效实施→反馈完善。

精心筛选：企业文化内涵丰富，并随着时代的发展不断变化，哪些要素可以引入校园文化？这是一个取舍的难题，在校园文化校企共建中，首先筛选企业的共性文化，然后再挖掘具有企业特色又与学校设置专业相关的特色文化。共性上，校园文化要引入吸纳优秀企业的核心价值观，如团队协作精神、服务理念、管理意识、竞争意识、形象意识、激励创新意识、产品意识、民主平等意识，将企业文化的精髓进行内化，构建"全新的、有职业氛围的校园文化"，充分体现职业教育的职业特征。

巧妙改造：通过筛选引进的企业文化内容，并不能原封不动地移植，而要进行教学化改造，形成与学校的专业相适应、与学生的接受能力相适应的校园文化。

科学整合：将从企业引进并合理改造的文化与学校固有的文化重新整合，形成具有学校特点的文化体系。

有效实施：学校师生通过宣传、活动、课堂等形式将构建的文化体系进行教学实施。

反馈完善：通过一阶段的实施后，共建团队对上阶段的校园文化建设情况进行评价、反馈，总结经验，弥补不足，不断完善校园文化体系，如图 8 - 2 所示。

**图 8 - 2 校企共建校园文化流程**

## 三、实施：职业学校校园文化的实践

1. 基础文化发展平台

企业究竟需要什么样的员工，这是校园文化建设者们首先要搞清楚的问题。一般认为，企业应该首先看重的是学生的技能水平，但江阴中专校企共建校园文化团队经过调查发现，企业首先要求员工的综合能力中排名靠前的是勤劳、责任、团结、沟通等能力，而技能反而排在其次，企业重视的是学生基本素养的培养，因此，江阴中专把培养学生"成人"的校园文化放在首位来建设。

（1）顶层设计精神理念

校园精神文化建设是校园文化建设的核心和灵魂工程，包括办学理念、学校精神、校训、校风、教风、学风、校徽、校歌等。办学理念是职业学校校园文化建设中统揽全局的根本指导思想，学校精神是办学理念的进一步升华，校训、校风、教风、学风是师生员工经过长期努力积淀而成且相对稳定的理想、信念、道德、情操与追求。

校徽是一个学校的象征，是学校办学理念、办学特色、人文精神的集中体现。校歌是学校的重要文化标志，是学校精神文化的重要组成部分，师生对学校的理解和热爱的直观反映，对弘扬学校精神、凝聚师生力量有不可替代的作用。

职业学校的办学理念、学校精神、校训、校风用语应突出其教育性、职业性、开拓性、质朴性，具有"以人为本、重在塑造，立足现实、着眼特色，勇于创新、鼓舞人心，朴实无华、朗朗上口"的特点，不可一味地追求口号的响亮、目标的远大和语言的华丽。

江阴中专与企业共同合作，开发研究出具有学校和企业双重特色的学校顶层价值观，并由教代会通过，形成了江阴中专师生的共同价值追求，其内容如下。

办学宗旨：为幸福人生奠基，为企业发展添力。

办学方针：以德立校、依法治校、质量强校、特色兴校。

教育理念：积极教育，幸福人生。

培养目标：具有"现代班组长"潜质的高素质劳动者和技术技能人才。

校训：厚德砺技，经世致用。

校风：开拓创新，自强不息。

教风：求真务实，敬业进取。

学风：勤学多练，乐思好问。

校徽：以江阴中专创始年份（1951）、创始地兴国塔和一只振翅的雏鹰（形似一本打开的书本）为背景，蕴含 M、H、T 三个字母（Moral、Happy、Technology），体现积极职业教育育人理念，外环为中文校名、英文校名。

图 8-3　江苏省江阴中等专业学校校徽标志

校歌:《放飞梦想》。

## 放 飞 梦 想

沈 彬 词
顾黎强 曲

领唱、合唱

1=♭B 4/4

♩=136 快乐地 励志地

0 3 2 3 4 | 4 3 2 1 | 0 3 2 3 4 | 4 3 2 1 | 0 3 2 3 5 | 5 4 3 1 | 2 - - - | 2 - - - |
啦啦啦啦　啦啦啦　啦啦啦啦　啦啦啦　啦啦啦啦　啦啦啦啦　啦啦啦　啦

0 5 4 5 6 | 6 5 4 3 | 0 5 4 5 6 | 6 5 6 7 | i. 6 6 - | 6 - - | 6. 5 5 - | 5 - - |
啦啦啦啦　啦啦啦　啦啦啦啦　啦啦啦　啦啦　　　啦啦

5. 4 4 3 | 5 - - - | 7. 5 5 6 | 3 - - - | 4. 5 5 6 | 6 - - |
浩浩长江　　　悠悠暨阳　　　菁菁校园

5 - 5 6 5 1 | 2 - - - | 5. 4 4 3 | 3. 2 2 3 | i - - |
翰　墨香　　　莘莘学子　勤学苦练

4 5 6 6 - | 6 - - - | 7. i i 2 | i - - |
志 高 远　　　梦 飞 翔

速度慢一倍

3 2 3　3 2 3　3 2 | i 3 | 2. 7 7 - - | 7 i i - - | 5 i i - - |
1 7 1　1 7 1　1 7 | 6 i | 7. 5 5 - - | 5 6 6 - | 2 3 3 3 - |
江花胜　火映　衬　微笑之脸　　一张张　　一张张

3 2 3　3 2 3　3 2 | i 3 | 7 i i - - | i 2 2 2 - |
1 7 1　1 7 1　1 7 | 6 i | 7. 5 5 - - | 5 6 6 - | 6 7 7 7 - |
江水如　蓝磨　炼　技能之手　　一双双　　一双双

回原速

0 2 5. 2 | 3 - - - | 0 2 5. 3 | 3 i i - - | 0 3 3　3 4 5 | 5 5　5 4 4 - - |
0 5 2. 7 | i - - - | 0 5 2. i | i 6 6 - - | 0 7 7　7 i 2 | 3　3 i i - - |
放飞梦想　　　放飞希望　　　我们学 行兼 顾

3 i i 0 6 i | 3. 2 2 - | 0 2 5. 2 | 3 - - - | 0 2 5. 3 | 3 i i - - |
7 5 5 0 0 4 3 | 6. 6 6 - | 0 5 2. 7 | i - - - | 0 5 2. i | i 6 6 - - |
踏出 清晰痕迹　承载荣光　　　承载兴 旺

0 3 3　3 4 5 | 5 5　5 4 4 - - | 3 i i 0 6 i | 3. 2 2 - | 2 - - 3 2 | i. 6 6 5 |
0 7 7　7 i 2 | 3　3 i i - - | 7 5 5 0 0 4 3 | 6. 6 6 - | i - - 6 6 | 7. 4 4 2 |
我们德 技双 馨　寻找 人生路基　挺起职教的

7 7 - i 7 | i. 2 2 3 | 5 5 - - | 0 0 4 3 1 | 2 i i | i 2 i i - - |
5 5 - 6 5 | 6. 7 7 i | 2 2 - - | 0 0 1 6 5 | 6 5 5 5 - | 5 - - - |
脊梁 做个大国 的工匠　　大国的 工匠　　　　　　D.C

0 0 4 3 1 | 2 - 3 - | 5 - - - | 5 - - - | 5 0 0 |
0 0 1 6 5 | 5 - 6 - | i - - - | i - - - | i 0 0 |
大国的 工　匠　　　　　　　　　　　　fine

图8-4　校歌

校歌以"职教梦、中国梦"为灵感,遵循能充分体现学校办学特色和地域特点,简单易唱,朗朗上口的创作原则,由学校原副校长沈彬作词,江阴文化馆顾黎强谱曲,歌词高度凝练,以四字句为主,旋律优美。校歌以"浩浩长江,悠悠暨阳"体现学校地域特点和办学历史,以"德技双馨、挺起职教的脊梁、做个大国的工匠"为愿景,凝聚师生合力,共创学校辉煌的未来。

这组理念文化体系,充分考虑到了企业精神和企业需要,如"办学宗旨、育人目标、教育理念"的内容都充分体现了服务企业的思想。"教风、学风、校风、校训"的内容体现培养一个合格公民的价值取向。校歌中蕴含着工匠精神。

(2)构建积极德育体系

构建和推行积极德育体系,是江阴中专打造校园文化基础平台的重要举措,为学生的"成人"教育奠定基础。学校不断完善积极德育体系,为学生的健康成长奠定良好基础。积极德育体系由初创时提出的"文化润德、孝善养德、行为铸德、劳动砺德"为内容的积极德育体系,逐步衍化到"积极认知、积极养成、积极拓展、积极感悟"螺旋上升的四个层次来达到学生素养的全面提升。通过"积极德育"的持续推进,学生的思想品德在日常行为、劳动实践、文化教育、教育教学过程中进行了熏陶、训练、滋养、磨砺,使学生的品德高于道德底线,生存在品德健康的状态,并通过富有成效的德育形式加以实现。每日开展励志晨跑、道德长跑、疯狂早读、军营内务、军序化用餐、军训化做操、免检包干区等基础德育教育,引导学生自治管理、自主学习、自我健康。

(3)加强社团文化建设

学生社团是由一批志趣相同的学生自主自愿组建起来的,社团的发起、组建、内部管理、活动设计、发展方向等一般都由该社团学生自主决定,学校和指导老师只做宏观的原则性指导。学生社团以其自身特点,深受广大学生的青睐,目前已成为校园文化活动的重要组成部分,是校园文化的德育功能得以发挥的重要平台。它以其相对独立和完善的组织形式吸引具有共同爱好和兴趣的学生走到一起,使他们共同努力,创建属于自己的特殊家园。平等、民主与和谐，使社团组织能让学生拥有强烈的归属感，从而具有强大的凝聚力和向心力。多样化的社团活动，渗透着人生观、价值观、世界观以及爱国主义和集体主义教育，学生社团能够通过形式活泼的学生自主活动，激发广大学生自觉学习中国历史、人文、文化传统知识和社会主义核心价值观，集理论性、实践性和趣味性为一体，从而对学生产生广泛而深刻的影响，通过社团展演、演讲赛、辩论赛、座谈会、主题讨论等方式引导学生对社会热点问题，解除心中的迷惘和困惑，给校园文化注入了巨大的生机和活力，通过志愿者社团服务社会、服务他人、增强为人民服务的意识和社会责任感，树立良好的精神风貌，对建设良好的校风、学风起到了巨大推进作用。同时，一个优秀的社团，给社员以归属感、认同感、荣誉感。社团在成员中倡导的价值观能够潜移默化地影响成员的心灵，从而使学生在潜移默化中受到启迪和教育，不断审视自己、提高自己，从而明辨是非真伪，树立正确的世界观、人生观和价值观，达到提高思想政治素质的目的。因此我们应加强学生社团的建设，从而更好地促进校园文化德育功能的发挥。一是要明确社团的重要地位。职业学校应从素质教育的高度认识学生社团存在的积极意义，在条件许可的情况下保障社团运作和发展的专项经费，社团发展的人力资源和物质资源，确保社团在学校党委领导和团委指导下，健康成长发展。二是引导社团发展方向。在坚持"百花齐放，百家争鸣"指导方针的基础上，应引导社团坚持走高雅、健康、向上的校园文化之路，要强调社团活动的思想性、突出时代性、注重层次性、倡导主体开明、内涵深刻、格调高雅的活动。三是完善社团管理机制。制定灵活又充满激励的管理机制是社团发展的制度保障。要实现对社团有序管理，必须建立良胜的运行机制，规范的管理办法，使社团活动规范化、制度化。同时要明确规定学生社团的隶属关系，对社团的申请、审查、登记、考核等应制定一套科学的规章制度。制度的完善使社团成员意识到社团是个有组织有纪律的团体，这个组织中的每个人都有相应的责任和义务，每个人都必须积极投身到社团的建设中去，为其发展出谋划策。四是教育培养社团骨干。我们应加大对社团骨干队伍的选拔和考核力度，实行公平章争和公开选拔，建立完善的考核、评价、监督体系，从制度上引导和鼓励社团干部成为实事求是、脚踏实地、勇于创新的实践者。

以江阴中专为例，培育了一批特色文化团队。学校注重社团建设，组建了书画社、摄影社、锣鼓队、九狮队等70多个社团，成立了义务磨刀队、文明志愿者队、校园协警队、礼仪队等近百个志愿服务队，成立了学生创业园、创新工作队等学习型、创新型组织。成立了江阴中专体育协会，协会下设各运动俱乐部，篮球俱乐部、排球俱乐部、足球俱乐部、田径俱乐部、武术俱乐部、乒乓球俱乐部、羽毛球俱乐部、啦啦操俱乐部、拓展俱乐部、艺术俱乐部、舞龙俱乐部等，由老师（教练）做技术指导，学生（俱乐部部长）全面负责俱乐部运作。各社团活动有制度、有经费、有场地、有评比。其中，九狮队被评为无锡市特色文化团队，义务磨刀队被评为江阴市优秀志愿服务团队。

开展了系列品牌文化活动。学校定期开展活动，形成制度。每周举行升旗仪式、校园新闻（电视）、天下父母（电视）、班会课等活动。每月都有《江阴中专》（校报）、星级晨读、星级自修、星级宿舍、星级卫生评比。每学期都举办赛诗会、合唱比赛、技能大赛、创业明星评比、先进学生和先进集体评比表彰、宿舍内务大赛、篮球联赛、足球联赛、安全逃生演练；同时还开展学习高技能楷模、社会实践、军训等活动。每学年都开展文明风采大赛、艺术节、运动会、十佳青年评选和事迹报告会、成人宣誓仪式等校园文化活动，活跃了校园文化氛围，发展了学生个性、培养了健康品德。

开拓了校外文化教育基地。学校与清华大学合作，开设6大模块、24种积极品质的幸福教育课程，关注师生身心成长；经常组织学生到兴澄、双良、法尔胜等地方上市企业，到华西村、长江村等改革典型，到冰心故居、霞客故里等爱国基地参观学习，建成了10个校外德育基地；聘请江阴人民法院、夏港派出所、江阴市消防中队以及行业、企业等单位到校讲座、开现场会，广泛开展就业创业教育、法制教育、安全教育。

2. 专业文化发展平台

（1）工匠精神与职业学校校园文化

"工""匠"与"工匠"，有一个逐步演化的过程。"工""匠"有不同的含义，"工"包含着"匠"的意思。《考工记》曰："知者创物，巧者述之，守之世，谓之工。"《说文解字·匚部》说："匠，木工也。从匚，从斤。斤，所以作器也。"封建社会时期，随着户籍制度的出现，则"工在籍谓之匠"，则工与匠合为一体。结合《辞源》及《古代汉语词典》，工匠定义为专业技术与艺术特长的手工业劳动者，其基本要素包括以下三个方面：一是专业的或手工业行业分工的要素；二是技术的或专门技能的要素；三是艺术的或工艺的要素❶。随着现代社会的演变，亚力克·福奇认为工匠是用已存在的事物制造出某种全新的东西，其创造行为能够激发人们的激情和对它的迷恋，它是一种"破坏性行为"❷。亚力克·福奇的内涵中则涉及对新时代工匠的定义，其定位人群不再仅仅是手工业劳动者，而是有更广泛的人群定位。工匠的含义被赋予了新的时代意义，工匠精神则会显示出更强的现代性表征。在新时期所弘扬工匠精神已不再是手工业者的职业道德追求，而是作为普世工作的任何人的行为追求。

工匠精神（Craftsman's Spirit）作为一种看不见摸不着的东西，它熔铸在工匠的产品里面，表现在作品的细节和作品的创意上面。工匠精神以产品、故事、传说等载体被人们广泛传播和熟知，激励无数人追求"服务"的"至善"。工匠精神熔铸于产品中，体现工匠对技艺的精益求精的追求以及认真工作的态度。工匠精神不是与生俱来的，它有自己的成长模式，它至少包含以下三个方面的水平❸。第一个水平是行为水平，所谓的行为水平指的是一个人能够主动培养与所从事行业的能力，或者他能够被促动从事一些事情，但这只是在行为水准上的。第二个水平是态度水平，工匠

---

❶ 余同元. 中国传统工匠现代转型问题研究——以江南早期工业化过程中工匠技术转型与角色转换为中心（1520—1920）[D]. 复旦大学，2005：36－37.

❷ [美] 亚力克·福奇. 工匠精神：缔造伟大传奇的重要力量 [M]. 陈劲，译. 杭州：浙江人民出版社，2014：7.

❸ 查国硕. 工匠精神的现代意蕴 [J]. 职教论坛，2016（7）：73.

家还要有更富创造性的革新精神，不能满足于现存的状态，而是要不断地追求创新，这种态度是不能用数量表示的，可以说有本能的职业意识。第三个水平是一个人的基本信仰和信念，这种信念基于他要做成某事的强烈愿望。拥有工匠精神的人具有将自己所从事的行业做到极致的信念。

当前，中国面临着从制造业大国向制造业强国、从人力资源大国向人力资源强国的转变。要实现这些转变，工匠及工匠精神必不可少。一个国家制造业如果没有"工匠精神"，就不会有真正的世界著名品牌。培育精益求精的工匠精神、工匠制度和工匠文化，是中国制造业实现转型升级、建设制造强国的关键所在。

"工匠精神"价值在于它是工业文明高度发展的精神成果，是现代职业教育的精神标杆，是职业教育"立德树人"的特征和灵魂，是职业教育内涵发展的指导思想，是职业教育文化软实力的象征。"工匠精神"的培育以及向社会宣传的意义和价值，是与劳动、技能和创造紧密地结合在一起的。

（2）构建现代学徒制培育工匠精神和专业文化

加强校园专业文化与企业文化融合的途径主要有四个。一是强化专业知识，促进与企业文化的联系。专业知识提升的文化毕竟是从知识到文化的转变，发挥这种文化成果的作用，必须放到具体的实践部门——企业，通过理论倾向明显的校园文化与实践性突出的企业文化的比较，强化对文化的理解，调整文化修养上的选择，不仅有益于校园文化建设，同时也有益于企业文化的发展。二是利用实习、实训的机会把握、理解企业文化。职业学校教学活动中的实习、实训活动为有效地将企业文化引进校园文化建设中提供了良好的机遇，在学生到企业实习、实训过程中，作为企业的一员，他会真切、客观地体会企业文化的具体内容。除此之外，学校在实习实训中应加强学习和把握企业文化，这样切身的感受和有意的把握会使学生对企业文化有一个较为深刻、具体的了解和体会，之后把这些体会的内容融入校园文化建设中去。三是邀请企业文化工作者到学校进行专题讲座，这种讲座可分为面对全体学生的广义企业文化内容的讲座和面对具体专业，甚至某一具体企业的狭义企业文化讲座，在校园文化建设中将企业文化进行全方位的引入，也是学生通过这种引入从宏观和微观两个方面了解和掌握企业文化的内容。四是在校园文化建设中开展企业文化内容的展示，这种展示分为两种形式：一是直接进入企业，通过企业的厂景、厂貌、文化宣传人员介绍等现身说法与企业文化进行零距离接触；二是将某企业的文化作为专题在校内进行展示，或将几个或多个企业的文化成果进行综合的展示。

以江阴中专为例，在打造基础校园文化的同时，学校更注重专业文化的建设，在管理模式、环境布置、课程建设方面全面与企业文化整合。

**环境布置企业化**

环境文化是校园文化的重要组成部分，职业学校的环境建设要具有职业特色，江阴中等专业学校对校园环境除进行办学理念、传统文化布置外，更注重引进企业文化，江阴中专从通过校园环境、系部环境、教室环境和实习环境四个层次来布置环境文化。在校园里，设立企业灯竿宣传牌，将体现"技能宝贵、劳动光荣、创造伟大"等体现职业教育特色的宣传标语布置在醒目处，将江阴长电、法尔胜、双良、凯澄等校企共建单位的企业精神、管理理念、价值追求等企业文化引入校园，处处可见，学生耳熟能详，起到了潜移默化的教育效果；在系部、各系设立专业文化长廊，有针对性地介绍本专业的发展历史、就业前景以及合作的企业等；在教室体现企业行为规范文化的各种标语、警句、规范和体现实训要求的项目化训练图解、技能训练的"明师精兵"剪影镶贴其中，潜移默化地对学生进行企业文化熏陶；在实习车间，为逐渐缩小校园文化与企业文化的距离，使学生在心理归属上融入企业，在价值取向上认同企业，从进入实训区的长廊到楼梯平台拐角再到实训区的墙壁处处都彰显着融合企业与专业相结合的文化，车间工位布置也尽量与企业接轨，让学生有一种"学校如工厂，上学似上班"的融合感。

图8-5 校园一角

图8-6 "厚德砺技，经世致用"校训主题雕塑

图8-7 "积极教育，幸福人生"教育理念宣传效果

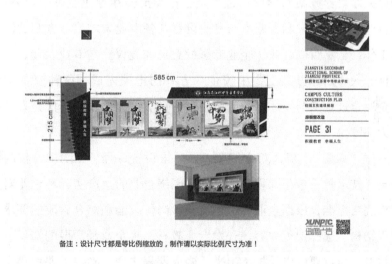

图8-8 校园橱窗设计理念

### 专业建设共建化

"如何做到专业对接产业，职业对接岗位"，靠学校单枪匹马的努力是远远不够的，要做到学生"零距离"就业，在专业建设和课程管理上需要与企业加强合作，实行共建。

共建人才培养方案。学校与江阴合作的重点企业，如海鹏、长电、海澜集团等上市企业，进行现代学徒制改革探索，组建职教集团，与企业共

图8-9 "勤学多练,乐思好问"学风主题广场

同制订人才培养方案。学校通过校企合作委员会和专业建设指导委员会,邀请行业、企业领导和专家参与专业设置及各专业人才培养方案的制订或修订工作,认真听取行业、企业专家的意见和建议。在专业设置、人才培养目标、人才培养方案上,由校企双方共同把关完成。这种校企密切合作、企业全过程参与人才培养方案制定的做法,为学校培养优秀人才提供了有力保障。

共建"课程"。校企双方按照人才需求设置课程。江阴中专校聘请企业领导、技术骨干参与课程改革,紧紧围绕企业的生产实际和企业对人才的需求规格标准,根据企业的工作流程、岗位技能和综合素质的要求,确定课程结构、选择课程内容、开发专业教材,将企业最需要的知识、最关键的技能、最重要的素质提炼出来,融入课程之中,确保了课程建设的质量,真正实现了教学内容的针对性和教学效果的有效性和可检测性。

**企业专家进课堂**

在校企合作过程中,江阴中专校聘请具有丰富实践经验的企业专家及高技能人才进课堂兼任学校教师。江阴中等专业学校为进一步推进校企合作,与江苏长电科技、江阴爱康太阳能器材、江苏吉鑫风能、江阴机械制造、江阴全顺汽贸、江阴盛达汽贸等地方知名企业开办了"企业课程选修班",聘请企业领导和员工作为特聘教师,每周让他们送教到校,为学生讲解企业文化、职业道德、企业规范、劳动纪律、安全生产要领等，培养学生的职业情操、劳动纪律观念和安全生产意识，为顶岗实习和就业奠定思想基础。同时也将企业的文化渗透校园，有利于学生选择企业，有利于企业选择人才，体现了学校办学"服务企业""服务学生"的理念。

**"五员共管"顶岗实习**

顶岗实习环节是人才培养方案的重要组成部分，但是实习单位分散，给学校顶岗实习管理带来了很大难度。江阴中专校在实践中逐步摸索出"五员共管模式"：①顶岗实习班级管理员（即班主任），负责顶岗实习期间学生学籍管理，信息反馈，家校联系；②顶岗实习校内咨询员（即校内实习指导老师），职责是指导学生将校内实践技能顺利延伸进企业生产；③顶岗实习企业指导员（即企业师傅），职责是指导徒弟由学生角色向工人角色的转换；④顶岗实习校外辅导员（即江阴中专校聘请的已退休企业资深管理员），职责是通过例会、定期走访、定期座谈等制度，架构学校、企业、学生、家庭之间的立交桥；⑤顶岗实习企业管理员（即企业人力资源部门负责人），职责是考察学生在企业的表现，为顶岗实习期满签订就业合同做准备。通过"五员共管"，完善了管理链，实现了学生安心、家长放心、企业称心的多赢局面。

**现代学徒制试点**

所谓"现代学徒制"是以校企合作为基础，以学生（学徒）的培养为核心，以课程为纽带，以学校、企业的深度参与和教师、师傅的深入指导为支撑的人才培养模式。在现代学徒制中，和传统学校的学生相比较，出现了以下的转变：身份的转变，由学校的学生转向企业的学徒和学生；学习地点的转变，不仅仅是在学校学习还在生产的一线进行学习；在学习的方式中也由单纯的理论学习转向工学交替；考核方式上由原来的教师考核到由师傅评价与教师评价相结合。这些为学生的工匠精神培养提供了丰厚的土壤，在企业中精挑细选具备资格的"工匠"对学生进行指导，使学生从言语交流以及非言语交流中都能感悟工匠精神。

为加深校企合作，提高就业质量，给企业量身打造需要的技术工人，企业根据自身的发展现状和市场需求参与学校教学，学校根据企业的岗位需要制订招生计划，成立"现代学徒制"冠名班，形成了"人才共育、过程共管、成果共享、责任共担"的紧密型育人机制。学校与企业联姻，先后与江阴海澜、江阴长电、江阴海鹏、江阴温德姆大酒店等企业签订现代学徒制办学协议，举办校企合作现代学徒制班级6个，申报成功1个无锡市校企合作示范组合。建班后企业参与冠名班的教学过程，提供奖学金或助学金，学生有针对性地到企业顶岗实习，接受企业技术人员的指导，毕业后定点安排在冠名企业工作，实现了技能人才招生、培养、就业的定向化，达到了企业对人才需求的培养目标。

3. 特色文化发展平台

在我国古代，建筑工匠"祖师"鲁班、棉纺织家黄道婆、赵州桥建造者李春等都是优秀工匠的典型代表，这些人因高超的技术技艺赢得了百姓的敬仰与尊重。

《诗经》中"如切如磋""如琢如磨"让人想见"治之已精，而益求其精也"的深厚渊源；清朝魏源倡导"技进乎艺，艺近乎道"；近代同仁堂倡导的"炮制虽繁必不敢省人工，品味虽贵必不敢减物力"，都很好地诠释了工匠精神的蕴意。

但是，当我们将视线转回到我们所处的时代，我们也很容易发现，飞速运转的社会车轮，让不少人早已忘记了需要耐心、一丝不苟、追求完美的"工匠精神"。"山寨""粗制滥造""假冒伪劣"等词语充斥在中国制造的各个领域，低质量、无标准、高耗能等词汇也在某种程度上描述着中国制造所面临的无奈与困惑。

职业教育要培养具有工匠精神的人才，必须要打造特色文化，让各有所长者出彩，江阴中专在特色文化发展平台上，学校力求在巩固基础平台和专业平台的基础上，打造学校的品牌和亮点，提炼出学校和系部的精品，为培养精英人才和具有工匠精神的技能人才服务。江阴中专通过近几年的努力，挖掘出了"创业创新教育""校企服务110"等品牌，各系部也结合专业特点，通过技能大赛，提炼出具有专业特色的亮点，要求做到"一系一品"，如计算机平面设计专业的"美"、会计专业做账的"准"、数控专业操控车床的"精"、电子专业的"细"。

第九章

# 积极管理：积极德育的实践智慧

党的十九大报告中明确提出"要全面贯彻党的教育方针，落实立德树人根本任务，发展素质教育，推进教育公平，培养德智体美全面发展的社会主义建设者和接班人。"这一重要论述为新形势下加强和改进职业学校学生管理工作指明了努力方向，提出了新的要求。学生管理是学校学生工作的重要内容，是维护正常教学秩序、维护校园稳定、促进学生全面发展的基础性工作。学校应该认清新形势，转变思想观念，树立"立德树人"的管理理念，用积极的方法进行学生管理，以适应现代职业教育发展的新逻辑、新起点、新使命。

## 第一节 职业学校学生管理概述

### 一、职业学校学生管理的基本内涵

职业学校学生管理是指职业学校为了实现人才型、技能型学生的培养目标，按照国家的教育方针和各项政策法令，对学生在校期间，从入学直至毕业，在校内外的学习和活动进行计划、组织、协调、控制的总称。它是教职员工组织、指导学生，按照教育方针的规定，有目的、有计划、有组织地对学生进行各种教育、管理和服务，使学生得到全面发展，特别是教育和培养学生具有一技之长的特点，一切为了学生，为了一切学生，为了学生一切而进行的活动。

职业学校学生管理的目标是：全面落实《中等职业学校德育大纲》《普通高等学校学生管理规定》，建立务实、有效的管理机制，实现学生管理工作的规范化、制度化和科学化；对学生进行政治、思想、道德、法律和心理健康教育，加强养成训练，进行学习与生活指导；培养学生自我教育、自我管理、自我服务和自主学习的能力，为学生成为热爱祖国、遵纪守法，具有社会公德和文明行为习惯的公民，成为具有社会责任感、创业精神和创新能力的高素质劳动者奠定基础。

## 二、职业学校学生管理的基本原则

### 1. 合法性原则

依法治国，建立社会主义法治国家，是我国的基本治国方略。完善社会主义法治体系，推进社会主义政治文明建设，是建设小康社会和构建社会主义和谐社会的重要内容。学校在制定相关的学生管理政策以及政策执行和相关后续管理中必须坚持并遵循"依法治教、依法建章、依法管理"的原则。在具体形式和内容中，充分体现严格遵守国家的法律法规建章立制。

### 2. 科学性原则

以科学的理论为指导，遵循职业学校管理的客观规律，并以科学的态度研究、处理管理中的问题，并善于用科学的方法管理学生。职业学校学生管理包括认知和实践两方面，是以科学的认知指导实践，在实践中不断检验认知，不断更新认知，加深对学生管理工作的理解。对学生的管理不是一成不变的，管理的内容、方式和方法取决于学生的需要。

### 3. 人本性原则

职业学校学生管理不应该是对学生的束缚、制约学生思想和个性发展的规定，而应是用来引导学生建立健康、健全的人格。学生管理工作的人本性就是要以人为根本，把人的价值放在首位，尊重学生、发展学生，让学生通过道德实践等途径实现育人目标。

4. 整体性原则

要把职业学校学生管理工作当作一项系统工程，从整体上进行部署，整合各部门、人员力量，着眼于各种要素之间的契合性。要求管理者审时度势，全面分析当前的形势、全面了解学生的需求，不断调整管理策略和管理方法，进行弹性管理，适应时代变化。另外，还要密切关注各个管理部门的配合，不仅要各司其职完成自己部门的工作，还要相互协调，这样才能全面提高管理效能。

5. 创新性原则

随着我国教育事业的快速发展，以及教育体制的逐步改革和学生思想观念的日益复杂化，传统的学生管理理念、手段等内容已经很难适应新形式的发展需要，管理瓶颈使学生管理工作面临新的困难，如何打开视野，跳出局限性，就需要结合科学性、时代性和层次性的特点，与时俱进，采用新的理念和方法，对传统的学生管理工作进行创新。站在新的历史起点上，让创新成为中国教育发展的主旋律，这既是历史的必然要求，也是时代发展的趋势。可以说，学生管理工作的创新是适应教育体制改革的需要，只有创新才能给新的学生管理工作注入新的活力。

## 三、职业学校学生管理的主要内容及要求

1. 组织管理

学校学生管理要科学设置学生管理机构及岗位，形成学生工作网络体系，运转协调，一般实行三级管理体制。一级管理由校级领导组织实施；二级管理由学生管理等职能部门、团委、学生会组织实施；三级管理由班主任、任课教师、团支部及班委会组织实施。党组织要发挥德育的核心领导作用。学校要形成教书育人、管理育人、服务育人的氛围，构建全面育人、全程育人、全员育人的管理格局。

2. 制度建设

学校要依据《中等职业学校德育大纲》《中学生日常行为规范（修订）》《高等学校学生行为准则》等建立健全学校的各项学生管理制度，包

括日常行为管理、实习管理、活动管理、卫生管理、生活管理、安全管理等制度。各项制度制定要操作性强，并要依制度开展经常性检查、评比。

3. 学生管理队伍建设

学校学生管理干部要数量充足，结构合理；能领导开展学生管理的科研工作，具有较高的理论素养和工作水平。学校德育教师队伍齐全，业务能力强。学校重视所有教师师德建设，全员育人意识强，考核制度健全，激励作用明显。班主任选聘、培训、考核、奖励制度齐全，班主任思想政治水平高、业务能力强，积极性高。重视学生干部的选拔和培养，学生参与学校管理积极性高，自我管理能力强。发挥家庭、社区、行业企（事）业单位等教育资源的作用，校外德育兼职教师经常参与学校活动。

4. 学生思想道德教育

学校要加强对学生的思想道德教育，开展社会主义核心价值观、民族精神、理想信念、道德品质、遵纪守法、心理健康、职业道德、就业创业等方面的教育。要加强学生日常行为管理，发挥课程教学的主渠道作用，开展校园文化建设与学生社会实践活动，形成学校、家庭、社会三位一体的教育模式，提升学校管理、服务工作水平，实现管理育人、服务育人。

5. 其他管理

学校还需做好学生学籍管理、档案管理、奖惩管理等管理工作。

## 四、职业学校学生管理存在的主要问题

1. 学生管理观念落后

目前，很多职业学校在学生管理中观念较为落后，学生管理工作仍然停留在事务管理上，认为学生是被管理者，需要做到的只是服从管理，更多地关注学生的缺点和不足，较少关注学生的发展。虽然现在很多学校在学生管理的实践工作中也开始逐渐强调向规范学生和服务学生两大方面转变，但更多的时候却仅仅强调了管理，规范学生的行为成了学生管理工作的重要内容，而为学生做好服务往往流于形式或不尽如人意。

2. 学生管理制度不适用

目前职业学校在学生管理方面制定了大量的制度，例如，《学生手册》《学生仪容仪表管理规范》《学籍管理制度》《助学金、奖学金管理制度》《学生宿舍管理条例》《手机使用管理规范》《学生请假制度》《学生违纪处分条例》等。制度涉及面广，但是对学生的作用却不大，违纪学生人数未见减少。可见，虽然颁布了大量的条例条规，涉及问题全面，但在执行制度的过程中，学生管理者也发现管理难度仍然相当大，制度齐全但却没有起到作用，管理制度是存在问题的，没有把管理制度和当代职业学校学生的时代特征相结合。

3. 学生管理手段方法简单

大多数职业学校在学生管理和教育中仍旧采用传统的教育方式，在学生管理工作中更多体现"刚性""强制性"的管理方式，让学生处于一种被管制的状态，管理者认为学生身上会发生多种多样的问题，必须通过惩罚等措施予以纠正，并对其他学生产生警诫。教师在处理学生的违纪上过分依赖制度，他们简单粗暴地认为学生的违纪可以通过制度来解决。教师认为严厉的制度、奖惩分明是最有效的管理方法。可是这样的管理方法却使学生更加叛逆、不愿意听从管教、自暴自弃等，根本无法起到规范、约束他们问题行为的作用。

4. 学生思想教育工作实效性不高

学生管理工作中的一项主要内容就是思想教育工作。思想教育工作采用的主要途径是德育课、每周的班会课、各类主题教育活动等。德育课是一门对学生进行思想教育，以规范学生行为、端正学生思想态度为目的，提高学生综合素养的一门学科。可是，德育课的开展形式却十分单调，教师在教学中以完成教学任务为主，采取说教、讲解等传统教学模式，这些传统的教学模式不能吸引学生的兴趣，死板的教学方法让学生没有真正理解所学知识，更别提能学以致用。一周一次的班会课，班主任主要会针对普遍问题现象进行思想教育，能起到一定的管理作用，可是对隐性的思想问题用处不大。各类主题教育活动很多没有贴近学生，往往流于形式，没能收到良好的教育效果。另外，职业学校对心理健康教育的重视程度不够高。虽然很多职业学校都设有心理咨询室、发泄室等硬件设施，但因为学校对心理室的宣传力度、投资上都没有达到一定的程度，所以利用率不高。

5. 学生管理队伍责任大，专业能力有限

目前，职业学校学生管理队伍主要由职能部门和班主任组成，其他任课老师除在课堂上对学生进行适当管理外，几乎不参与学生的管理。进入职业学校学习的学生很多都是中考失利者，本身就缺少学习动力，学习习惯和行为习惯都存在较大缺陷，学生管理人员除了要做好学生的日常行为习惯管理工作外，还需要提升学生综合素养，要承担起如职业生涯规划和心理咨询等专业性较强的任务，因此学生管理人员尤其是班主任的管理任务繁重，承担的责任大，加上管理队伍的整体水平有限，因此学生管理效果一般。

# 第二节　积极管理——职业学校学生管理的新视角

随着教育体制的改革、对国外先进教育理念借鉴以及对学生管理研究的不断深入，特别是积极心理学作为一种新的思想、理念和技术对教育领域产生了巨大影响，给教育工作者带来了新的视角与启示。许多教育工作者开始从积极心理学的角度审视传统学生管理，期望用积极心理学的一些理论对传统学生管理工作进行改革。

职业学校积极管理，实际上更多地体现出一种管理理念的更新，是以积极心理学教育方式为导向的内涵性的质量提升。在这种理念下，更新职业学校学生管理理念、提高学生管理实效成为职业学校创新管理的首要任务，学生管理也逐渐有了新的含义，除了强调控制、约束和规范学生外，更强调指导和服务的功能，学生管理更加突出人性化、科学化的特点。

## 一、学生管理工作理念的转变

学生的管理工作应该从重管理向"以人为本"来转变，即实施积极管理。要充分利用积极心理学原理与方法，对学生进行管理的同时应该给予学生更大的发挥空间，要从学生已拥有的积极道德品质出发，采用以肯定、鼓励、欣赏、强化等积极、正面为主的道德教育方法，营造充满尊重、真诚、理解、关爱、信任、公正的道德教育关系，以增进学生的积极情绪体验为教育契机与途径，激发受教育者道德发展的愿望和潜能，促成学生积极道德品质的形成，并在积极道德品质形成过程中消除不良的道德品质，预防恶习的萌芽与产生。

要进行积极管理的前提就是重视学生的实际需要，包括生理、心理及精神方面的。只有了解了学生的实际需要，才能更好地把握应该如何尊重学生和理解学生。还应该对学生的需要进行分类，尤其是对正确的、过分的、错误的需要进行分类，针对不同的需要选用不同的方法。对于合理的需要应当给予满足，对于过分的需要应该给予引导，对于错误的需要则要进行纠正。

以江苏省江阴中等专业学校为例，学校倡导积极教育、幸福人生的教育理念，通过改变传统的学生观，尝试用赏识和发现的目光去看待学生，改变以往衡量学生的标准，通过积极的理念和行动来激发和引导受教育者积极主动获取从事职业或生产劳动所需要的知识和技能，增强学生的积极情感体验，挖掘并拓展学生的潜能和特长，培养学生良好的道德操守和积极的人生态度，让受教育者获得把握幸福人生的能力。学校参加了清华大学积极心理学研究中心、北京幸福公益基金会"幸福园丁——中国教师幸福教育公益项目"，进一步深化积极教育的内涵，成就幸福教师，培养幸福学生，唤醒幸福家庭，使学生获得把握幸福人生的能力，助力学生成长，实现幸福人生。

## 二、构建职业学校学生积极管理体系

职业学校应当建立合理、具有可操作性和系统化的学生管理体系。应该对管理过程的控制体系、基本保障体系、监督考核体系、评价完善体系等多个方面进行建立和完善，建立一整套从控制、监督，到评价，以及最后发现问题并解决问题的工作流程和指导方案。并且在后期的学生管理工作中，能够通过分析学生管理工作的绩效成果和遇到的实际问题，迅速地讨论并给出解决的方案，以促进高校学生管理工作的管理体系的不断健全。

在学生管理工作中要善于挖掘创新点和学生管理工作的新模式，找准目标定位后能够进行目标导向，使学生管理工作的管理体系进入良性循环的状态，最终实现学生管理工作的可持续发展。

## 三、丰富学生思想教育内容

随着社会生活节奏的日益加快，学生整体呈现出生活方式的多样化，思想需要的多元化和个性化，要求对学生的教育方式和教育内容必须随之改变。这就要求职业学校从学生的需求出发，创新德育教育的内容，不断丰富德育教育题材。

学校应当充分利用德育课程、班会课、团辅课、各类主题教育活动、文体活动等载体，融入社会主义核心价值观、传统文化、理想信念、民族精神、职业道德、人文素养等教育内容，既要重视课堂教育，更要注重实践教育、体验教育、养成教育，注重自觉实践、自主参与，引导学生在学习道德知识的同时，自觉遵循道德规范。

## 四、建立学生自我管理机制

职业学校在学生管理中要建立学生自我管理机制，增强管理的民主理念和学生参与意识。要积极落实学生参与管理的措施，在学校管理中充分发挥学生的积极性和主动性，让学生主动参与管理，给学生一定的自主权、参与权、决策权，对学生所提的问题进行认真研究并做出回应，逐渐引导这些学生表达出自己内心真实的想法，学校也可以从中了解学生的真实需要，在此基础上才能更好地促进学生的成长与成才。学校要建立健全学生自我管理组织，团组织、学生会、各类社团和体艺俱乐部要成为学生进行自我管理的主力军，要充分发挥学生组织的作用，不断引导学生参与学校管理和自我完善。

## 五、关注学生心理健康

由于职业学校学生的特殊性，其心理健康教育不容忽视。要建立健全职业学校心理健康教育机构，加强对心理健康教育工作的投入，充分挖掘心理健康教育资源的利用率和实效性。入学时需要对学生进行心理健康普测，建立学生心理健康档案，并对重点人员重点关注。要开设心理健康教育课程，教会学生进行自我心理调适的方法，要开展各类心理健康方面的主题教育活动，使学生在体验中逐步形成健康心理。

以江苏省江阴中等专业学校为例，学校运用积极心理学理论，系统性地开展心理健康教育，构建了"课程引领、心理疏导、实践体验、家校共育"四位一体的心理健康教育体系。该体系以课程引领为主阵地、心理疏导为防火墙、实践体验为催化剂、家校共育为连心桥。他们互动融合、相互促进，发挥出了整体效应，增强了学生的自我调控意识，促进学生形成良好的心态，培养学生养成良好人格品质。

## 六、校企合作，全程育人

"校企合作，全程育人"管理有两层基本含义：一是引入企业的职业化管理理念；二是把企业的工作人员纳入职业学校学生的管理队伍，实现职业学校学生的全程管理。引入企业的职业化管理理念要求职业学校面向社会，校企合作。与校企合作单位建立并保持稳定的、长期的合作关系。通过长期的合作交流，把企业特色的、先进的管理理念、管理模式、管理手段运用到职业学校学生的管理工作中来，让学生提前感受企业管理氛围，从而为更好地适应工学交替、顶岗实习时企业化管理模式做好准备。实现职业学校学生的全程管理还需要企业员工的广泛支持与参与，把有管理经验的企业员工纳入到职业学校学生管理队伍，让其在校企合作中以"主人翁"的姿态出现，确立企业员工在职业教育的主体地位，从而主动参与职业学校的学生管理。

# 第三节　职业学校积极管理案例

## 案例一："四位一体"中职心理健康教育体系构建

职业学校学生正处在身心发展的转折时期，随着生理成熟水平的显著提高，其心理发展特别值得关注。2014 年 6 月印发的《国务院关于加快发展现代职业教育的决定》中明确提出了现代职业教育要为人的全面发展服务，其中自然也包含了人的心理健康发展。目前，大多数学校心理健康教育的功能还主要定位于心理问题的防治，以解决少数学生的问题为目标，忽视了大多数学生的心理发展需求。教育的根本目的是为了人的全面发展，为了实现幸福人生，我们需要构建适合中职生的心理健康教育体系，激发每一个学生的潜能，促进每一个学生的健康发展，让每一个学生都有人生出彩的机会，而积极心理学为构建中职生心理健康教育体系提供了较强的理论支撑。

积极心理学主张要以人固有的、实际的、潜在的具有建设性的力量、美德和善端为出发点，提倡用一种积极的心态来对人的许多心理现象（包括心理问题）做出新的解读，从而激发人自身内在的积极力量和优秀品质，并利用这些积极力量和优秀品质来帮助普通人或具有一定天赋的人最大限度地挖掘自己的潜力而获得幸福。根据积极心理学所倡导的理念，中职生的心理健康教育也应当将重点放在激发学生的内在积极力量和优秀品质，以学生乐于接受的方式开展各类心理健康教育活动，使学生在积极的体验中形成健康心理。

### 一、中职生心理健康问题分析

中职生正值青春期，在 16～20 岁，是其个性发展和人格成熟的重要时期，这一时期人的心理变化比较激烈，也比较容易产生心理困惑和心理冲突，加上中职生大多是在基础教育阶段被忽视的群体，更容易引发心理问题，其主要问题有以下几种。

1. 缺乏自信，习得性无助

中职学生在中考时大多经历了挫折，上职业学校很大程度是无奈之举，很多学生在初中时学习成绩和各方面表现也是不尽如人意。"唯成绩论英雄"的传统教育评价，使学生很难找到除成绩以外的自信点。家长和学生甚至学校也很难拨开"成绩"这个迷雾，去仔细寻找孩子身上的优势。长期的成绩方面的失败导致他们产生了"习得性无助"，对自己也缺乏自信，总认为自己什么事都干不好。

2. 缺乏关爱，自闭抑郁

现实中不少中职生来自特殊家庭：单亲、离异、重组家庭等，他们从小缺乏关爱，更有甚者面对的是有暴力倾向的家长，或是忙于赚钱对子女不管不顾的父母……以上种种，使学生对人生没有安全感，对同学、老师、学校没有信任感，从而造成他们的自闭和抑郁。

3. 缺乏意义感，空虚无聊

很多中职生对学习和生活没有追求、没有目标，缺乏意义感，对什么事情都不感兴趣，感觉空虚，更有甚者通过打架、吸烟、酗酒来寻求刺激。这种空虚无聊的心理实际上是生命意义感和价值感的严重缺失，是对美好生命与青春年华的挥霍与浪费。

**二、构建"四位一体"中职心理健康教育模式**

虽然中职生在心理健康方面存在诸多问题，但学校在构建心理健康教育体系时不应该过分关注学生的问题，而是应该秉承积极心理学的理念，关注学生心理健康的需求，挖掘中职生心理潜能。一是要改变原有的被动的心理教育，主动对学生的心理进行干预，着重培养学生的积极心理素质和优秀品格；二是要引导中职生自主开发心理潜能，学会进行自我心理调节，学会开展心理健康自助，提升心理素质；三是要丰富心理健康教育内容和形式，为学生提供多样性的心理健康教育，增强学生积极体验，树立学生自信心。

江苏省江阴中等专业学校经过多年的积极教育实践探索，心理健康教育作为其中的一项内容也在实践中不断完善。学校运用积极心理学理论，系统性推进心理健康教育模式改革，通过"实践—反思—再实践"，构建了"课程引领、心理疏导、实践体验、家校共育"四位一体的心理健康教育体系，该体系以课程引领为主阵地、心理疏导为防火墙、实践体验为催化剂、家校共育为连心桥，各要素互动融合、相互促进，发挥出了整体效应。

该体系以积极心理学为理论指导，心理健康的关注由传统的问题导向转变成对健康的关注，更多地关注和挖掘学生的潜能，从积极的层面研究和解决心理健康教育所存在的问题，增强学生的自我调控意识，使学生能够不断的认识自己、发展自己，培养出良好的心理品质。

1. 课程引领——夯实心理教育的主阵地

课堂教学是学校育人的主阵地，大多数学校学生心理健康教育采用传统的心理学教育理念，从消极的角度看待问题，授课内容只限于书本的理论知识，没有与学生的实际心理需求和未来发展相结合。江阴中专系统性地开设了心理健康教育课程、团辅课、幸福课，其目的不仅是为了防止学生产生心理问题，更是以促进学生的身心健康、完善人格、开发潜能为更高目标，从而为学生实现幸福人生奠基。

一是开设心理健康教育课程。目前，学校中高职学生分别开设有《心理健康》《高职心理健康》课程，通过课程的系统学习，掌握心理健康方面的基本知识，形成积极认知。二是开设团辅课。在每学期开学初按班级开设，由班主任与学生进行交流和心理辅导。学校也邀请海南省团辅课专家李惠君老师给全体班主任作团辅课设计方面的培训，提高班主任开设团辅课的专业能力。三是开设"积极教育幸福课"。学校与清华大学积极心理学研究中心合作开发"积极教育幸福课"，利用班会课，通过三年时间连续开设积极自我、积极情绪、积极投入、积极关系、积极意义、积极成就6大模块和24种积极品质的"积极教育幸福课"，使学生通过学习，建立积极而稳定的内心力量，建立自尊与自信；学会情绪的自我调节，保持积极情绪；学会体验过程的快乐，提高专注力；学会积极沟通的技巧，培养建立积极人际关系的能力，从而掌握提升自我幸福感和人生成就的方法。

马丁·塞里格曼曾说过"积极心理学的任务是描述人们追求幸福的实

际方法，而非规定这些方法"。积极教育幸福课，从某种意义上讲，它是一门探讨如何追寻人的幸福的方法的课程，更多关注的是学生的体验和感悟，课前的沉静训练，课堂中的视频、案例、体验活动、小组讨论、分享交流、表演等多种形式，结合了学生的认知规律，也关注到了学生的"切身性"，帮助学生更好地"注意"课堂内容。老师鼓励学生多谈感受，令学生们敢于表达，逐渐形成了一定的"自信心"，同时带来了"满足感"，形成了积极体验。

2. 心理疏导——筑牢心理危机的防火墙

心理疏导是心理健康教育的主要方法，有效的心理疏导可以让学生树立积极向上的主观意识，防止心理问题以及因心理问题而导致的危险性事件发生，培养学生的积极人格力量，从而对心理问题进行有效的预防。学校通过心理测量、建立档案、开展心理疏导等途径，筑牢了心理危机的防火墙。

一是进行心理测量与建立班级学生心理档案。学校利用心海软件症状自评量表 SCL－90 对所有新入校学生进行心理测量和分析，建立班级学生心理档案，并将结果反馈给班主任，对测量结果中存在较大心理问题的学生进行重点关注。二是加大了心理健康教育的硬件投入。目前，学校建有心理咨询室两个、心理阅读室一个、沙盘室一个、宣泄放松室一个、团体辅导室一个、购买了心理测试软件一套、沙盘治疗系统、宣泄系统、团体辅导工具箱、头部音乐按摩仪等设备，为进行心理疏导提供了条件。三是有效开展心理疏导。学校依托"青爱小屋"，向每位学生发放心理健康教育卡，接受网上在线心理咨询预约，定期开放心理咨询室、沙盘室、宣泄放松室，由 12 位具有国家二级、三级咨询师资质的教师提供心理咨询，帮助学生舒缓压力，调节情绪。

3. 实践体验——激发健康心理的催化剂

积极体验是积极心理学探究的主要内容，也是学生心理健康教育中的核心。积极体验能够让个人感觉到兴奋和愉悦，能够更好地祛除那些消极的负面情绪，还能够让人长期处于积极向上的情绪当中，是人类筑起保护屏障和增强心理健康的第一层台阶。积极体验具有延续效应，会使人生活充满积极的正能量，感受到人生的幸福。学校通过校内心理健康主题教育活动、社团活动、志愿者活动等方式，激发潜能，提升学生幸福感。

一是开展形式多样的心理健康主题教育实践活动。通过组织开展"心理健康月"系列教育活动、"防艾教育""性教育""心理剧会演""生命救护培训""最美笑脸评比"等主题教育实践活动，提供了多样性的心理健康教育内容，服务学生成长。学生通过参与主题教育实践活动，在参与和体验中受到了教育。二是注重学生积极心理体验，学校开展丰富多彩的文体活动、社团活动、创业实践活动，提供学生自我展现的舞台。丰富多彩的文体活动为学生提供了各种展示自己特长的舞台，学生们沉浸在活动的乐趣中，在活动中收获了自信心；社团和各类体艺俱乐部为学生们提供了拓展兴趣爱好的组织，他们可以根据自己的兴趣爱好选择社团和俱乐部，定期开展训练和活动，培养受益终身的兴趣爱好。目前学校共有体艺俱乐部 17 个，各类学生社团 50 多个，学生通过参加活动沉浸于"福乐"体验之中，获得积极体验，缓解心理压力，收获幸福感。创业实践活动则为学生实现更高层次的成功体验提供了平台。每月一次的创业开放日、校内创业园、创业孵化园、众创空间等平台的搭建，为学生实现创业梦想提供了锻炼的机会。三是开展志愿者活动，服务社会。学校组织学生开展志愿者活动和参与各项社会服务活动，结合学生所学专业与社会需求，分别与江阴市城管局、公交公司、市人民医院、香山书屋、金钥匙启智中心等企事业单位深入结对，建立了一批品牌志愿者队伍，长效定期开展各项志愿服务活动，学校长期注册并参与志愿服务活动的人数超过 1500 人，学生们在志愿服务的过程中体验自身价值并产生幸福感。

**4. 家校共育——搭建健康成长的连心桥**

家校共育是教育成效的保证，也是学生形成健康心理的有力保障。学校通过设立家长学校，搭建家校合作育人的平台，传授科学家教方法，指导家长不断提高家庭教育的水平，增强家庭教育的能力，用正确的思想和方法引导并教育孩子，发挥家长在家庭教育中的主体作用，充分发挥家校共育在学生健康心理形成中的催化剂作用。

2015 年 4 月，学校成立"家长学校"，通过建立健全家长学校的组织机构、组建家庭教育讲师团和家长委员会、开发家庭教育课程、规范家长学校的管理、强化家长学校对家庭教育工作的指导、丰富家长学校指导服务的内容等途径，传递科学家教的理念、知识和方法，特别是与学生进行沟通交流的技巧，为学生的健康成长营造良好的家校合作育人环境。自家长学校成立以来，共举办了 16 次集中活动，先后邀请国内知名专家如中科院院士钟琪教授、华东师大陈默教授、清华大学赵煜鲲教授、曾光博士等为家长授课，主要针对青春期孩子沟通技巧、发挥孩子潜能、积极心理学等方面给家长传授知识和方法。同时，利用学校 APP 平台，定期向家长推送"家庭教育、亲子沟通、情绪管理、家长示范"等主题文章，助力家庭教育，使学生在良好的家校合作育人模式下形成健康心理。

### 三、"四位一体"心理健康教育体系的育人成效

（1）转变了传统心理健康教育的理念。完成了由以"问题学生为中心"到"引导学生积极心理"的转变，由先前的问题导向转变成对健康的关注，注重发掘及培养人自身潜在的积极品质，从积极层面研究和解决心理健康教育所存在的问题，增强学生的自我调控意识，使学生能够不断地认识自己、发展自己，培养良好的心理品质。

（2）丰富了心理健康教育内容。系统性地提出了心理健康教育的内容和方法，通过心理健康教育课程、团辅课、"积极教育幸福课"、丰富多彩的心理健康实践活动等，使学生在学习和体验中建立健康的人格品质，收到良好的成效。

（3）开设了"积极教育幸福课"。与清华大学积极心理学中心合作开发课程内容，从积极心理学的角度，组织学生系统学习"积极自我、积极情绪、积极投入、积极关系、积极意义、积极成就"六大模块和 24 种积极品质，提高学生心理免疫力，增强学生自我调适能力，减少学生行为问题，培育学生优势人格。

（4）开展了职业学校"家长学校"的实践。传播科学家教的方法，引导家长理解孩子的心理变化和情绪反映，从而能够及时采取有效的措施进行积极的心理疏导和干预，使家庭形式的心理教育在一定程度上成为学生积极心理健康教育的重要组成部分。

　　通过该体系的实践，学校学生心理健康状况趋好。清华大学积极心理学研究中心使用 EPOCH 青少年幸福问卷对江阴中专学生进行了测量，分别考察了幸福感的"投入、坚持、乐观、关系、愉悦"五个维度，测量结果表明学生总体幸福感属于较高水平，其中，关系和愉悦得分最高，表明江阴中专学生感到对关系比较满意，并且心情总体比较愉悦；乐观得分中等，表明总体而言学生们对未来比较有希望；坚持和投入得分相对而言较低，表明学生们在学习和生活中的投入度和遇到困难后能坚持完成自己目标这两方面有待加强。同时，对学生的抑郁和焦虑水平也进行了测试，学生抑郁感平均得分 1.74 分，焦虑感平均得分 1.79 分，表明总体而言学生的抑郁和焦虑水平处于较低水平。

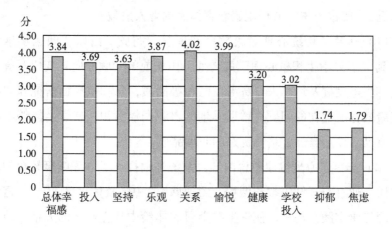

**图 9 – 1　江阴中专学生幸福感总体状况**

　　虽然通过构建心理健康教育体系较好地提升了学校的心理健康教育实效，但是随着时代的发展和学生日益增长的心理健康需求，对心理健康教育也提出了更新和更高的要求，这就需要我们把握积极的心理视角，努力发现中职生的优势，发掘他们的心理潜能，引导其心理成长，一切从"心"出发，回到学生的心理世界，根据学生的需求，不断完善心理健康教育体系，提高中职生心理免疫力和抵抗力，使中职生乐观、自信、开朗，为其幸福人生奠定基础。

## 案例二：基于"绿网手机"的职校生手机管理

### 一、实施背景

第 37 次《中国互联网络发展状况统计报告》显示，截至 2015 年，中国网民规模达 6.88 亿，手机网民规模达 6.2 亿，占比提升至 90.1%，学生群体的占比为 46.4%，而职业学校和大学生手机网民基本达 100%，职业学校学生的特点决定了职业学校校园内"拇指族""低头族"比比皆是，这种学生被手机"绑架"的现象，对职业学校德育提出了新的要求和挑战。学校遵循积极管理为理念，深入分析"互联网 +"背景下手机对学校德育的影响，研究学生在校内使用手机产生的扰乱学校管理秩序、影响学生价值观、助长攀比消费、影响身心健康等问题，着手找到解决问题的对策，推动学校学生管理工作再上新台阶。

江阴中专一直以来都在寻求手机管理的创新方法，2015 年 6 月，与中国电信股份有限公司江阴分公司及绿网天下网络股份有限公司校企合作，开发应用"绿网手机"平台，在手机管理模式、手机新媒体应用等方面上进行改革和创新，不断提高学校的学生管理水平。

### 二、实施办法

1. 绿网手机

"绿网手机"就是指绿网学习手机，绿网学习手机是绿网天下网络科技股份有限公司专为学生群体，特别是中小学、中高职学生打造的一款产品，"绿网学习手机"不仅拥有比较先进的信息化教学平台，还兼具创新的通过锁屏方式进行作息时间管理等功能，同时产品融入了独创的"绿网管理"功能，管控程序写入手机 root（它不能通过刷机等进行管控软件的卸载），能实现对学生手机轻松、科学的管理，防止学生把手机当成游戏机，打造真正意义上的学习手机。

绿网手机主要有以下特点。

（1）亲情定位：可以随时随地查看孩子的地理位置，关注其人身安全。

（2）锁屏功能：由管理者（家长和老师）设定上课时间和晚上休息时

间为锁屏，锁屏状态下只可以查看时间，拨打亲情电话、紧急电话（110等），查看公告通知。

（3）时段管理：根据设置好的时段让手机锁屏断网或恢复使用。例如，学校为防止学生在学习、休息等时段玩手机。在上课和夜间的时段将手机锁屏，在课间、早中晚餐时段、晚自修下课至晚就寝时段、周五放学至周日返校时段及其他节假日时段等均开放使用功能，学生可正常使用。

（4）请假管理：平台可将请假的学生信息将告知家长，方便家长实时了解孩子动态。

（5）亲情电话：学生手机处于锁屏状态下可以拨打设置好的亲情电话（家长和老师电话）。

（6）网站过滤：绿网学生手机自带强大的不良网址库，可实时主动过滤黄、赌、毒不良网址，预防孩子接触不良网络信息。同时家长端还可以通过设置黑白名单进行网址管理。

2. 具体措施

为了使手机管理规范真正落到实处，学校从宣传发动，寻求多方合力，加强管理和提升服务的途径全面保障既定目标的实现。

（1）多方动员，达成共识

从校长、中层干部、全体教师、全体班主任四个层面研讨，达成在全校实施手机管理规范的共识；召开部分家长交流会，消除误解，寻求支持；广泛开展学生代表座谈会、全体学生大会，晓之以理，寻求认同。目前，学生在校内使用可管控手机的规范已经深入人心，得到了广大师生家长的认可和支持。

（2）堵疏结合，管控得当

通过学校教职员工全员管理和"两线三级"（两线是指德育条线和团条线，三级是指学校、系部、班级三级分层管理）的学生自主管理，形成对不可控手机的禁用，对可管控手机有条件使用的齐抓共管局面。在高水平现代化学校创建中，发挥学生可管控手机在学生节点管理、校园微博、信息化教学、学生评教评学、学生摄影社团、微视频等教育教学活动中的作用，充分体现手机在学生学习生活中的积极意义。

（3）以人为本，提升服务

可管控手机的技术平台提供方是中国电信江阴公司和绿网公司，学校与他们合作，既体现与时俱进的现代信息化管理理念，又必须站在学生的消费立场考虑问题，校、企、生三方经过磋商，明确了资费优惠、百万投入的基站增设、保障充电设备、校内设业务处理点以及校园超市"翼支付"等优质服务，全面提升学生群体的消费质量。

绿网手机在职业学校学生管理中的应用研究，管控程序写入手机 root 的绿网手机（它不能通过刷机等进行管控软件的卸载）是基础，研究手机管理模式，解决的是职业学校普遍面对的学生无节制使用手机的问题，研究绿网手机新媒体应用对职业学校学生管理有积极作用。主动适应中职德育工作新情况，既满足学生的需要，又顺应信息化和"互联网＋"教育发展，在江苏省内职业学校是首创，具有较强的实践意义和推广价值。

**三、实施成效**

经过近几年的推广实施，绿网手机的管理初见成效，目前学校学生绿网手机持有率达 60% 以上，学生使用手机得到一定程度的管控，特别是上课期间玩手机的学生明显减少。但是，绿网手机的推进也存在一定的困难，一是软件平台运行不够稳定，后台控制经常性出现错误，二是学生对手机性能要求比较高，手机款式和性能不能满足学生需求，这些因素导致绿网手机进一步推广存在一定的困难。

**案例三：积极的学生德育评价——积极德育素质积点**

**一、实施背景**

根据有关数据和用人单位的反馈信息显示：职校毕业的学生，虽然在毕业时，学生学业成绩或者操行成绩较高，但他们在道德素养等综合素质方面表现较差。其原因是多方面的，其中职校学生德育评价方面的欠缺是一个重要因素。

### 1. 评价内容缺乏全面性

中职学校以培养具有社会责任感、创新精神和实践能力的高素质劳动者和技术技能人才为德育目标，而对学生进行德育评价的内容主要包括政治素质、思想素质、道德素质特别是学生在校的日常行为表现，忽视了职校学生的职业素质培养，缺乏职业素质方面评价的标准和制度。同时，我们可以看到职业学校的德育评价强调学生对道德理想的学习和掌握，注重通过说服教育来改变学生的意识，在说服过程中有明确的规定性和必须服从的强制性，忽视了学生的现实需要。可见，现有的职校学生德育评价的内容忽视了学生的发展性，重知轻行，缺乏全面性。

### 2. 评价维度缺乏多元化

目前德育评价一般有德育课考查、班主任操行评定等形式，这些形式的学生德育评价参与主体单一。德育课教师仅凭学生的课堂表现，班主任仅凭对学生的印象对学生进行德育评价，这些往往不能真实地反映学生道德水平发展实际状况，而且在德育评价过程中，评价者出于某种原因会受到主观因素的影响，也可能对学生做出不客观的评价。同时，学生德育评价的形式单一，注重终结性评价。这些使学生的德育评价有失理性和公平。

### 3. 评价结果缺乏实效性

德育评价的目的在于诊断以及对德育对象提出符合个体发展的德育目标，而现在职校学生德育评价的结果不能及时反馈给学生，学生只是把评价结果作为自己的学业成绩，这就丧失了德育评价的作用。同时职业学校设有多个不同的专业，而且学生的素质层次不一，这要求职业学校根据设置的不同专业、学生的不同层次建立与社会发展相符合的具体可行的德育目标体系，而现有的德育评价没有完备的德育目标体系，培养出来的学生不能完全适应社会和岗位的需要，从而也失去了德育评价的实效性和针对性。

职业学校德育评价模式对德育教育工作起着导向、激励和创新作用，而科学、客观、公正、适用的评价模式能够正确引领德育工作，有利于培养职校学生的良好品行。

　　江阴中专依托积极心理学原理，挖掘学生闪光点和潜能，开发了"学生积极德育素质积点管理系统"，把学生品德的评定情况作为学生综合素质评价的重要内容，作为学生评优评奖的重要依据。鼓励学生积极参与学校各类活动，开拓创新，发挥德育评定对学生成长成才的积极引导作用。

**二、实施办法**

1. 总体原则

　　（1）积极德育素质积点是对我校学生在校期间，在学习、生活、参加集体活动、遵章守纪等方面表现出的思想道德素质、职业技能素质、人文身心素质和开拓创新素质等方面发展情况的综合评价。

　　（2）学校实行积极德育素质积点管理，由学工处负责组织实施。学生应在每个学期内修满 40 个积极德育素质积点。若未能按期修满，应通过参加活动项目的形式进行补修，积极德育素质积点未修满的，暂缓毕业。

　　（3）学生应在每个学期内修满 40 个积极德育素质积点。本学期的素质积点不计入下学期使用。

　　（4）学生应根据个人职业倾向心理测试结果，在班主任的指导下，从思想道德、人文身心、职业技能、开拓创新等四个方面进行素质拓展训练。原则上每学期在上述四个方面都应至少获得 10 个积点，否则即使积点累计已达 40 个，也视为不及格。

　　（5）积极德育素质积点通过学校网络平台系统实时发布，期末统计考核，其考核结果归入学生档案。

2. 积点的赋值

　　（1）思想道德类项目各考察点积点赋值条款：

| 项目名称 | 个人角色 | 积点 | 备注 |
| --- | --- | --- | --- |
| 思想道德政治类学习活动 | 观众 | 2 | 校外活动另加 1 点 |
| | 参与人 | 2 | 校外活动另加 2 点 |
| | 竞赛获奖 | 2 | 系级 2 点；校级另加 2 点 |
| | 党校结业（校级） | 4 | |

续表

| 项目名称 | 个人角色 | 积点 | 备注 |
|---|---|---|---|
| 社会公益项目 | 青年志愿者 | 2 | 班级、系部组织，每 2 小时加 1 点；校级组织，每 1 小时记 1 点 |
| | 通报表彰个人 | 3 | 系级加 3 点；校级另加 2 点 |
| 校园诚信 | 拾金不昧 | 4 | |
| 团员评议 | 优秀 | 3 | |
| | 合格 | 2 | |

## （2）人文身心类项目各考察点积点赋值条款：

| 项目名称 | 个人角色 | 积点 | 备　注 |
|---|---|---|---|
| 人文身心类讲座 | 听众 | 2 | |
| 班集体活动 | 参与人 | 2 | 班级活动每学期限加 10 点； |
| | 主持人 | 4 | |
| 班级公开观摩活动 | 参与人 | 4 | |
| | 主持人 | 6 | |
| 社团 | 负责人 | 6 | 校级社团 8 点 |
| | 成员 | 4 | 校级社团 6 点 |
| 体育运动比赛 | 参与人（校级） | 2 | 校集训队成员另加 2 点 |
| | 获奖（校级） | 4 | 市、地市、省、国家级依次递增 2 点 |
| 文化艺术活动 | 参与人 | 2 | |
| | 获奖（系部） | 2 | 校、市、省、国家级依次递增 2 点 |
| 发表文艺类作品 | 校报发表 | 4 | |
| 征文征稿活动 | 参与人 | 2 | |
| | 获奖人 | 4 | 校外活动获奖另加 3 点 |

## （3）职业技能类项目各考察点积点赋值条款：

| 项目名称 | 个人角色 | 积点 | 备注 |
|---|---|---|---|
| 技能大赛创新大赛 | 参与人 | 2 | |
| | 获奖（校级） | 4 | 市、地市、省、国家依次递加 2 点 |
| 文明风采大赛 | 参与人 | 2 | |
| | 获奖（校级） | 4 | 市、地市、省、国家依次递加 2 点 |

（4）开拓创新类项目各考察点积点赋值条款：

| 项目名称 | 个人角色 | 积点 | 备注 |
|---|---|---|---|
| 班级团学干部 | 班长、团支书 | 6 | 副职5点 |
| | 班委成员、舍长 | 4 | |
| 社会实践活动 | 勤工助学 | 4 | |
| 系级团学组织 | 主要负责人 | 8 | 副职7点 |
| | 分支机构负责人 | 6 | |
| | 干事 | 4 | |
| 校级团学组织 | 主要负责人 | 10 | 副职9点 |
| | 分支机构负责人 | 6 | |
| | 干事 | 4 | |
| 先进个人 | 先进个人（校级） | 3 | 县市、地市、省、国家依次递加2点 |
| 先进集体 | 成员（系级） | 2 | 校级、县市、地市、省、国家依次递加2点 |
| 组织校级活动 | 组织者 | 4 | |
| | 一般工作人员 | 2 | |

同一事项同时符合多个计算条款的，按最高值计积点，不重复累计；身兼多职的，按最高职务计算积点。职务积点数均需依据考核情况确定。各相关部门、系部可向学工处申请增设计算条款，其赋值由学工处确定。

系内评比表彰类活动，均需学期初申报。同类评比表彰活动，原则上每学期仅限组织一次；若确需缩短评比表彰周期的，最短周期不得小于1个月。同一事项同时符合多个赋值条款的，按最高值计积点，不重复累计。身兼多职的，取前三项最高职务计算积点，且职务积点需依据考核情况确定。

3. 积点的管理

（1）学工处负责全校的积极德育素质积点管理工作，对积点申报流程把关监控。各系德育主任和相关辅导员负责指导本系积点管理部门及各班级完成积点管理工作。各系德育主任为本系积点管理工作第一责任人，相关辅导员为具体负责人。学校其他职能部门组织开展学生活动的，由活动

275

负责人按规定流程向学工处进行申报。

（2）校系两级的学生集体活动类项目，其积点申报应遵循以下流程：

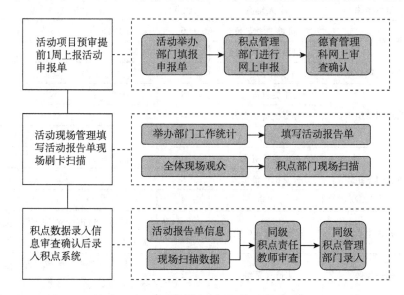

**图 9-2　学生集体活动项目积点申报流程**

（3）校系两级的考评、成果、认定类项目，以及班级内部层面的所有项目，其积点申报应遵循以下流程：

**图 9-3　考评、成果、认定类项目积点申报流程**

（4）积极德育素质积点的项目申报和名单确认工作实行"项目负责制"原则，即"谁负责、谁申报、谁确认"。积点管理部门负责归档保存《积点管理凭证》备查。凡在积点申报、名单确认及管理过程中弄虚作假、徇私舞弊的，一经查实，对涉事人员双倍倒扣舞弊积点。情节严重的，按考试作弊论处，并追究管理责任。

（5）学生对积点计算有疑义的，可在学期结束前到相关积点管理部门填写《积点申诉表》进行申诉。受理部门应在 3 个工作日内给予答复和处理。

### 三、初步成效

2016 年 9 月开始，积点系统在各系所有年纪全面展开试运行，经过一段时间的运作，取得了初步成效。学工处对全校班主任和相关处室进行了多次主题培训，在系统运作过程中，各行政处室、各系部、各班主任积极参与，及时发现积点系统存在的不足，及时沟通。学工处汇总意见和建议，与无锡智远软件共同商讨，及时调整，优化积点系统的科学性，实操性。2017—2018 学年第一学期，全校共申报项目 2381 个，其中班级活动项目 2100 个，系部活动项目 148 个，校级活动项目 133 个，达到了积点系统的预期效果。

2017—2018 学年第一学期各系部取得德育学分的学生比例情况如下：机电系 77%，电气系 75.4%，计算机工程系 74.3%，经管商贸系 79.6%，本科部 97.5%。

**2017—2018 学年第一学期各系学生德育积点情况分析**

| 序号 | 系部 | 系学生平均值 | 班级平均最高的 | | 需提升的情况 | |
|---|---|---|---|---|---|---|
| | | | 班级（班主任） | 积点平均值 | 班级 | 积点平均值 |
| 1 | 机电工程系 | 48.03 | 1602（谢敏晓） | 63.16 | 1481 | 28.12 |
| | | | 1603（蒋丽华） | 62.70 | 1304 | 32.91 |
| 2 | 电气工程系 | 51.82 | 1508（张鸣霞） | 100.31 | 1561 | 15.45 |
| | | | 1706（孟宪微） | 94.95 | 1305 | 16.13 |
| 3 | 计算机工程系 | 47.83 | 1741（徐志芳） | 60.39 | 1565 | 20.89 |
| | | | 1711（夏秋菊） | 59.98 | 1567 | 23.70 |
| 4 | 经管商贸系 | 51.80 | 1514（戚静静） | 73.58 | 1571 | 17.63 |
| | | | 1413（戴伟明） | 66.62 | 1569 | 20.20 |
| 5 | 本科部 | 58.07 | 1632（吴亚娃） | 76.53 | | |
| | | | 1733（赵薇娜） | 70.45 | | |

### 四、存在不足

各处室、系部和各班主任在进行项目申报时，没有明确自己的权限和应该申报的项目，造成申报项目的混乱，主要表现如下。①班主任只要申报班级活动，班级以上活动都有相关负责部门申报。而有些班主任急于为学生积点加分，凡是学生参与的活动都进行申报，这样造成了数据的重复。②有部分处室、班主任意识不强，一个活动结束后，没能及时进行项目申报，造成学生数据的遗漏。今后要不断完善系统，全面提高老师和学生对积极德育积点系统的认识，使积点系统能真正地对学生有一个全方位的德育评价，充分发挥在德育中的积极意义。

### 案例四："二三四五"顶岗实习管理模式的创新实践

#### 一、实施背景

顶岗实习是职业学校实现培养目标和教学计划实施中的重要组成部分。《教育部关于深化职业教育教学改革，全面提高人才培养质量的若干意见》提出顶岗实习要切实规范并加强实习教学、管理和服务，保证学生实习岗位与其所学专业面向的岗位群基本一致。

但职业学校的顶岗实习还存在诸多问题，较为普遍的现象是学生在校期间准备不足，造成学生对岗位的不适应；实习期间管理松散，缺少"帮扶"，导致学生直接换岗离职。学校不仅无法高质量完成实习任务，更严重的是学校声誉被损，对学校发展和社会稳定也带来负面影响，所以顶岗实习管理模式需要创新。我校从提升人才培养质量的目标出发，构建了"二三四五"顶岗实习管理模式并付于实践，创新管理机制，规范工作流程，注重考核评价，取得了较好的成效。

#### 二、主要目标

创新管理机制，完善"二三四五"顶岗实习管理模式，实现主体二元，与企业达成共识，共同育人；企业三进，让学生提前走进生产现场，了解企业质量标准及管理；四级分层，激励学生为未来职业生涯做好学习规划，让企业和学生增进了解；五员共管，填补顶岗实习管理中的"真空地带"，推动学校专业人才培养与岗位需求衔接。

#### 三、工作过程

学校创新管理机制，构建了"二三四五"顶岗实习管理模式并进行实践。"二三四五"顶岗实习管理模式指主体二元，企业三进，四级分层，五元共管，如图9-4所示。

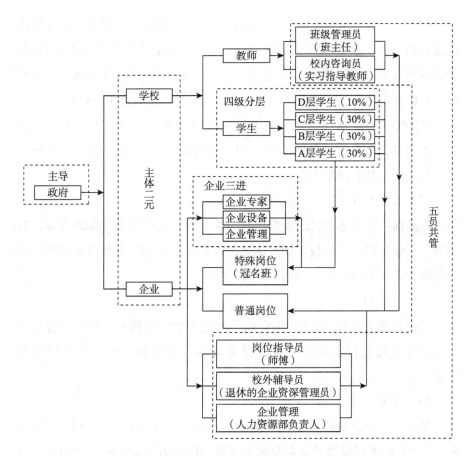

**图9-4　"二三四五"顶岗实习管理模式**

1. 主体二元，校企共育人才

主体二元指在政府和行业的主导下，企业与学校共同培养学生。学校每周走访，了解企业需求，真心为企业服务。企业主动上门，参与学校各专业人才培养方案的论证工作，参与各专业实施性教学计划的修改工作，定期到学校组织专场校园招聘活动，达到了校企双方在培养人才方面的资源共享、人才共育、地位平等、责任共担，最终实现校企在人才培养观念上的价值统整，思维方式上的兼容和对学生成才就业的共育。

2. 企业三进，学生提前感知

企业三进指"企业设备进校园，企业专家进校园，企业管理进校园"，是针对一些对顶岗实习学生素质要求高或同一工种需求人数多或岗位技术难度较大的企业而采用的一种合作方式。校企双方提前一年或半年共同挑选适合的学生，独立组班（一般 10 人以上）。企业将相关设备送进校园，企业专技人员与学校专任教师组成项目组，共同制订教学计划，开发教材，实施教学。班级管理模拟企业管理模式，让企业管理走进校园。

江阴中等专业学校与江苏长电科技股份有限公司（以下简称长电科技）组建的长电科技设备维修班（以下简称长电班）就是采用"企业三进"模式。具体程序如下。

（1）选定学生

开班前一个月学校组织相关专业的学生到长电科技进行实地考察。开班前一周学校根据学生报名情况遴选出综合评定 A 层的学生参加面试，企业最终选定了 21 名学生，组班为"长电班"。

（2）选定设备

长电科技选定两台 KS1488 型球焊机进入学校实训室，学校结合长电科技企业文化进行实训室布置，将设备的操作说明、工艺流程等张贴上墙。

（3）选定专家

校企双方依据协议成立项目组，项目组由 12 名人员组成，校企双方各6 人，项目组确定授课的企业专家是花敏、徐汝志、金建明（均为长电科技维修岗位的技术骨干）。

（4）管理模式

学校引进长电科技的管理模式，将班级管理机构及其职能与企业管理机构及其职能进行对口转换：将学生行为准则与员工工作守则对接；将学生每日常规与企业生产绩效对接。全程采用量化方式进行记录，月底采用星（薪）水制评估班内学生当月的综合表现。将企业管理融进班级管理，学生提前了解企业管理机构设置、维修工岗位职责和岗位考核标准，提前适应维修工工作时间（包括倒班情况）等。学生经过 6 个月的仿真实践很快适应维修工岗位。

3. 四级分层，对接岗位需要

四级分层即对学生从操行表现、专业知识、专业技能、人文素养四方面进行量化考评，并评定这四个方面分属于 A、B、C、D 四个层次中的哪个层次。最终将评定结果作为落实学生顶岗实习岗位的依据。具体做法如下。

在顶岗实习前五周，班主任将学生在人文素养、专业知识等四方面的量化数据进行累加，然后排序（由高到低），再按照一定的比例（A 层占 30%，B 层占 30%，C 层占 30%，D 层占 10%）确定每位学生相应的层次。学校将学生顶岗实习岗位落实与其在校期间的四方面所处层次挂钩，引导、激励学生将学习规划和未来职业规划有效结合起来。企业需要的岗位如对学生专业要求高，学校就推荐 A 层学生，其他以此类推。企业依据岗位要求选择适合人选；学生也可找到适合自己个性特征和专业能力的岗位。"四级分层"量化评价方式得到企业管理员和学生的充分认可。

4. 五员共管，实现三方共赢

五员共管是学生顶岗实习期间学校和企业牵手帮扶学生完成顶岗实习任务的管理模式。"五员"指班级管理员、校内咨询员、校外辅导员、岗位指导员、企业管理员。

（1）明确职责，各司其职

| 岗位 | 任职人 | 职责 | 说明 |
|---|---|---|---|
| 班级管理员 | 班主任 | 负责顶岗实习期间学生学籍管理，信息反馈，每两周与学生和家长取得联系 | 校外辅导员是五员共管管理中的联络纽带 |
| 校内咨询员 | 专业教师 | 负责指导学生将校内实践技能顺利延伸进生产实践，每周定期随招生就业处走访 3~5 家企业 | |
| 校外辅导员 | 企业资深管理员 | 通过例会、定期走访、定期座谈等制度，架构学校、企业、学生、家庭之间的立交桥 | |
| 岗位指导员 | 企业带班师傅 | 负责指导实习生学会岗位技术，引导其与同事和谐相处，使实习生实现角色转换 | |
| 企业管理员 | 人力资源部负责人 | 负责指导实习生作职场规划，回应岗位指导员反应的问题，引导实习生自觉与企业共成长 | |

（2）发挥纽带作用

"校外辅导员"是五员中唯一的专职管理人员，是连接企业、学校、学生及其家长的纽带。如果把"五员共管"模式比喻为一挂珍珠项链，那

"校外辅导员"就是贯穿珍珠的链子，因此，"校外辅导员"的角色十分重要。下面以"校外辅导员"为例谈谈五员共管操作要点。

①入职培训。"校外辅导员"来自企业，熟悉企业管理，工作责任心强，但他们对学生管理工作较陌生。因此学校对新上岗的"校外辅导员"进行入职培训，使其明确做什么和怎么做，然后采用以老带新的方式提高其实际工作能力，实习期为3个月。

②工作流程。每位"校外辅导员"负责管理40~60名学生，全方位关心学生的身心、思想、技能状况，定期与企业、学校、家长联系。每周与学生交流1次，并向"岗位指导员""企业管理员"了解其实习情况；两周返校1次，向学校汇报学生实习状况和企业相关信息；每月与家长交流1次，反馈学生实习状况，取得家长的支持和配合。

③管理与评价。学校建立并完善了顶岗实习管理制度，坚持做到三个一："校外辅导员"参加两周一次的例会，汇报学生与企业的情况，对学生实习进行阶段性评价；招生就业处每周走访3~5个企业，解决"校外辅导员"遇到的疑难问题，对顶岗实习管理的成效评价；每学期分批召开"岗位指导员"座谈会和"企业管理员"座谈会，对校外辅导员工作实效、学生实习情况进行综合评价。

**四、条件保障**

1. 思想认识统一

顶岗实习是学生走向社会、走进企业的第一步。全校师生统一思想认识，老师努力促成学生成长。企业内部统一思想认识，从总经理到部门经理，从班组长到岗位指导员，都高度重视实习学生的成长，努力促成每位学生在企业的顺利成长。

2. 制度执行有力

建立了《顶岗实习管理规定》《校外辅导员考核细则》等一系列制度。校企双方各司其职，竭诚为学生服务，强化以育人为目标的顶岗实习管考核评价，来考评学生顶岗实习管理的成效。

3. 人员配置合理

学校合理配置班主任、专任老师和校外辅导员队伍，推选责任心强有奉献精神的优秀的岗位指导员和基层管理员，遴选出一批技术好能授课的讲师来指导学生。

### 五、主要成效

1. 育人质量明显提高

在"二三四五"顶岗实习管理模式中的"四级分层"的量化考评之下，学生在校期间注重在自己的德行修养和专业技能等方面的提高，学校学风得到明显好转。在顶岗实习期间学生得到了来自学校、企业的多重关怀和帮助，他们很快适应新环境，成功转型成为企业的好员工，学生实习满意率达到99.61%，毕业生初次就业率达到99.70%。有不少学生完成顶岗实习后成为企业的"班组长"。

2. 校企合作更加深入

校企合作进入良性循环，学校实习生实习稳定率稳中有升，毕业生就业率、专业对口就业率持续提高，企业的满意度高。签订校企合作协议的企业达到166家，很多企业自愿与学校深度合作、订单培养，有11个企业签订订单培养协议，开办6个订单培养班，目前在册学生达到180个，很多毕业生在企业再培养后成为企业的骨干。

学校将企业管理模式引入班级管理中，将企业文化渗透校园文化中，建立了完善的班级企业化管理模式，《现代班组长育人理念下班级企业文化建设的实践探索》在核心期刊《教育研究》上得到发表。

3. 社会声誉不断提升

"二三四五"顶岗实习管理模式的创新实践，有效解决了学校管理与企业管理上的对接，完善了教育教学管理链，实现了学校管理全方位，使学生快速实现角色转换，最终实现了学校安心、学生专心、家长放心、企业称心的多赢局面。学校的社会美誉度得到较大的提升，更为可喜的是招生形势也逐年好转，招生数量、质量和招生计划完成率也逐年提高。

### 六、体会与思考

1. 政府、行业的主导不可缺

政府应为热心于职业教育的企业出台优惠政策，行业要引领业内企业家着眼未来，主动与本地职业学校寻求深度合作。

2. 合作要"共赢"才能长久

企业、学校都应去思考对方的需要，实现共赢。创新顶岗实习管理模式，能使学校、企业、家庭都实现真正的"赢"，为学生的幸福人生奠基，为企业发展添力。

# 参考文献

［1］刘超良．制度德育论［M］．武汉：湖北教育出版社，2007．

［2］戚万学．活动道德教育论［M］．天津：南开大学出版社，1994．

［3］鲁洁．道德教育的当代论域［M］．北京：人民出版社，2005．

［4］任俊．写给教育者的积极心理学［M］．北京：中国轻工业出版社，2010．

［5］张厚粲．大学心理学［M］．北京：北京师范大学出版社，2001．

［6］林崇德．发展心理学［M］．北京：人民教育出版社，2009．

［7］孟昭兰．人类情绪［M］．北京：北京师范大学出版社，2005．

［8］周远清．中国大学人文启思路［M］．武汉：华中理工大学出版社，1990．

［9］朱小蔓．情感教育论纲［M］．南京：南京出版社，1963．

［10］刘合群．职业教育学［M］．广州：广东高等教育出版社，2004．

［11］王道俊，王汉澜．教育学［M］．北京：人民教育出版社，1989．

［12］杜卫．美育论［M］．北京：教育科学出版社，2000．

［13］鲁洁．德育社会学［M］．福州：福建教育出版社，1998．

［14］郑金洲．教育文化学［M］．北京：人民教育出版社，2000．

［15］都玉洞．职业教育校园文化建设与学生管理［M］．北京：中国轻工业出版社，2013．

［16］［美］亚力克·福奇．工匠精神：缔造伟大传奇的重要力量［M］．陈劲，译．杭州：浙江人民出版社，2014．

［17］［美］丹尼尔·雷恩．管理思想的演变［M］．李柱流，等，译．北京：中国社会科学出版社，1997．

［18］［俄］苏霍姆林斯基．帕夫雷什中学［M］．赵玮，译．北京：教育科学出版社，1983．

［19］周围．积极道德教育——积极心理学视域中的道德教育研究［D］．南京师范大

学, 2011.

[20] 张娜. 青少年积极认知、积极情绪与社会适应性的关系研究 [D]. 湖南师范大学, 2015.

[21] 梅晓菁. 高中生性别角色双性化与社会适应性的关系 [D]. 华东师范大学, 2007.

[22] 吴丽妍. 马斯洛需要层次理论在初级中等学校教育中的运用 [D]. 华中师范大学, 2012.

[23] 李珣. 以大学生行为习惯培养为范例的养成教育研究 [D]. 华东师范大学, 2010.

[24] 周利华. 大学生思想政治教育对积极心理学理念与方法的借鉴研究 [D]. 西南大学, 2011.

[25] 魏彬. 中学生人际关系对心理健康的影响及教育引导 [D]. 山东师范大学, 2005.

[26] 王长飞. 大学生人格特质与人际交往能力的关系 [D]. 山东师范大学, 2007.

[27] 李海云. 90 后大学生幸福感及其提升研究 [D]. 华中师范大学, 2014.

[28] 朱冰. 论高职院校校园文化的德育功能 [D]. 湖南师范大学, 2007.

[29] 姚延明. 中等职业学校校园文化建设研究 [D]. 河北师范大学, 2009.

[30] 谢登斌. 德育新观念: 将单向灌输转变为参与式道德实践 [J]. 广西师范大学学报 (哲学社会科学版), 1999 (4).

[31] 张金顺. 国外德育理论研究的新进展 [J]. 广西民族大学学报 (哲学社会科学版), 2006 (6).

[32] 吴宇戈. 主体性道德人格教育的当代价值及途径探析 [J]. 社科纵横, 2007 (8).

[33] 行高民. 德育方式的选择: 抑恶亦或扬善 [J]. 教育理论与实践, 1996 (6).

[34] 熊宗荣. 以人为本理论在民办高职学院学生管理中的运用 [J]. 新课程研究 (中旬刊), 2010 (1).

[35] 杨彦平, 金瑜. 社会适应性研究述评 [J]. 心理科学, 2006 (5).

[36] 郎筠. 皮亚杰认知发展理论简析 [J]. 科技信息, 2011 (15).

[37] 刘晶. 埃里克森的人格发展渐成理论及其德育启示 [J]. 现代教育科学, 2009 (2).

[38] 叶浩生. 具身认知: 认知心理学的新取向 [J]. 心理科学进展, 2010, 18 (5).

[39] 徐萍萍. 社会主义核心价值观与青少年道德自律 [J]. 学习与实践，2015 (06).

[40] 刘晶. 埃里克森的人格发展渐成理论及其德育启示 [J]. 现代教育科学，2009 (2).

[41] 江琴. 自我概念的诠释——论詹姆斯的"自我"[J]. 法制与社会，2006 (23).

[42] 孟昭兰. 当代情绪理论的发展 [J]. 心理学报，1985 (2).

[43] 郭小艳，王振宏. 积极情绪的概念、功能与意义 [J]. 心理科学进展，2007 (5).

[44] 谢亮亮. 青少年发展的新取向：积极心理学 [J]. 群文天地，2011 (20).

[45] 闫永昌. 以社会主义核心价值观引领中职德育课程教学 [J]. 职业，2015 (5).

[46] 蒋乃平. 职业素养训练是职业院校素质教育的重要特点 [J]. 中国职业技术教育，2012 (1).

[47] 魏红卫，张亚男. 论传统文化与大学生社会主义核心价值观的培育和践行 [J]. 青岛科技大学学报（社会科学版），2014，30 (4).

[48] 崔景贵. 解读职校生"习得性无助"现象：心理症结与教育策略 [J]. 中国职业技术教育，2013 (12).

[49] 尹霞，尹红. 梅奥人际关系理论的哲学意义 [J]. 怀化学院学报，2012，31 (4).

[50] 李宏翰，赵崇莲. 大学生的人际关系：基于心理健康的分析 [J]. 广西师范大学学报（哲学社会科学版），2004 (1).

[51] 魏源. 当代大学生同理心的特点 [J]. 中国临床康复，2005 (24).

[52] 叶一舵，白丽英. 国内外关于亲子关系及其对儿童心理发展影响的研究 [J]. 福建师范大学学报（哲学社会科学版），2002 (2).

[53] 陈衍，陈新宇. 亲子关系研究进展 [J]. 毕节学院学报，2010，28 (5).

[54] 吴念阳，张东昀. 青少年亲子关系与心理健康的相关研究 [J]. 心理科学，2004 (4).

[55] 朱美燕. 论罗杰斯的人际关系理论及对教育的启示 [J]. 浙江教育学院学报，2002 (4).

[56] 韩翼，杨百寅. 师徒关系开启徒弟职业成功之门：政治技能视角 [J]. 管理世界，2012 (6).

[57] 周宗奎，孙晓军，赵冬梅，等. 同伴关系的发展研究 [J]. 心理发展与教育，

2015, 31 (1).

[58] 陈少华, 周宗奎. 同伴关系对青少年心理健康的影响 [J]. 湖南师范大学教育科学学报, 2007 (4).

[59] 张慧. 乐观和积极关系: 对《个人历史》的积极心理学解读 [J]. 新乡学院学报, 2016, 33 (5).

[60] 高旭, 王元. 同伴关系: 通向学校适应的关键路径 [J]. 东北师大学报 (哲学社会科学版), 2010 (2).

[61] 钟晓流, 宋述强, 焦丽珍. 信息化环境中基于翻转课堂理念的教学设计研究 [J]. 开放教育研究, 2013, 19 (1).

[62] 王国防. 论教师积极的教育期望 [J]. 现代教育科学, 2005 (6).

[63] 王桂波. 论教师语言风格及其对教师专业成长的达成价值 [J]. 吉林师范大学学报 (人文社会科学版), 2013, 41 (1).

[64] 郭元祥. 教师的语言 [J]. 教育科学论坛, 2006 (3).

[65] 潘素菊. 略论学校教育环境的德育功能 [J]. 承德民族师专学报, 1995 (S1).

[66] 查国硕. 工匠精神的现代价值意蕴 [J]. 职教论坛, 2016 (7).

# 后 记

　　积极心理学是近年来兴起的一股心理学潮流，积极心理学的研究重点放在人自身的积极品质和力量方面，主张要以人固有的、实际的、潜在的具有建设性的力量、美德和善端为出发点，提倡用一种积极的心态对人的心理现象（包括心理问题）做出新的解读，从而激发人自身内在的积极力量和优秀品质，并利用这些积极力量和优秀品质最大限度地挖掘自己的潜力而获得幸福。

　　江苏省江阴中等专业学校于 2007 年 9 月首次提出了积极德育的理念，以积极心理学和养成教育为理论依据，构建积极德育体系并付之实践，改变了职业学校"德育难"的现状。2014 年 9 月，《基于育人为本的德育体系的构建与实践研究——积极德育实践研究》获国家教学成果二等奖。2016 年 9 月，江苏省江阴中等专业学校与清华大学积极心理学研究中心合作，深入开展积极教育的研究和实践，不断提升积极德育的理论性和实效性，进一步完善了积极德育的内容，学校办学质量得到进一步提升。

　　本书是在江苏省江阴中等专业学校多年积极德育实践的基础上，总结了学校积极德育的成功经验，从积极德育的理论基础与依据、积极德育的策略、积极认知、积极养成、积极关系、积极体验、积极团队、积极文化、积极管理等方面，论述了学校积极德育体系的构建。

　　本书的出版，凝聚了我和学校各位同事的智慧和心血，张寅、尹志军、李顺富、王丽娟、梅暖英、孙玉锋参与了本书的编写。他们既是本书的编写者，同时也是学校积极德育的实践者，在此，对他们的辛勤付出致以深深的敬意！

　　在此，我要特别感谢江苏理工学院崔景贵教授，本书的出版得到了崔景贵教授的大力支持。感谢原江苏省江阴中等专业学校校长葛伯炎，葛校长首次提出了积极德育的理念并予以实践。感谢全校教师对积极德育的认可和支持。感谢清华大学积极心理学研究中心为学校的积极教育提供理论依据和认知课程。

"积极教育，幸福人生"是江苏省江阴中等专业学校的办学理念，我们将继续努力实践积极德育，让更多的学生掌握幸福人生的方法。祝愿所有人积极幸福！

潘永惠

2018 年 5 月 7 日